Propaganda im III. Reich – Front und Heimat im Gleichschritt
Petra Fischer

AF192385

Propaganda im III. Reich

–

Front und Heimat im Gleichschritt

Petra Fischer

2024

Carola Hartmann Miles-Verlag

Bibliografische Information der Deutschen Nationalbibliothek
Die Deutsche Nationalbibliothek verzeichnet diese Publikation in der
Deutschen Nationalbibliografie; detaillierte bibliografische Daten
sind im Internet über www.dnb.de abrufbar.

© 2024 Carola Hartmann Miles-Verlag, Berlin
www.miles-verlag.jimdo.com
email: miles-verlag@t-online.de

Herstellung: Libri Plureos GmbH, Friedensallee 273, 22763 Hamburg

Titelbild: Angehörige des Soldatensenders Ursula bei einer musikalischen Darbietung 1943

Printed in Germany

ISBN 978-3-96776-083-5

Mit Dank an Dustin John Patrick Fischer und
Michael E. Sauer, Oberst d.R.

Inhalt

Einleitung

Der Name Joseph Goebbels steht im deutschen Raum für die Erfindung der Propaganda schlechthin. Zuzuschreiben ist ihm vor allem die Erkenntnis, welche Bedeutung Propaganda in Friedens-, aber insbesondere in Kriegszeiten hat und sein Bestreben, diese in organisatorische und inhaltliche Bahnen zu lenken. Das Reichsministerium für Volksaufklärung und Propaganda (R.M.V.P.), am 13. März 1933 von Paul von Hindenburg gegründet, wurde zügig von Goebbels übernommen und ausgebaut. Parallel dazu fand die Entwicklung des Rundfunks statt, der am 29. Oktober 1923 seinen regelmäßigen Sendebetrieb aufgenommen hatte und seit dem 1. Januar 1926 von der Reichsrundfunk-Gesellschaft verwaltet wurde. Schon die Regierung von Papen nutzte das Medium Rundfunk für Botschaften in eigener Sache, indem sie im Jahre 1932 die Sendung „Stunde der Reichsregierung" einführte und dort die Reichsminister, vor allem aber sich selbst zu Worte kommen ließ.

Goebbels nun organisierte den Wahlkampf der Nationalsozialisten für die Reichstagswahl am 5. März 1933 per Rundfunk. Aufgrund eines Erlasses des Innenministeriums durften nur Wahlsendungen der Regierungsparteien ausgestrahlt werden; die NSDAP verfehlte aber trotz eines Zugewinns von 10,8% mit 43,9% die absolute Mehrheit und musste in der Folge zunächst wieder eine Koalition mit der Deutschnationalen Volkspartei (DNVP) eingehen.

Nach der Übernahme des R.M.V.P. zog Goebbels alle den Rundfunk betreffenden Befugnisse an sich. Zum Reichssendeleiter ernannte er Eugen Hadamovsky, der schon 1930 der NSDAP beigetreten war und sich voll und ganz des Aufbaus des „Rundfunks im Dienste der Volksführung" annahm. Hadamovsky, geb. am 14. Dezember 1904 in Berlin-Friedenau, hatte nach Absolvierung der Oberrealschule in Steglitz an der Technischen Hochschule in Charlottenburg Maschinenbau und Chemie studiert. Er war Angehöriger der Schwarzen Reichswehr und leitete in der aus dem Schutzregiment Berlin hervorgegangenen „Olympia" die Wehrsportjugendausbildung.

Nach einigen Jahren im Ausland betätigte er sich wieder für die NSDAP und fand in der Parteipresse Verwendung. Im Jahre 1931 wurde er von Goebbels als erster Gaufunkwart der Partei eingesetzt und führte die Organisation des Reichsverbandes deutscher Rundfunkteilnehmer durch. Im Herbst 1932 wurde er Abteilungsleiter in der Reichspropagandaabteilung in München und organisierte im Februar und März 1933 die Rundfunkübertragungen der ersten Kundgebungen Adolf Hitlers als Reichskanzler. Danach erfolgte seine Ernennung als Reichssendeleiter. Am 8.7.1933 wurde er schließlich zum Direktor der Reichsrundfunkgesellschaft ernannt.[1]

Hans Bredow, seit 1926 Reichs-Rundfunk-Kommissar, war mit dem Tag der „Machtergreifung" demissioniert und zunächst durch Wilhelm Frick ersetzt worden.

Bereits am 13. März 1933 wurde auf dem Dach des Hauses des Rundfunks in der Masurenallee die Hakenkreuz-Fahne gehisst.[2] Goebbels selbst verkündete in einer Rede zum Thema „Die künftige Arbeit und Gestaltung des Deutschen Rundfunks" am 25. März 1933 die Ziele der neuen Institution: „... das sieht jetzt jedermann in der Regierung ein: daß die geistige Mobilmachung ebenso nötig, vielleicht noch nötiger ist als die materielle Wehrhaftmachung des Volkes."[3] Damit waren die Weichen in Richtung Krieg und Propaganda gestellt.

Zwei weitere Säulen der Propaganda, die im II. Weltkrieg eine herausragende Rolle spielen sollten, waren die Reichspressekonferenz, die seit dem 1. Juli 1937 täglich veranstaltet wurde und durch Weisungen die Berichterstattung in den Tageszeitungen zu lenken suchte, sowie die Kontrolle über den deutschen Film durch eine neue Fassung des Reichslichtspielgesetzes und die Installation der „Deutschen Wochenschau" im Jahre 1940. Dieses mit großem Aufwand betriebene Format versorgte gewissermaßen als Vorfilm das deutsche Kinopublikum mit militärischen Erfolgsmeldungen und heroischen Kampfszenen und trug somit zur Aufrechterhaltung der moralischen Unterstützung an der Heimatfront bei.

An der Front selbst waren es die Propagandatruppen der Wehrmacht, die die Aufgabe hatten, ein Bindeglied zwischen den Soldaten und den Familienangehörigen im Reich zu schaffen, die Bevölkerung in

---

[1] Quelle: Archiv der Stasi-Unterlagenbehörde, Dokument PA 1964
[2] Filmmaterial aus der „Berliner Abendschau" vom 29.01.1983, Beitrag „Machtergreifung im Rundfunk"
[3] Ansprache an die Intendanten und Direktoren der Rundfunkgesellschaften über die zukünftige Arbeit und Gestaltung des deutschen Rundfunks am 25.03.1933, rbb/DRA-Hörfunkarchiv

den eroberten Gebieten zu indoktrinieren und eine Beobachtung der Feindlage abzugeben.[4] Es kam allerdings von Anbeginn zu Streitigkeiten zwischen dem Reichskriegsministerium (ab 1938 Oberkommando der Wehrmacht; O.K.W.) und dem Reichsministerium für Volksaufklärung und Propaganda, wobei es um die Frage ging, ob für die Berichterstattung im Kriege eine rein militärische Truppenform gegründet werden sollte. Eine Dienstanweisung des O.K.W. legte schließlich fest, dass „die P.K. (Propagandakompanie) zu den Armeetruppen gehört und dem Armee-Nachrichtenregiment wirtschaftlich unterstellt wird."[5]

Im Winter 1938/39 einigten sich General Keitel für das O.K.W. und Goebbels für das R.M.V.P. auf ein „Abkommen über die Durchführung der Propaganda im Kriege", das in Punkt 1 besagte, dass "der Propagandakrieg als wesentliches, dem Waffenkrieg gleichrangiges Kriegsmittel anerkannt"[6] wird. Die Aufstellung der Propagandakompanien oblag dem O.K.W. im Zusammenwirken mit dem R.M.V.P. Da ging es zum einen darum, geeignetes Personal zu finden. Für den Dienst in den Propagandaeinheiten gab es außerordentlich viele Bewerbungen; ob der jeweilige Schriftleiter als Wortberichterstatter taugte, wurde von einem Fachprüfer für Wortberichte im O.K.W. beurteilt. Problematisch war, dass die meisten Bewerber ungedient waren, so dass noch eine kurze militärische Grundausbildung durchgeführt werden musste.

Zum anderen mussten die technischen Voraussetzungen geschaffen werden; für die Presse- und Flugblatt-Propaganda bedurfte es der Übernahme von Druckereien bzw. der Beschaffung von Drucker-Einrichtungen. Dem Rundfunk als wichtigstem Medium der „modernen Zeit", wie Goebbels es im März 1933 formuliert hatte[7], kam noch eine ungleich höhere Bedeutung zu. Um die Verbreitung des Rund-

---

[4] Reinhard Gehlen, "Beobachtung der Feindlage", Bericht über "Russische Operationsmöglichkeiten" vom 10.4.1942, Archiv des MfS, BstU 000066
[5] Hasso von Wedel, Die Propagandatruppen der deutschen Wehrmacht, Neckargemünd 1962, S. 20
[6] Hasso von Wedel, Die Propagandatruppen der Deutschen Wehrmacht, Neckargemünd 1962, S. 22
[7] Ansprache an die Intendanten und Direktoren der Rundfunkgesellschaften über die zukünftige Arbeit und Gestaltung des deutschen Rundfunks am 25.03.1933, rbb/DRA Hörfunk-Archiv

funks in und aus dem Feindesland zu gewährleisten, bedurfte es fahrbarer Rundfunksender bzw. besonderer Soldatensender.

Einer davon, an dessen Beispiel die Arbeit der Propagandatruppen dargestellt werden soll, war der in Pleskau stationierte Soldatensender Ursula, der nach der Einnahme der Stadt am 9. Juli 1941 im Rahmen des „Unternehmens Barbarossa" dort am 18. Juni 1942 Stellung bezog. Der Sender war eine Verbindung zwischen Front und Heimat, wie auch eine ihrer Sendereihen hieß. Durch Wunschkonzerte wurden enorme Summen an Spenden eingenommen, die an das Propagandaministerium abgeführt wurden und dem Kriegswinterhilfswerk zugute kamen. Künstler aus dem „Kraft durch Freude"-Programm waren zu Besuch und traten vor den Soldaten auf. Grußbotschaften der Landser an die Heimat waren wichtiger Bestandteil des Programms. An den noch vorhandenen Dokumenten lässt sich gut ablesen, wie die Verschiebung der Front sich auf die Arbeit eines Soldatensenders auswirkte.

20.6.44 Soldatensender Ursula, Abend mit Hilde Weissner bei Lt. Dr. Bald am Stintsee bei Riga

Wie in vielen anderen Bereichen im Nachkriegsdeutschland, wie z.B. der Justiz, zeigte sich, dass für die Kriegsberichter und Mitglieder der Propaganda-Kompanien, die den Krieg überlebten, sich die Möglichkeit eröffnete, weiterhin in ihrem Beruf als Journalisten oder Politiker tätig zu werden. Auch die Werbung war ein geeignetes Auffangbecken, denn sie ähnelt in ihrem Grundgedanken dem, was Goebbels noch in Friedenszeiten als Ziel postulierte: die Beeinflussung des Volkes, durchaus mit den Mitteln der Manipulation.

In der Politik gelangen Karrieren wie die des ehemaligen Bundeskanzlers Kurt-Georg Kiesinger. Kiesinger, CDU-Politiker und von 1966-1969 dritter Bundeskanzler der Bundesrepublik Deutschland, hatte als stellvertretender Leiter der Rundfunkpolitischen Abteilung, die direkt dem Propagandaministerium unterstellt war, die Übertragung der „Führerrede" am 4. Mai 1941 verantwortet. Nicht alle Personen wurden wie in diesem Fall später mit ihrer NS-Vergangenheit konfrontiert. Beate Klarsfeld, eine deutsch-französische Journalistin, hatte Kiesinger auf dem CDU-Parteitag in Berlin am 7. November 1968 wegen dessen NS-Vergangenheit geohrfeigt. Im Falle von Karl Holzamer, dem ehemaligen Intendanten des Zweiten Deutschen Fernsehens, kam die Aufarbeitung allerdings erst sechzehn Jahre nach seinem Tod. Aus seinen Rundfunk-Kommentaren, die er als Kriegsberichter bei der Luftwaffe verfasste, lässt sich im späten Stadium des Krieges die Empörung über das Bombardement ziviler Ziele in Deutschland ablesen.

Bruno Moravetz, Sportreporter und Mitarbeiter des 1963 auf Sendung gegangenen Zweiten Deutschen Fernsehens, konnte die Tatsache geheim halten, dass er im II. Weltkrieg Oberjunker und Schütze in der SS-Standarte „Kurt Eggers" war.[8] Nach 1945 gelang ihm der Einstieg in den Sport-Journalismus; zunächst als Leiter der Sport- und Feuilleton-Redaktion der Heidenheimer Zeitung, danach als Reporter beim ZDF. Hier wurde der Nordische Skisport seine Domäne. Bekannt wurde er durch seine Reportage bei den Olympischen Winterspielen 1980 in Lake Placid, als er wiederholt die Frage stellte: „Wo ist Behle?".

Die Herausforderung für die Propaganda-Maschinerie im II. Weltkrieg war, Front und Heimat gleichermaßen in die Pflicht zu nehmen.

---

[8] Archiv des Ministeriums für Staatssicherheit, Akte HA IX/11 AV 10/76

Die Soldaten sollten die Gewissheit haben, dass das deutsche Volk hinter ihnen steht und die Bevölkerung sollte im Glauben sein, dass ihre Soldaten erfolgreich für eine gerechte Sache kämpfen. Dabei war die Behauptung von Anfang an, dass es sich um einen Verteidigungskrieg handele – gegen den Angriff Polens, gegen das internationale Judentum, welches Deutschland vernichten wolle und schließlich gegen die Bolschewisten. „Front und Heimat" war ein regelmäßiger Bestandteil des Programms des Soldatensenders Ursula. Die halbstündigen Sendungen liefen abends zwischen 19 Uhr und 19.30 Uhr und stellten ein wichtiges Bindeglied zwischen den Soldaten und ihren Angehörigen dar.

Bis zum Westfeldzug erfolgreich, markierte die Niederlage in der Schlacht bei Stalingrad nicht nur einen militärischen, sondern auch einen propagandistischen Wendepunkt. Dies ging so weit, dass in der letzten Phase des Krieges die Moral der russischen Truppen im Kampf um Stalingrad von Goebbels als Vorbild gepriesen wurde. Es begann die Zeit, in der die Angehörigen auf ein Lebenszeichen per Feldpost warteten und mit ihnen die Soldaten an der Front im Wunschkonzert des Rundfunks Unterhaltung suchten. Die Truppenbetreuung in den besetzten Gebieten beinhaltete u.a. Auftritte von beliebten Künstlern wie z.B. der Schauspielerin Hilde Weissner beim Soldatensender Ursula.

Der Kriegsverlauf spiegelt sich nur bedingt in der Rundfunkberichterstattung wider. In den Rundfunkarbeitsbesprechungen wurden die Reporter angehalten, bestimmte Ereignisse in den Focus zu stellen und andere nicht. So sollte der Bombardierung der Reichshauptstadt keine besondere Aufmerksamkeit geschenkt werden. Je verlustreicher und aussichtsloser die militärische Lage wurde, desto mehr wurden die Heldentaten Einzelner in den Mittelpunkt der Kriegsberichte gestellt.

Wie Recht Goebbels mit seinen Befürchtungen hatte, als er kurz nach der Einführung des Volksempfängers darüber nachdachte, die Geräte, die inzwischen zu Millionen unters Volk gebracht worden waren, wieder einzuziehen, zeigte sich insbesondere in den Jahren 1944 und 1945, als zunehmend Rundfunksendungen der BBC und Radio 1212 (Radio Luxemburg), einem Soldatensender der Amerikaner, die die militärische Lage gegenteilig darstellten, abgehört wurden. Die Gegenpropaganda des Feindes, sowohl die der Russen, die überwiegend aus Flugblättern bestand, die an der Front abgeworfen wurden, als auch der Briten und Amerikaner war immer schwerer in den Griff zu bekommen. Es lief oft darauf hinaus, dass deutsche Kriegsgefangene im alliierten Rundfunk darüber berichten mussten, wie gut sie von den Amerikanern behandelt würden.

Die Bombardierung des Gebäudes des R.M.V.P. in der Wilhelmstraße in der Nacht vom 13. auf den 14. März 1945 hatte Staatssekretär Werner Naumann noch nicht dazu bewogen, das Handtuch zu werfen; noch schwor er die versammelten Rundfunkreporter auf den Endsieg ein. Erst der Suizid des „Hexenmeisters", der Tod Joseph Goebbels am 1. Mai 1945, ließ die Stimme der Propaganda verstummen.

Für die Geschichte des wiedervereinigten Deutschlands ist der II. Weltkrieg von überragender Bedeutung. Dem Überfall auf Polen am 1. September 1939 waren die „Rückführung" des Saargebiets als Reaktion auf dessen Verwaltung durch Frankreich nach dem I. Weltkrieg und der „Anschluß" Österreichs vorausgegangen. Beides wurde durch massive Propaganda, vor allem durch die Reden Goebbels im Rundfunk, vorbereitet. Die Frage: „Wie konnte es soweit kommen, dass das Deutsche Reich fast sechs Jahre einen Krieg führen konnte, der eigentlich mit dem Ende des Hitler-Stalin-Pakts und der Niederlage von Stalingrad nicht mehr zu gewinnen war?", lässt sich in großen Teilen durch die hervorragend funktionierende Propaganda in Rundfunk, Film und Presse beantworten. Das Ziel der Arbeit ist, dies durch das Aufzeigen der perfekt ineinandergreifenden Mechanismen des Propagandaapparats an Hand der verfügbaren Quellen aus dem Deutschen Rundfunk-Archiv und den Unterlagen des Archivs des Ministeriums für Staatssicherheit zu belegen. Es soll verdeutlicht werden, dass das Mittel der Propaganda, welches im Dritten Reich durch Goebbels seinen zynischen Beitrag an der Verlängerung des begangenen Unrechts leistete, auch in der Gegenwart eine enorme Bedrohung darstellt, die durch neue Faktoren wie das Internet (insbesondere: digitale Manipulationen, Künstliche Intelligenz und die sog. Sozialen Medien) und hybride Kriegsführungen sogar noch in einem zum jetzigen Zeitpunkt noch nicht abschließend zu beurteilendem Ausmaße an Komplexität zugenommen hat.

Die Geschichte des zweigeteilten Deutschlands als Ergebnis des II. Weltkrieges kann als Erklärungsansatz dienen für die aktuelle politische Situation. Die DDR war bis zur Wiedervereinigung und deren Auflösung im Jahre 1990 Bündnispartner der Sowjetunion und entsprechend sozialisiert. Die Ideologie vom Arbeiter- und Bauernstaat hatte durchaus Parallelen mit derjenigen, die ursprünglich von der NSDAP als Arbeiterpartei verbreitet wurde. Hinzu kam die Verbindung mit dem „großen Brudervolk", den Russen. Daher die vielfache Ablehnung des Eingreifens des Westens im russisch-ukrainischen Krieg durch Bürger der ehemaligen DDR. Die Rolle der Sowjetunion bei der Befreiung vom Nationalsozialismus wurde in der DDR für sehr wichtig erachtet. Daher gibt es immer noch eine enge Verbundenheit zwischen der Bevölkerung der ehemaligen DDR mit Russland. Das zeigt sich auch jährlich bei den Feiern zum 9. Mai 1945 am Sowjetischen Ehrenmal, wo es eine große Beteiligung ehemaliger DDR-Bürger gibt.

Eine seltsame Mischung stellt in diesem Zusammenhang die Partei „Alternative für Deutschland" (AfD) dar. Einerseits darauf zielend, dass viele Menschen im Osten sich durch die Wiedervereinigung benachteiligt fühlen, spielt sie andererseits durch ihren rechten Flügel in Person von Björn Höcke, dem Vorsitzenden der AfD-Fraktion im thüringischen Landtag, auf der Klaviatur einer an den Nationalsozialismus angelehnten Hervorhebung des Deutschtums. Offenbar wurde hier mit „Stalins hartem Besen", um den Sänger und Dichter Wolf Biermann zu zitieren, nicht gründlich genug gekehrt.

Der Stellenwert der Propaganda im Nationalsozialismus

Mit der Einrichtung eines Reichsministeriums für Volksaufklärung und Propaganda am 13. März 1933 durch Reichspräsident von Hindenburg wurde im Deutschen Reich eine Institution geschaffen, die von vornherein die Absicherung der von den Nationalsozialisten gerade übernommenen Macht sichern sollte. Das von Joseph Goebbels geleitete Ministerium war in mehrere Abteilungen gegliedert: Presse, Film, Bildende Kunst, Theater, Musik, Literatur und Rundfunk. Dass dem Rundfunk als recht neu aufgekommenem Medium eine zentrale Rolle zukommen sollte, unterstrich Goebbels in einer Ansprache, die er am 25. März 1933 an die Intendanten und Direktoren der Rundfunkgesellschaften richtete.

Parallel dazu mussten auch die technischen Voraussetzungen geschaffen werden, die nationalsozialistische Ideologie per Rundfunk zu verbreiten. Auf der 10. Großen Deutschen Funkausstellung im August 1933 wurde der Volksempfänger vorgestellt, ein Radiogerät, welches mit Netzbetrieb 76 Reichsmark kostete und in Serienfertigung ging.

In seiner Rede über die „zukünftige Arbeit und Gestaltung des deutschen Rundfunks"[9] machte Goebbels klar, dass unter dem nationalsozialistischen Rundfunk diejenigen keine Chance hätten, die bereits in der Weimarer Republik dem Rundfunk angehörten: „Wenn einer Fahnenträger der vergangenen 14 Jahre gewesen ist, dann kann er nicht Fahnenträger der kommenden Jahrzehnte sein."[10] Vielmehr sollten nur überzeugte Nationalsozialisten dort tätig sein. Es gebe keinen tendenzlosen Rundfunk. „Der Rundfunk gehört uns. Und wir werden den Rundfunk in den Dienst unserer Idee stellen"[11], so Goebbels. Er erteilt dem Mehrparteien-System eine Absage, eine Partei im Staat sei genug. Und damit entfällt nach seiner Ansicht auch jedes Recht anderer Parteien, wie etwa der sozialdemokratischen, sich über den Rundfunk zu Wort zu melden.

Wenn der Rundfunk über den Dingen stünde, wolle das Volk nichts mit ihm zu tun haben. Das Volk habe ein Anrecht darauf, zu erfahren, wie es in Deutschland zuginge, was die Regierung tue, was die Minister, wie es um die Wirtschaft stünde, „kurzum, der Rundfunk hat die Pflicht, aktuell zu sein und darf dabei vor nichts zurückschrecken."[12] Es komme vor allem darauf an, die Dinge richtig zu dosieren. Man könne eben nicht Regierungsmanifestationen in Massen produzieren und jeden Tag den Hörer damit bombardieren.

Dann geht Goebbels nochmals auf die Schaffung des R.M.V.P. ein: „Diese geistige Mobilmachung, die wir mit den Mitteln der öffentlichen Aufklärung betreiben wollen, ist eine der Hauptaufgaben des Rundfunks. Zu diesem Zweck ist auch das neue Ministerium gebildet worden... . Ich kann Ihnen im Vertrauen versichern, meine Herren, daß die Prinzipien dieses Ministeriums bei uns schon seit vier, fünf

---

[9] Ansprache an die Intendanten und Direktoren der Rundfunkgesellschaften über die zukünftige Arbeit und Gestaltung des Rundfunks, Aufnahme vom 25.3.1933, rbb/DRA-Hörfunkarchiv.
[10] Ebd.
[11] Ebd.
[12] Ebd.

Jahren im Schreibtisch liegen."[13] „Das Ministerium hat die Aufgabe, in Deutschland eine geistige Mobilmachung zu vollziehen. Es ist also auf dem Gebiet des Geistes dasselbe, was das Wehrministerium auf dem Gebiet der Wache ist. Deshalb wird dieses Ministerium also auch Geld beanspruchen, wird auch Geld bekommen, denn das sieht jetzt jedermann in der Regierung ein: daß die geistige Mobilmachung ebenso nötig, vielleicht noch nötiger ist als die materielle Wehrhaftmachung des Volkes."[14]

Im weiteren Verlauf der Rede sagte Goebbels: „Das Volk ist nicht so dumm, wie man glaubt."[15] Man müsse sich also davor hüten, das Volk belehren zu wollen. Es sei grundsätzlich falsch zu glauben, dass es Dinge gäbe, die man dem Volk nicht erklären könne. Es gebe nichts, was man dem Volk nicht erklären könne, allerdings müsse man sich darauf verstehen, komplizierte Tatbestände zu vereinfachen. Der Rundfunk sei das „allermodernste und allerwichtigste Massenbeeinflussungsinstrument"[16], was es überhaupt gebe. Er ermögliche, das Volk in seiner Gesamtheit an allen öffentlichen Angelegenheiten teilhaben zu lassen. Das sei wahre Demokratie, das antike Athen und Rom seien die Vorbilder. Der Rundfunk habe die Aufgabe, 100% des Volkes für die Partei zusammenzutrommeln, und wenn sie sie erst einmal hätte, müsse der Rundfunk auch dafür sorgen, sie zu halten.

Der Rundfunk sei Mittel zum Zweck. Im Folgenden erklärte er die Grundprinzipien, die Voraussetzung seien, um zu einer generellen Umstellung des Rundfunks zu kommen. Erstes Gesetz bei der Gestaltung des Rundfunkprogramms sei „Nur nicht langweilig werden!..." „Nur nicht die Gesinnung auf den Präsentierteller legen!"[17] Menschen, die noch nicht national seien, sollten für den Nationalismus gewonnen werden. Als gelungenes Beispiel für Propaganda führte Goebbels den im „kommunistischen Sinne agitierenden"[18] Film „Panzerkreuzer Potemkin" an.

---

[13] Ansprache an die Intendanten und Direktoren der Rundfunkgesellschaften über die zukünftige Arbeit und Gestaltung des Rundfunks, Aufnahme vom 25.3.1933, rbb/DRA-Hörfunkarchiv.
[14] Ebd.
[15] Ebd.
[16] Ebd.
[17] Ebd.
[18] Ebd.

Die Devise laute: „interessant, lehrreich, aber nicht belehrend"[19]. Das Geheimnis der Propaganda sei, dass die Absicht nicht erkennbar sein dürfe: „Selbstverständlich hat die Propaganda eine Absicht, aber die Absicht muß so klug und so virtuos kaschiert sein, daß der, der von dieser Absicht erfüllt werden soll, dies überhaupt nicht bemerkt".[20]

Goebbels rühmt sich der Inszenierung des „Tages von Potsdam" am 21.3.1933[21]; es dürfe in Zukunft kein Ereignis von politisch-historischer Tragweite mehr geben, woran das Volk nicht beteiligt wäre; dass das ginge, hätten sie, die Nationalsozialisten, beim Potsdamer Tag bewiesen. Hier seien die Arbeitsmethoden, um die es ginge, das erste Mal erfolgreich angewendet worden.

Dann äußert er sich zur Frage des Zentralismus: die Interessen der Länder müssten wohl berücksichtigt werden, aber die Einheit stehe über allem. Der Rundfunk müsse eine „zentrale geistige Leitung"[22] haben. Sie übernehme die Verantwortung, damit aber auch die Machtmöglichkeit. Sie müsse alles ändern können, müsse aber das, was sie ändert, vor der Öffentlichkeit auch verantworten.

Dann kommt er noch auf Technik und Finanzen zu sprechen: Im Vordergrund der rundfunkpolitischen Betätigung stehe der Geist, nicht die Technik. Technik sei Mittel zum Zweck. Der Rundfunk dürfe also nicht in der Hand einer Organisation, die die Technik betreibt, ergo der Reichspost, sein. Die Post habe nicht nur das Recht, sondern auch die Pflicht, Funktürme zu bauen, dürfe sich aber nicht in die inneren Angelegenheiten der Rundfunkanstalten einmischen. Insbesondere habe sie nicht über das Personal der Rundfunkhäuser mitzubestimmen.

Die Gelder des Rundfunks müssten auch für den Rundfunk verwendet werden, unmittelbar oder mittelbar. Überschüssige Gelder sollten an Wissenschaft, Kunst und Theater abgeführt werden, um das geistige Leben der Nation zu befruchten.

---

[19] Ebd.

[20] Ebd.

[21] Eröffnung des ersten Reichstages nach der Machtübernahme der Nationalsozialisten. Nach dem Reichstagsbrand vom 28.2.1933 war das Gebäude weitgehend zerstört, daher wurde die Zeremonie nach Potsdam verlegt.

[22] Ebd.

Der Deutschlandsender solle zum Reichssender ausgebaut werden. Dessen Programm solle direkt oder indirekt von der Regierung beeinflusst sein. Täglich von 7 Uhr bis 8 Uhr morgens solle es mit „einer Stunde der Nation" ein einheitliches Programm geben, Konzerte, Reportagen usw. sollten in dieser Stunde überregional ausgestrahlt werden.

Wenn der Rundfunk neu aufgebaut würde, so müsse dies nach dem Prinzip der preußischen Sparsamkeit geschehen. Führende Rundfunkleute sollten Gehaltsverzicht üben, Korruption und Vetternwirtschaft ausgemerzt werden. Es gehe nicht an, dass der Rundfunk missbraucht würde, um sich Nebeneinnahmen zu verschaffen[23].

Außerdem sei die Cliquenwirtschaft zu bekämpfen. Die Funkhäuser sollten gesäubert werden von nicht national gesinnten Elementen, von Defätisten und Marxisten. Abschließend führt er den Intendanten nochmals die Bedeutung ihrer Mission vor Augen: in ihrer Hand hielten sie das modernste Massenbeeinflussungsinstrument, was es überhaupt gebe.

Das, was Goebbels in seiner Rede gefordert hatte, nämlich die Unterordnung der Länderinteressen unter die Reichsinteressen, wurde erst am 30. Juni 1933 durch eine von Hitler erlassene „Verordnung über die Aufgaben des Reichsministeriums für Volksaufklärung und Propaganda" ermöglicht. Am 8. Juli 1933 mussten die regionalen Rundfunkgesellschaften ihre Geschäftsanteile an der Reichs-Rundfunk-Gesellschaft an das Propagandaministerium abtreten. Außerdem sollten die Länder ihre Beteiligungen an den regionalen Rundfunkgesellschaften an die RRG übertragen, wogegen sich Bayern heftig, aber erfolglos wehrte. Ab dem 1. April 1934 waren somit alle regionalen Rundfunkhäuser „Reichssender" und damit vollständig unter der Leitung des Reichsministeriums für Volksaufklärung und Propaganda.[24]

---

[23] Goebbels bezieht sich hier auf ein „furchtbares und schmieriges System der Nebeneinnahmen", wie es in Berlin in den letzten Wochen und Monaten aufgedeckt worden sei; ebd.
Schon im Jahre 1931 hatten die Nationalsozialisten in ihrer Zeitung „Der Rundfunk" gegen den „Systemfunk" der Weimarer Republik agitiert mit Schlagzeilen wie „Deutsche Rundfunkhörer, brecht den roten Rundfunkterror" und „Millionen zahlst Du!" (Ausgabe vom 1.11.1931, abgebildet im historischen Rückblick der „Berliner Abendschau" vom 29.01.1983)
[24] Vgl. Konrad Dussel, Deutsche Rundfunkgeschichte, Konstanz 2004, S. 84/85

Durch die Besetzung der Reichssendeleitung im Juli 1933 mit dem ihm ergebenen Eugen Hadamovsky und der konsequenten Neubesetzung der Intendantenposten, bei der nur der Stuttgarter Intendant Alfred Bofinger eine Ausnahme machte, hatte Goebbels auch in personeller Hinsicht alle Voraussetzungen für einen reibungslosen Rundfunkbetrieb im Sinne der Nationalsozialisten geschaffen.

Jener Eugen Hadamovsky hatte nicht nur die Aufgabe der Nutzung des Rundfunks als Massenbeeinflussungsinstrument verinnerlicht, vielmehr konkretisierte er die ideologischen Anforderungen auch inhaltlich. Aus den doch recht allgemeinen Formulierungen Goebbels über „Cliquenwirtschaft" und der Säuberung von „defätistischen und marxistischen Elementen" wurde bei Hadamovsky: „Er (der deutsche Rundfunk, Anm. d.Verf.) entstand zwischen Börsenjuden, Schiebern, Geschäftemachern und einigen technischen, politischen und künstlerischen Ideologen. Es waren Gestalten, die den Rundfunk zu einem volksfremden, intellektuellen Eigenleben erstarren ließen. Jede organische Verbindung zum Volk fehlte."[25]

In der Konstruktion des Gegensatzes Elite (jüdische Intellektuelle) und Volk wurde zum einen die Ausgrenzung jüdischer Mitarbeiter und zum anderen die Primitivisierung des Inhalts der Rundfunksendungen vorweggenommen. Auch hier hatte Goebbels gefordert, Politik müsse dem (einfachen) Volk verständlich gemacht werden. Der Begriff Volksgemeinschaft spielt die zentrale Rolle, weil diese im nationalsozialistischen Sinne definiert wird und die Ausgrenzung aller kritischen Elemente impliziert.

Hadamovsky sieht die Rolle des Rundfunks gewandelt von der Passivität durch das Erdulden fremder Herrschaft zur Aktivität als Mitgestalter der neuen Gesellschaft. „Erst die nationalsozialistische Bewegung gab dem Rundfunk seinen Sinn; er verdankt ihr die Erlösung vom Abseitigen, Ästhetisierenden, Volksfremden. Er hat vom Nationalsozialismus seine große Zielsetzung, richtungsweisend und gestaltend an der Formung des Dritten Reiches mitzuwirken."[26]

Zum Zeitpunkt des Erscheinens des Aufsatzes „Der Rundfunk im Dienste der Volksführung" im Jahre 1934 (ein genaueres Datum ist

---

[25] Eugen Hadamovsky, Der Rundfunk im Dienste der Volksführung, Leipzig 1934, S. 11
[26] Ebd.

nicht feststellbar, Anm. d. Verf.) hatten der Rundfunk und damit auch Hadamovsky selbst seiner Meinung nach eine übergeordnete Bedeutung erlangt: „Niemals wäre es ohne Rundfunk möglich gewesen, eine Nation von einem Willen her zu umfassen... . Die Männer, die den neuen Rundfunk formen, sind Kämpfer... . Der Rundfunk ist für sie die stärkste und revolutionärste Waffe, die wir im Kampfe gegen eine untergehende, alte Welt und im Kampfe für das neue Dritte Reich besitzen."[27]

In der Tat sollte der Rundfunk noch an Bedeutung gewinnen. Er war ein unverzichtbares propagandistisches Instrument zur ideologischen Vorbereitung der Massen auf den nationalsozialistischen Imperialismus und die bedingungslose Führung des Krieges.

Dafür bedurfte es allerdings eines unverzichtbaren Elements der Verbreitung des nationalsozialistischen Gedankens: des Volksempfängers. Mit den Worten Hadamovskys: „Ein sehr wichtiges Ergebnis der ‚Nationalsozialistischen Rundfunkkammer, e.V.' und der später daraus entstandenen Reichsrundfunkkammer ist der Volksempfänger V.E.301. Er ist die wirtschaftliche Grundlage, um das Wort des Führers in jedes Haus zu tragen. ‚Jeder Volksgenosse Rundfunkhörer' – das war nur durch eine sozialistische Gemeinschaftstat wie dem Bau von Hunderttausenden Volksempfängern möglich."[28] Im Jahre 1939 lag der Bestand der Volksempfänger in der Bevölkerung bei 12 Millionen.

Der Aufbau des Rundfunks im Nationalsozialismus

Mit der Übernahme des deutschen Rundfunks durch die Nationalsozialisten hatte sich dessen finanzielle Lage nicht automatisch gebessert. Um Synergieeffekte zu nutzen und Einsparungen vorzunehmen, ordnete Goebbels Ende 1933 den Zusammenschluss der Regionalsender zu drei Sendergruppen an: die Sendergruppe West (Köln, Frankfurt und Stuttgart), die Sendergruppe Südost (München, Leipzig und Breslau) sowie die Sendergruppe Nord (Hamburg, Berlin und Königsberg). Das Programm wurde in der Weise neu strukturiert, dass die neuen Sendergruppen jeweils ein gemeinsames Abendpro-

---

[27] Ebd.; S. 13
[28] Ebd. S. 19

gramm anboten und tagsüber nur noch stundenweise Regionalsendungen liefen.

Reichssendeleiter Hadamovsky hielt am 20. Dezember 1933 eine Ansprache anlässlich der Eröffnung der drei Großsender Berlin, München und Stuttgart: „In Angriff genommen wurde die wesentliche Verstärkung der deutschen Senderenergien, deren erster Meilenstein die Eröffnung der Großsender Berlin, München und Stuttgart mit je 100 Kw ist. In Angriff genommen wurde weiterhin die zielbewußte Pflege deutscher Nationalkultur und der deutschen Kunst. So geht der Rundfunk seinen Weg getreu dem Geist des Dritten Reiches, zielbewußt, klar, und um auf die Verstärkungen vom heutigen Tag anzuspielen, weithin und kräftig hörbar."[29]

Gegen die neuen Sendergruppen regte sich alsbald massiver Widerstand, vor allem aus dem Lager der Künstler, deren Engagement um 25 % reduziert wurde, um auf diese Weise 4 Mio. RM einzusparen. Zunächst protestierten die Musikalienverleger, dann die Komponisten und schließlich auch die Hörer, die sich in dem überregionalen Programm nicht wiederfanden. Den Ausschlag gab aber der Aufstand der bayerischen Staatsregierung, die Wert darauf legte, dass „Bayern in seiner kulturellen Geschlossenheit erhalten bleiben müsse."[30] Den Rückzug trat Goebbels am 11. Januar 1934 an, indem er die Wiederaufhebung der Sendergruppen anordnete mit der Begründung, dass das Ziel der geistigen Durchdringung des Volkes bereits erreicht sei und „eine Auflockerung des Sendewesens zur Entfaltung der künstlerischen Möglichkeiten zweckmäßig erscheint"[31]. Zu diesem Behufe wies Goebbels vor Weihnachten die Reichs-Rundfunk-Gesellschaft an, mit 100 000 RM einen Fonds aufzulegen, aus dem Honorare an freie Künstler gezahlt werden sollten; im Januar wurden die Investitionen ins Programm auf seine Weisung hin nochmals um 1 Mio. Reichsmark aufgestockt.

Von in wahrstem Sinne weitreichender Bedeutung war der deutsche Auslandsdienst, der ab 1933 konsequent ausgebaut wurde und über

---

[29] Reichssendeleiter Eugen Hadamovsky anlässlich der Eröffnung der drei Großsender Berlin, München und Stuttgart, Rede vom 20.12.1933, rbb-Hörfunkarchiv
[30] zit. nach: Ansgar Diller, Rundfunkpolitik im Dritten Reich, Bd.2. München 1980, S. 176
[31] Ebd. S. 177

Kurzwelle bis nach Nordamerika senden konnte. Ziel war die Anbindung der Auslandsdeutschen im nationalsozialistischen Sinne an die Heimat. Der erste Intendant des Deutschen Kurzwellensenders, Kurt von Boeckmann, sah die Pflege der Beziehungen zu ausländischen Rundfunkorganisationen und die Beobachtung ihrer Programme als seine Hauptaufgaben.

Die erste Bewährungsprobe hatte die deutsche Kurzwellenorganisation anlässlich der Olympischen Spiele 1936 in Berlin, während derer es gelang, das Geschehen in 32 Länder zu übertragen und insgesamt rund 2500 Berichte in 28 Sprachen ins Ausland abzusetzen.[32] Selbstverständlich war dies für den Nationalsozialismus eine hervorragende Gelegenheit zur Selbstdarstellung.

Die Reichsrundfunkgesellschaft unter ihrem Intendanten Heinrich Glasmeier setzte schon seit dem Jahre 1937 auf weniger anspruchsvolles und leicht konsumierbares Programm. Im Mai 1937 verkündete er: „Die Programme der Reichssender werden für die Zukunft weitgehendst aufgelockert unter Verzicht auf alle Art geistigen Hochmuts".[33] Wurden in der Weimarer Republik noch die akademisch gebildeten Hörer ins Blickfeld genommen, sollte jetzt der Volksgenosse, der einfache Arbeiter, Handwerker und Angestellte im Mittelpunkt stehen.

Ein Ausläufer des „Bildungshörfunks" war allerdings noch eine Sendereihe, die der Reichssender Saarbrücken im Programm hatte, „Die bunte Reihe". In der Redaktion von Hans-Herbert Fischer, Hauptsachbearbeiter in der Abteilung Kultur und Unterhaltung, wurde am 22.2.1937 von 20.10 bis 22 Uhr folgender Beitrag gesendet, von dem noch das Manuskript erhalten ist: Nach der Begrüßung durch den Ansager „Hier ist der Reichssender Saarbrücken. Wir bringen ‚Die bunte Reihe'" wurde ein Walzer von Joseph Strauß, dargeboten von den Wiener Philharmonikern, von Schallplatte gesendet. Dann folgte ein Reim, gesprochen von der Schauspielerin Gunda Warnegg:

„Ihr sollt die Sorgen ruhen lassen,

sie sollen hinter Euch verblassen -

Ihr sollt Euch freu'n an diesen Stunden:

---

[32] Vgl. Ebd., S. 184
[33] Das Wunschkonzert im NS-Hörfunk, Hans-Jörg Koch, Böhlau Verlag 2003, S. 99

an allerlei, recht nett gebunden."

Anschließend wieder von Schallplatte: „Das kleine Hofkonzert" mit dem Kammersänger Marcel Wittlich.

In der Rubrik „Briefe der Liebe" wurden zwei Liebesbriefe vorgelesen, der eine von Luise Adelgunde Viktoria Kulmus an Johann Gottsched, der andere von Guy de Maupassant an Maria Bashkirtseff.

Der ausführliche Vortrag wurde einige Mal durch kurze Musikstücke unterbrochen, so der Walzer S-Dur von Chopin, am Klavier Wilhelm Backhaus, und „Poen", ein Konzertstück des Orchesters Barnabas von Geczy.

Es folgte die Piccicati-Polka von Johann Strauß, aufgenommen von der Reichsrundfunk-Gesellschaft als Überleitung zu „Heiteren Versen" von Eugen Roth. Präsentiert werden drei Werke des Dichters: „Der Wankelmütige", „Der Fortschrittler", und, unterbrochen durch einen langen Gong, „Das Sprungbrett", eine Parodie auf einen Angeber, der sich kurz im Glanze seines Ruhms sonnt, den er gar nicht verdient hat.

Nach dem Walzer „Die Geheimnisse der Etsch" drei weitere Gedichte von Eugen Roth: „Beim Einschlafen", „Der Kenner" und „Waidmanns Heil!".

Hier eine Kostprobe:

„Ein Mensch möcht' sich im Bette strecken,

doch hindern ihn zu kurze Decken.

Es friert ihn zuerst an den Füssen,

Abhilfe muss die Schulter hüssen.

Er rollt nach rechts und meint, nun ging's.

Doch kommt die Kälte prompt von links.

Er rollt nach links herum, jedoch

Entsteht dadurch von rechts ein Loch.

Indem der Mensch nun dies bedenkt

hat Schlaf sich mild auf ihn gesenkt

Und schlummernd ist es ihm geglückt:

Er hat sich warm zurechtgerückt.

Natur vollbringt oft wunderbar

was eigentlich nicht möglich war."

Es folgt eine Einlage der Schauspielerin Marita Gründgens, der Schwester von Gustaf Gründgens, mit dem Lied „Der gute Durchschnitt" von Hans Grund. Anschließend werden von den Sprechern einige Anekdoten zum Besten gegeben.

Die Anekdoten rankten sich um bedeutende Männer der Geschichte wie Rudolf von Habsburg oder Karl den II.: „Karl der II. besuchte einmal eine Dorfschule. Dabei schritt der Lehrer sonderbarerweise mit dem Hute auf dem Kopfe durch die Schule. Als der König aber Abschied nahm, sagte der Lehrer, der ihn bis zur Tür geleitet hatte ehrerbietig: ‚Ich bitte Ew. Majestät, mein respektwidriges Verhalten zu entschuldigen; aber wenn meine Jungens sich einbilden, es gäbe im Königreich einen größeren Mann als ich bin, so würde ich nicht imstande sein, sie in Zucht zu halten.‘"

Von der Schallplatte kam als Nächstes der „Aufzug der Wache" aus der Oper „Carmen" vom Philadelphia Symphonie-Orchester. Weiter ging es mit Anekdoten um Berühmtheiten der Kunst, wie dem englischen Maler Whistler oder dem Dramatiker und Schriftsteller Gerhard Hauptmann. Melodien aus der Oper „Tiefland", gespielt von den Berliner Philharmonikern und von Schallplatte gesendet, bildeten den Übergang zu zwei Kapiteln von Christian Andersens „Bilderbuch ohne Bilder". Gesprochen wurde die lange Passage von Gundula Warnegg, unterbrochen von der Rhapsodie in G-Moll von Johannes Brahms.

Die Sendung fand ihren Fortgang nach dem „Schlagoberswalzer" von Richard Strauß mit einem Stückchen Lebenskunst von Jean Paul. Der Minutenwalzer von Chopin überbrückte bis zur Ansage: „Und nun: Deutscher Humor des 20. Jahrhunderts – Friedrich Bekamel, Wilhelm Busch, Theodor Fontane, Friedrich Rückert". Von Bekamel gab es „Die Verlobung" zu hören, von Wilhelm Busch „Ein gutes Tier", von Fontane „Lebenswege" und von Friedrich Rückert „Der Sprachunterricht".

Die Sendung schloss mit der Ansage: Hier ist der Reichssender Saarbrücken. Sie hörten unsere Abendsendung „Die bunte Reihe". Sie enthielt: Verse von Eugen Roth und Hans-Herbert Fischer, allerlei Anekdoten, berühmte Liebesbriefe, zwei Kapitel aus Andersens „Bilderbuch ohne Bilder", einen Abschnitt aus Jean Pauls „Schulmeister-lein Wuz" und Gedichte von Bekamel[34], Busch, Fontane und Rückert. Im musikalischen Rahmen hörten Sie schöne Musik von Schallplat-ten. Es sprachen: Susanne Heym[35], Gunda Warnegg, Willi Burgkranz, Hans-Joachim Saager[36] und Rudolf Schumann. Die Zusammenstel-lung besorgte Hans-Herbert Fischer. Die Sendung ist beendet, der Reichssender Saarbrücken meldet sich nach kurzer Pause mit den zweiten Abendnachrichten des drahtlosen Dienstes."[37]

Eine weitere Hörfunksendung lief am Ostermontag, dem 29. März 1937 von 9.00 bis 10.00 Uhr in der Reihe „Kleine Kostbarkeiten – Schätze deutscher Dichtung und Musik". Es war der I. Teil der Sen-dung „Vergeßt des Alltags Müh'n und Sorgen, Freut Euch mit uns am Festtagsmorgen." Sie begann mit der Ansage: „Hier ist der Reichs-sender Saarbrücken mit seinem Sender Kaiserslautern. Im I. Teil un-serer Sendung ‚Vergeßt des Alltags Müh'n und Sorgen, freut Euch mit uns am Festtagsmorgen' bringen wir ‚Kleine Kostbarkeiten – Schätze deutscher Dichtung und Musik.'"

Dann folgte von Schallplatte Toccata und Fuge in G-Moll von Jo-hann Sebastian Bach in der Länge von 4 ½ Minuten.

Der Sprecher kündigte als Nächstes das Presto aus dem Violin-Konzert A-Dur unter der Leitung von Franz Bender an und trug an-schließend zwei Gedichte vor – das eine „Verschwiegene Liebe" von Joseph von Eichendorff, das andere „Blick in den Strom" von Niko-laus Lenau.

Es folgten Werke von Ludwig van Beethoven – „Ich liebe Dich", ge-sungen von Karl Schmitt-Walter, Bariton, und das Intermezzo in A-Moll von Johannes Brahms, am Flügel Wilhelm Backhaus. Ecker-manns „Gespräche mit Goethe" füllten die nächsten sieben Minuten. Das Adagio B-dur von Wolfgang Amadeus Mozart und dem Im-promptu G-dur, op. 90 von Franz Schubert lieferten den Übergang zum Vortrag Johann Wolfgang von Goethes „An Charlotte von Stein." Anschließend wurden noch drei Gedichte von Rainer Maria

---

[34] Zu "Bekamel" ist kein Eintrag im Internet vorhanden.
[35] Zu Susanne Heym ist kein Internet-Eintrag vorhanden
[36] Zu Hans-Joachim Saager ist kein Internet-Eintrag vorhanden
[37] "Die bunte Reihe", Reichssender Saarbrücken am 22.2.1937, Manuskript aus Privatbesitz

Rilke – „Abschied", „Aus einem April" und „Kindheit" – vorgetragen. Die letzten Wortbeiträge nach musikalischen Unterbrechungen bildeten „Fischerboote" von Hans Friedrich Blunck und Hermann Claudius.

Die Sendung endete mit dem Brandenburgischen Konzert Nr.4, G-dur von Johann Sebastian Bach und folgender Absage. „Hier ist der Reichssender Saarbrücken und sein Sender Kaiserslautern. Im 1. Teil unserer Sendung ‚Vergeßt des Alltags Müh'n und Sorgen, Freut Euch mit uns am Festtagsmorgen' hörten Sie ‚Kleine Kostbarkeiten – Schätze deutscher Dichtung und Musik', zusammengestellt von Hans-Herbert Fischer. Sprecher waren: Susanne Heym und R.G. Wagner. Nach kurzer Pause hören wir den 2. Teil unserer Sendung ‚Schöne Musik von Schallplatten'".[38]

Diese beiden Sendungen hatten also noch ihren Sendeplatz vor dem Verdikt Heinrich Glasmeiers vom Mai 1937.

Im Jahre 1938 ging es dann tatsächlich in Richtung leichte Unterhaltung, aber auch schon in Richtung körperliche und geistige Mobilmachung. Am 15. August 1938 gab es z.B. die „Humoristische Darbietung von Bobby Streif", einem Kölner Original und Witze-Erzähler. [39]

Am 9. September 1938 wurde live von den NS-Kampfspielen in Nürnberg berichtet. Der „Deutsche Mehrkampf" bestand aus den Disziplinen Handgranatenweitwurf, 3000 m-Lauf, Kleinkaliberschießen und der 12 1/12 Runden-Hindernisstaffel. Weit vorne lag der Reichsarbeitsdienst Wusterhausen, gefolgt von der SS-Standarte Deutschland. Dabei waren die Qualifikationsleistungen für die SS-Angehörigen der Standarte, die für eine Teilnahme bei den NS-Kampfspielen zum Reichsparteitag in Frage kamen, beachtlich.

Für den Deutschen Mehrkampf meldete die 2. SS-Standarte den SS-Scharführer Hermann Schneider mit folgenden Leistungen:

100 m Lauf 11,8 Sekunden

Weitsprung 6,10 m

Kugelstoßen 11.00 m

Handgranatenweitwerfen 67 m

---

[38] Reichssender Saarbrücken am 29.3.1937 von 9.00-10.00 Uhr, Manuskript aus Privatbesitz
[39] "Humoristische Darbietung von Bobby Streif, DRA vom 15.8.1938

3 000 m Lauf ca. 10.00 min[40]

Dem politischen Geschehen wurde durch Sonderberichte Rechnung getragen; am 30. September 1938 gab es die „Sondersendung des Rundfunks zum Münchner Abkommen." Und kurz vor dem Silvesterabend, am 30. Dezember 1938, unterhielt man die Hörer mit der Sendung „Lachen ist gesund".

Parallel zum "Anschluß" Österreichs am 12. März 1938 wurde mit dem Reichssender Wien auch der österreichische Rundfunk dem deutschen Rundfunknetz angeschlossen. Erhalten sind Rundfunkaufnahmen von der Ansprache Hitlers auf dem Wiener Heldenplatz am 15. März 1938 sowie vom 16. März 1938, als eine begeisterte Volksmenge Adolf Hitler zujubelte und sang „Nach Hause geh'n wir nicht, bis daß der Führer spricht".

Die Rede vom Heldenplatz im Original-Ton: „Ich kann somit in dieser Stunde dem deutschen Volk die größte Vollzugsmaßnahme meines Lebens abstatten. Als Führer und Kanzler der Deutschen Nation und des Reichs melde ich vor der deutschen Geschichte nunmehr den Eintritt meiner Heimat in das Deutsche Reich."[41]Am 1. Januar 1939 erklärte Goebbels den Reichsrundfunk zum „Großdeutschen Rundfunk". Dieser bestand aus den Reichssendern Berlin, Breslau, Danzig, Frankfurt/Main, Hamburg, Köln, Königsberg, Leipzig mit Dresden, München, Saarbrücken, Stuttgart, Wien, Böhmen und den Sendern des Generalgouvernements Warschau. Der Synergieeffekt eines im Wesentlichen gleichgeschalteten Programms aller Reichssender, die nur noch regionale Fenster unterhielten, war schon als Vorbereitung der Kriegspropaganda zu betrachten.

Mit dem 1. September 1939 und dem Kriegsausbruch änderten sich dann die Voraussetzungen für einen regulären Rundfunkbetrieb. Längerfristige Planungen waren nun nicht mehr möglich, das Programm wurde kurzfristig erstellt und der Sendeschluss vorverlegt.

Nachrichten, Front- und Wehrmachtsberichte waren das Gerüst der Sendungen; hinzu kamen weiterhin unterhaltende Elemente. Zunächst wurden ernste Konzerte und Marschmusik gesendet, später ging man dann auf Wunsch der Soldaten auch wieder zur leichten Muse über.

---

[40] NS-Kampfspiele in Nürnberg, DRA vom 9.9.1938
[41] Rede Hitlers, DRA vom 16.3.1938

Die Saarabstimmung

Ein erster propagandistischer Erfolg noch in Friedenszeiten war der Volksentscheid über den Status des Saargebiets am 13. Januar 1935. Zur Vorbereitung der Abstimmung war ein Saarpropagandaauschuss ins Leben gerufen worden, dessen Befugnisse indes rasch an das Propagandaministerium weitergeleitet wurden. Zu Beginn des Jahres 1934 veranlasste dieser die Gründung des Westdeutschen Gemeinschaftsdienstes (WGD), um auf die Sendungen aus Straßburg reagieren zu können. Die Zentrale befand sich in Stuttgart, zu ihrem Leiter wurde Adolf Raskin berufen, der nach der erfolgreichen Abstimmung am 1. März 1935 Intendant des Reichssenders Saarbrücken werden sollte.

Raskin, geb. am 17.11.1900 in Köln, hatte Musikwissenschaft, Theater- und Kunstgeschichte studiert und wurde im Juli 1923 an der Universität Köln promoviert. Von 1923 bis 1929 war er bei der Saarbrücker Zeitung für das Ressort Kultur und Musik zuständig. Er arbeitete aktiv beim Aufbau des Kulturlebens im Saargebiet gegen die französische Propaganda mit. Seit Oktober 1930 war er bei der nationalsozialistischen Gauzeitung als Berater des Chefredakteurs Graf von Schwerin tätig. Am 1.4.1933 trat er in die NSDAP ein, im selben Jahr wurde er Oberscharführer in der SA und Musikreferent der SA-Brigade 151 Saar. Einen Monat später trat er in die Reichsrundfunkgesellschaft als Hauptabteilungsleiter beim Reichssender Köln ein. Ab dem 1.1.1934 war er Sonderbeauftragter der Saarkampfzentrale. Am 1.5.1935 wurde er zum Intendanten des Reichssenders Saarbrücken ernannt und mit dessen Aufbau beauftragt. Bis zur Rückgliederung des Saargebiets am 1. März 1935 war Raskin für die Rundfunkpropaganda zuständig.[42] Diese lief im Jahre 1934 auf vollen Touren. 1.220 Sendungen inklusive der Nachrichten gingen über den Äther – die Redaktionen lieferten Hörspiele, Reportagen, Interviews, Beiträge für den Schulfunk und Wirtschaftsberichte.

Adolf Hitler und Joseph Goebbels nutzten die Bühne des Rundfunks für live ausgestrahlte Reden. Hitler sprach am 26. August 1934 in Koblenz zu den Hörern, Goebbels am „Tag der Saar" am 6. Mai 1934

---

[42] Quelle: Archiv der Stasi-Unterlagenbehörde, Dokument PA 2032

in Zweibrücken bei einer Kundgebung der „Deutschen Front".[43] *In der folgenden Original-Rede, die hier erstmalig niedergeschrieben wurde und die nach fast 90 Jahren eine erstaunliche Tonqualität hat, ist dennoch nicht jedes Wort klar zu verstehen.[44] Die Rede ist ein Beispiel für Propaganda und von daher auch heutzutage eine Betrachtung wert, da bestimmte Schlüsselbegriffe wie z.B. „Heimattreue" und „Deutschtum" weiterhin im politischen Diskurs auftauchen.

Die Einleitung für die 82 Minuten lange Sendung, vorgenommen durch den Reporter Paul Laven, strotzte nur so von pathetischen Formulierungen: „Wir erwarten den Reichspropagandaminister Dr. Goebbels, der eben ein Spalier durchquert, die Menschenmenge begrüßt ihn und jubelt ihm zu. Wir gedenken vor der Kundgebung noch einmal der Deutschen Front, die alte Geschichte dieses Landes hier – wenn man vom Rhein und vom Main her durch den Vordergarten durch die blühende Vorpfalz fährt, diesen kärgeren, aber malerischen Teil des schönen Landes Du, dann weiß man, dass man sich hier auf historischem deutschen Kulturboden befindet und dass hier deutsches Grenzland liegt, das seit tausend Jahren umkämpft die Wacht hält… . Und wenn seit tausend Jahren der Marschtritt der Heere, angefangen von jenem Tritt der römischen Kohorten durch dieses Land hallte, so will der heutige Tag und die große Versammlung der erschienenen Saardeutschen dartun, dass es sich jetzt in einem viel größeren Maße denn je um den friedliebenden Kampf der Wiedervereinigung als deutschen Landes mit dem großen Reich handelt."[45] Der Sprecher betonte, über 200 000 Menschen seien gekommen, der Platz sei überfüllt. Darunter seien Grubenarbeiter, die gleichzeitig Bauern sind, und gesunde Kinder, die auf dem Land leben. SA und SS bildeten eine Gasse, „Heil"-Rufe beim Eintreffen des Ministers.

Dann ergriff Josef Bürckel, Gauleiter der NSDAP im Gau Rheinland-Pfalz, das Wort. „Deutsche Frauen von der Saar, Euch gilt der erste Gruß, unser Gruß der Westmark gilt als Dank unserem Reichsminister und Volksminister Dr. Goebbels, wir stehen hier auf einem Boden, der durch einen 1000jährigen Kampf um das Deutschtum geweiht ist. Und heute erst recht kämpft hier in der Westmark ein Volk

---

[43] Kundgebung der "Deutschen Front" in Zweibrücken, Rede Joseph Goebbels am 6. Mai 1934
[44] Diese Stellen werden durch Kursivschrift gekennzeichnet.
[45] Ebd.

gegen völkische Vergewaltigung, trotz man weiß, dass der Mensch in dem Augenblick, da er als Kind das Licht der Welt erblickt, schon abgestimmt hat, hat man diesem Volk eine Abstimmung zugemutet, es soll sagen (Rufe, Anm.d. Verf.), ob es deutsch oder nicht deutsch ist."[46]

Anschließend ergriff Joseph Goebbels das Wort. Die einstündige Rede war perfekt inszeniert und wurde im Großdeutschen Rundfunk übertragen. „Deutsche Männer und Frauen von der Saar, ich überbringe Euch zuerst die Grüße des Reichspräsidenten, des Generalfeldmarschalls von Hindenburg, und die Grüße des Führers." (Heil-Rufe, Anm. der Verf.)[47] Bei dem versammelten Publikum handelte es sich offenbar überwiegend um Grubenarbeiter, die in den Steinkohlegruben tätig waren, deren Ausbeutung den Franzosen als Reparation zugesprochen war, sowie Bauern vom Lande. Die werktätige Bevölkerung wurde von Goebbels im Verlauf der Rede mehrmals direkt angesprochen, da sie wie im Deutschen Reich die Basis der Nationalsozialistischen Partei bilden sollte. „Der Reichspräsident und der Führer weilen im Geiste in dieser Stunde mitten unter uns, ich überbringe Euch aber zugleich die Grüße des ganzen deutschen Volkes, das sich mit Euch verbunden fühlt und in dieser Stunde vor aller Welt bekennt, dass Ihr Geist von unserem Geist und Ihr Fleisch von unserem Fleische seid, denn die Zeiten sind vorbei, dass die deutsche Nation der Welt das schimpfliche Beispiel innerer Zerrissenheit und parteipolitischer Zerklüftung zeigte. Deutschland ist wieder eine Nation geworden, und in dieser Nation lebt wieder ein einiges und geschlossenes Volk, das bereit ist, vor sich selbst und der Welt gegenüber den schweren Kampf ums Dasein und ums tägliche Brot zu kämpfen. Dieses Volk ist in dieser Stunde über die Wellen des Äthers mit uns allen hier verbunden. Es sendet von diesem Platz, der angefüllt ist mit Zehntausenden und mit Zehntausenden treudeutscher Saarländischer Männer und Frauen seine brüderlichen Grüße und zugleich seine Entschlossenheit, auf seinem Recht zu bestehen, und dieses Recht gegen Frankreich und den Völkerbund, dieses Recht, komme was kommen mag, zu verteidigen. Es ist heute nicht mehr möglich, dass eine ausländische Macht, auf die sich in Deutschland wie auch immer

---

[46] Ebd.
[47] Ebd.

eine Gruppe, eine Partei oder eine Organisation berufen kann, die mit ihr zusammen ihr schimpfliches Spiel zur Vernichtung des Deutschtums spielen konnte. Die Parteien des Klassenkampfes und des Landesverrates in Deutschland sind zu Boden geworfen. Das Ausland verhandelt nicht mehr mit Parteien und nicht mehr Klassenkampforganisationen – das Ausland hat es heute zu tun mit einem im Nationalsozialismus geeinten 66 Millionen-Volk. Noch sind wir im Reich erfüllt und ergriffen von der wunderbaren und einzigartigen Millionen-Demonstration am 1. Mai, bei der sich diese deutsche Volk geschlossen und einig zum Führer und zu seiner Idee bekannte und die Tatsache, dass an diesem Tage im ganzen Saargebiet trotz Terror, Schikane und behördlichem Druck die Fahnen Adolf Hitlers wehten, soll der ganzen Welt ein eindeutiger Beweis für die Tatsache sein, dass nicht nur das deutsche Volk sich zum Saargebiet, sondern dass das Saargebiet sich zum deutschen Volk bekennt und dass die Grenze, die man zwischen uns gezogen hat und die Zollschranken, die man zwischen uns errichtete, Grenze und Zollschranke der Willkür und Vergewaltigung ist und dass Grenzen und Zollschranken nicht ein ewiges Recht wegschaffen können, das in den Sternen hängt und zu dem das deutsche Volk und das saarländische Volk sich in dieser Stunde und in allen Stunden in der Zukunft bekennen wird."[48]

In diesem Abschnitt der Rede sind drei Komponenten von Bedeutung: erstens die Behauptung und Prämisse, dass das deutsche Volk hinter Adolf Hitler und seiner Partei stehe. Bei der Reichstagswahl am 5. März 1933 war die NSDAP mit 44, 3 % stärkste Partei geworden, hatte aber nur mit Unterstützung der Kampffront Schwarz-Rot, die 8 % beitrug, die parlamentarische Mehrheit. Zum Zeitpunkt der Rede allerdings konnte sich Goebbels auf die Wahl vom November 1933 stützen, die nach Erlass des Ermächtigungsgesetzes und dem Verbot aller demokratischen Parteien der Einheitsliste der NSDAP bei einer Wahlbeteiligung von 92,1% die absolute Mehrheit brachte. Zeitgleich war mit der Stimmabgabe schon über die Forderung nach einem Referendum über den Austritt des Saargebietes aus dem Völkerbund entschieden worden.

„Ihr meine Volksgenossen und Volksgenossinnen, die Ihr zu Zehntausenden glühenden Herzens und wachen Verstandes hier zusam-

---

[48] Ebd.

mengekommen seid, um das Bekenntnis abzulegen zum einigen und alles verbindenden deutschen Volkstum, Ihr macht wahr, dass war deutsch die Saar immerdar! (Heil-Rufe!, Anm.d.Verf.) Und so stehen wir denn einig und geschlossen auf dem Boden unseres Rechts und bekennen vor aller Welt, dass keine Willkür, keine Gewalt, keine Schikane und kein Winkelzug uns von diesem Recht und seiner *Verrechtung* jemals abbringen kann. Bekennen vor aller Welt, dass nur Gewalt und Willkür uns voneinander trennen konnte und dass Gewalt und Willkür nur zum Ziele kommen konnte in einer Zeit, da Deutschland seine innere Geschlossenheit verloren hatte, dass diese Zeit aber hinter uns liegt und dass wir wieder ein Volk der Einigkeit und des geschlossenen nationalen Lebenswillens geworden sind. Denn das Reich, das ich in dieser Stunde vor Euch die hohe Ehre habe zu vertreten, ist nicht zu vergleichen mit dem Reich, das die Schmach des November 1918 über sich ergehen lassen mußte, wenn 14 Jahre Erniedrigung und Selbstschändung der Welt scheinbar ein Recht gegeben haben, nicht mehr an die Ehre und den nationalen Anstand des deutschen Volkes zu glauben, so sei es dieser Welt heute gesagt, dass Deutschland der Schmach und der Entehrung ist *versunken* und aus den Trümmern der verfallenen Kriegs- und Nachkriegspolitik hat sich aufs Neue erhoben das Reich der Ehre, des Selbstbewußtseins, der Kraft und des nationalen Daseinswillens."[49]

Die zweite Komponente ist der Bezug auf den Friedensvertrag von Versailles. Die empfundene „Schmach und Entehrung" des deutschen Volkes spielte die zentrale Rolle bei der Gewinnung der Zustimmung der Massen zur Politik der NSDAP. Die sofortige Abtretung ohne Volksabstimmung von Gebieten wie Elsaß-Lothringen, Teilen Westpreußens und Posens an Polen, die Rückgabe der gerade erst eroberten Kolonien in Afrika und China und die Abtretung von Gebieten nach Volksabstimmung wie dem Oberschlesischen Industriegebiet an Polen sowie die Reparationszahlungen an die Siegermächte hatten in der Bevölkerung das Gefühl einer zu harten und ungerechten Behandlung geweckt. Auch die Demilitarisierung, sprich die Beschränkung der Berufsarmee auf 100.000 Mann, die der Marine auf 15.000 Mann, das Verbot von schweren Waffen und der Wiedereinführung von Luftstreitkräften wurde als Demütigung empfunden. Die

---

[49] Ebd.

NSDAP war die einzige Partei, die konsequent die Bedingungen des Versailler Vertrages in Frage stellte und dem deutschen Volk wieder zu Selbstbewusstsein verhalf.

„Die Zeiten sind vorbei, dass Deutschland nur Objekt der internationalen Geldpolitik war. Wir haben den Willen, nun unser Recht vor der Welt wieder selbst zu vertreten, wenn die Welt darauf fußt, dass wir keine Waffen besitzen – mag sein, dass alle anderen Staaten uns in dieser Beziehung überlegen sind, in einer Beziehung aber läßt die deutsche Nation sich von keiner anderen der Welt übertreffen in der Entschlossenheit, mit allen Kräften und allen Mitteln ihr nationales Leben der Welt gegenüber zu verteidigen und zu vertreten. Denn dieses Deutschland hat seinen inneren Frieden wiedergefunden, es ist ein Deutschland der Volksgemeinschaft geworden, und deshalb ist auch Eure Frage – die Frage Eurer Heimkehr ins Reich – nicht mehr eine Sache der Parlamente und nicht mehr eine Sache der Parteien, und nicht mehr eine Sache von Kabinetten, die heute kommen und morgen wieder gehen müssten, es ist eine Sache des ganzen großen 66 Millionen-Volkes deutscher Nation geworden. Und deshalb haben wir allen Grund in Beruhigung und in gesammelter Kraftreserve der kommenden Entwicklung entgegen zu sehen und vor allem Ihr saarländische Arbeiter, die Ihr unter großen materiellen Opfern hierhergekommen seid, um allem behördlichen Druck zum Trotz Euren Willen zum Deutschtum zu bekunden, Ihr könnt davon überzeugt sein, neben Euch und hinter Euch steht nicht etwa nur die deutsche Intelligenz, stehen nicht etwa nur die Adligen oder die Kapitalisten, neben und hinter Euch steht das Viel-Millionen-Heer des deutschen Arbeiters, und er ist entschlossen wie jeder andere gute Deutsche Euch zum Reich zurückzuholen und Eure Sache zu seiner eigenen zu machen."[50]

Die dritte Komponente ist die des Antikapitalismus. Deutschland als Objekt internationaler Geldpolitik, das Profitieren der Siegermächte von Reparationszahlungen, der Ausbeutung von Bodenschätzen in den abgetretenen Gebieten – demgegenüber stehe das „Heer des deutschen Arbeiters". Der militärischen Übermacht trotze Deutschland mit der Entschlusskraft der Verteidigung seiner nationalen Interessen. Diese Behauptung konnte nur aufgestellt werden, da bereits

---

[50] Ebd.

geplant gewesen war, dem Verdikt der Rüstungsbeschränkung zuwider zu handeln und die Reichswehr durch eine allgemeine Wehrpflicht zu verzehnfachen – ein Volk ohne Heer und ohne Waffen hätte weder einen Verteidigungs-, geschweige denn einen Angriffskrieg führen können. Die Wehrmacht als Nachfolger der Reichswehr zählte im Jahre 1935 bereits 1,1 Millionen Mann.

Der Aufbau der Rüstungsindustrie fand im Verborgenen statt – bereits 1934 nahmen zahlreiche Unternehmen wie Borsig in Berlin, die Krupp-Tochter Grusonwerk in Magdeburg und Hanomag in Hannover die verbotene Produktion von Rüstung auf.

„Denn dieser Arbeiter hat das Leben wieder lieben gelernt, dieser Arbeiter hat, nachdem er 14 Jahre lang von marxistischen Landesverrätern geleitet und in die Irre geführt war, sich wieder zum Deutschtum zurückgefunden, er hat dem Reich seine ungebrochene Kraft geliehen und in seiner Kraft ist das Reich wieder auferstanden und wir alle, ob Arbeiter, Bauern, Bürger, ob Protestanten oder Katholiken, wir alle kennen zu Euch nur ein Gefühl brüderlicher Verbundenheit, nur ein Gefühl blutsmäßiger und schicksalhafter Bestimmung, und Euch gegenüber können wir vor aller Welt bekennen, so weit man in anderen Fragen der Außenpolitik gehen mag oder will oder kann, in der Saarfrage kennen wir kein Zurückweichen und keinen Kompromiß.(Heil-Rufe, Anm. d. Verf.) Saarland ist deutsch und Saarland wird deutsch bleiben (Jubel, Anm. d. Verf.) und wir werden nicht ruhen und rasten, bis die Schranken der Willkür, die uns heute noch trennen, niedergerissen sind und Ihr wieder als Brüder des Blutes zurückkehren könnt in den Verband des Reiches zurückkehren könnt. Denn Willkür hat Euch vom Mutterlande weggerissen, Willkür ist es, die über Euch eine fremde Regierung eingesetzt hat, die aus vier Ausländern und einem Saarländer besteht (Pfui-Rufe, Anm. d. Verf.). Willkür ist es, die die Männer, die die Herrschaft über Euch ausüben, preist, wenn sie versuchen, Euch mit kleinen lächerlichen Schikanen, wenn sie versuchen, Euch mit Zollschwierigkeiten, mit Paßschwierigkeiten und Zeitungsverboten das politische Leben sauer zu machen. Es scheint, sie haben aus der Vergangenheit nichts gelernt und wir, meine Volksgenossen, können ihnen dankbar sein, dass sie uns durch Verfolgung und Terror noch härter machen als wir ohnehin sind, denn glaube niemand, dass Schikane und kleinliche Quälerei einem deutschen Mann oder einer deutschen Frau das deutsche Gefühl und Bewußtsein aus der Brust herausreißen könnte. Sie mögen heute mit französischem Geld den saarländischen Grubenarbeiter von sich abhängig zu machen versuchen. Sie mögen den Versuch unternehmen, seine Kinder unter wirtschaftlichem Druck in französische Schulen hineinzupressen. Sie mögen die Tatsachen wegzudiskutieren versuchen, sie können nicht über die tatsächliche Situation hinweg, sie können nicht leugnen, dass vor dem Kriege nur ein Halb pro Tausend im deutschen Saargebiet sich zu Frankreich bekannte und die französische Sprache sprach. Und dass selbst einer, der der Nutznießer des Versailler Vertrages mit war, der italienische Ministerpräsident *Mussolini,* der über die Vergewaltigung des Saarlandes sagte, auf 700 000 Deutsche kommen noch nicht 100 Franzosen (Ja-Rufe, Anm.d.Verf).“[51]

Ein interessanter Schachzug, dass Goebbels hier Mussolini zum Kronzeugen für die Tatsache machte, dass die überwiegende Mehrheit der Bewohner des Saargebietes Deutsche waren und das Dominieren durch die französische Verwaltung des Völkerbundes zu einer numerischen Schieflage geführt hatte. Dies zu einem Zeitpunkt, da Hitler und Mussolini im Falle Österreichs noch keinesfalls auf einer Linie lagen – Mussolini wollte Österreich als „Pufferstaat“ behalten und hatte erste Vorstöße Deutschlands in Richtung Anbindung an das Deutsche Reich abgelehnt.

Die sogenannten Franzosenschulen, die seit 1920 gegründet worden waren, um eine Beeinflussung von Kindern und Jugendlichen im Sinne Frankreichs zu erreichen, waren in der Tat eine in der Bevölkerung ungeliebte Institution.

Der französische Franc war seit 1923 das alleinige Zahlungsmittel. Die französische Grubenverwaltung, die die Kohlevorkommen kontrollierte und damit der Region die wirtschaftliche Grundlage entzogen hatte, zahlte die Grubenarbeiter mit einem „Notgeld“ aus.

„Da gehen Männer im Lande herum, die Euch Saarländern in den Ohren liegen und Euch weiszumachen versuchen, dass im Reich der Terror herrsche und dass es deshalb das Beste sei, die Fremdherrschaft des Völkerbundes auch für die Zukunft freiwillig auf sich zu nehmen. Ich erspare es mir, diese schimpfliche Begründung näher zu charakterisieren – ich müßte mich vom Boden parlamentarischer Umgangsformen entfernen. Aber aus Euren Zwischenrufen entneh-

---

[51] Ebd.

me ich schon, wie Ihr über diese Sorte Landesverräter denkt. Merkwürdig und erstaunlich, dass ausgerechnet die aus Deutschland bei Nacht und Nebel geflüchteten Emigranten sich nun mit einem Male warmen Herzens der Saarfrage annehmen. Sie haben doch in Deutschland 14 Jahre lang die Macht gehabt, da hatten sie ja ausreichend Gelegenheit, ihr warmes Herz für das Saargebiet auch praktisch zu betätigen. Stattdessen aber sahen wir sie nur mit illustrierten Zeitungen bei Sekt- und Kaviargelagen. Sie hatten sowenig Verbindung mit dem von ihnen angeblich vertretenen deutschen Volk, dass sie nicht einmal merkten, dass ihre Glanz- und Gloria-Zeit eines Tages zu Ende gegangen war. Sie wurden davon höchlich überrascht. Sie fielen von dem Himmel marxistischer Blütenseligkeit auf den allzu harten Boden neuer Tatsachen herunter. Vor dem Eklat singen sie unter Mitnahme dicker Banknoten von der Grenze. Nun beglücken sie Euch, und Ihr seid in der Tat wenig darum zu beneiden, wenn aber eine hohe Regierungskommission (Pfui-Rufe) diese Emigranten zu ihren politischen Beratern macht (Buh-Rufe), so kann man ihr nur zurufen, es tut mir in der Seele weh, dass ich Dich in der Gesellschaft sehe (Beifall). Über die Emigranten selbst erübrigt sich jedes Wort. Sie sind die landesverräterischen Büttel unserer Feinde. Sie verkaufen für Geld ihr eigenes Volk und ihr eigenes Blut, das schimpflichste Verbrechen, dessen ein deutscher Mann sich überhaupt schuldig machen kann. Sie sind im Saargebiet Zugewanderte, sie haben dort eigentlich gar nichts zu suchen, es ist schon eine freche Provokation, dass sie dort überhaupt das Wort ergreifen können. Trotzdem aber dürfen sie im Schutze des Völkerbundes arbeiten, reden und agitieren und sie stellen sich gar vor die Welt hin mit dem Anspruch, dass sie das eigentliche deutsche Saarvolk repräsentierten. Die deutsche Regierung hat vorläufig kein Mittel, diesen schimpflichen Tatbestand zu beseitigen. Es gibt nur eine Instanz, die die Macht besitzt, darauf eine wirksame Antwort zu geben und die Instanz seid Ihr (Beifall). Ihr könnt die Antwort geben, und zwar dadurch, dass Ihr heute den Emigranten mit Verachtung den Rücken kehrt, um ihnen bei der Wahl einen Denkzettel zu verabreichen, der sie dann der allgemeinen Lächerlichkeit der Welt preisgeben wird.«[52] In dieser Passage der Rede taucht zum ersten Mal der Begriff der „Emigranten" auf. Als Emig-

---

[52] Ebd.

rant galt z.B. Bartholomäus Koßmann, ein Politiker der Zentrumspartei, der seit 1924 Regierungsmitglied des Saargebietes und ein entschiedener Gegner des NS-Regimes war.

„Es hieße auch den Emigranten zu viel Ehre anzutun, wenn wir ihre Lügen im Einzelnen widerlegen wollten. Sie sagen, im Reich herrscht der Terror – nun leben im Reich dieselben Menschen wie an der Saar. Ich bin nun der Überzeugung, wenn der Terror der Saar-Regierung das Saarvolk nicht niederzwingen kann, dann könnte auch der Terror unseres Regimes, wenn er vorhanden wäre, das deutsche Volk nicht zwingen. Wenn das deutsche Volk sich zu uns bekennt, dann aus freien Stücken, und zwar weil es einsieht, dass wir sein Bestes wollen. Wenn Emigranten behaupten, wir hätten eine Willkürherrschaft gegen den deutschen Arbeiter errichtet, so möchte ich dem nur entgegenhalten, dass wir nicht nur sozialistische Arbeiterpartei heißen, sondern auch sozialistische Arbeiterpartei sind. Wir aber waren nicht der Meinung, dass man dem Arbeiter einen Dienst damit tut, dass man ihm in Versammlungssälen nur Phrasen von internationaler Solidarität vortischt, denn wir wußten, der Arbeiter wird von Phrasen nicht satt. Wir haben dem Arbeiter Arbeit und Brot gegeben und damit haben wir uns als wahrhaftige Sozialisten bewiesen.“[53]

Hier redet Goebbels plötzlich von Terror, der von der Regierungskommission des Saargebietes ausgeübt werde und rekurriert im selben Atemzug auf den Vorwurf an die Nationalsozialisten, in Deutschland Terror auszuüben. Die Formulierung „der Terror unseres Regimes, wenn er denn vorhanden wäre" ist durchaus verräterisch. Zum einen ist der Begriff „Regime" nicht positiv besetzt, zum anderen schließt Goebbels nicht aus, dass es durch dieses Regime zu Terror gekommen sein könnte. Er legitimiert die NS-Regierung dadurch, dass sie sich auf die Arbeiterschaft stütze, der sie, im Gegensatz zu den Sozialisten (Bezug auf deren Parole von der „internationalen Solidarität"), zu Arbeit und Brot verholfen hätte.

„Wir sind vor der Größe der Aufgaben, die uns gestellt wurden, nicht zurückgeschreckt, im Gegenteil, wir haben den Unrat, den die sozialdemokratische Mißwirtschaft hinterlassen hatte, weggeräumt und sind nun schon seit Monaten an der Arbeit, die deutsche Wirtschaft und das gesamte öffentliche Leben in Deutschland auf neuer Basis wieder

---

[53] Ebd.

aufzurichten. Welches andere Land kann von sich behaupten, dass seine Arbeitslosigkeit in einem Jahr um nahezu vier Millionen gesunken wäre, welches andere Land kann in diesen Zeiten allgemeiner Weltkrise von sich behaupten, dass seine Wirtschaft sozusagen schon wieder eine Konjunkturzeit erlebe? Und wenn wir vier Millionen aus dem Reich wieder in Arbeit brachten, dann sollten wir es nicht fertigbringen, 40 000 Arbeitslose von der Saar wieder in Arbeit zu bringen? (Hoch-Rufe!, Anm.d.Verf.) Das ist für uns eine Frage der Selbstverständlichkeit und eine Frage des nationalen Prestiges. Da ist die Rückkehr der Saar zum Reich unsere allererste Aufgabe. Denn wir wissen, eine Regierung, die nicht auf den starken Schultern des schaffenden Volkes steht, wird kein Regiment von Dauer errichten können. Und darum haben wir uns der Liebe, des Vertrauens und der Gefolgschaft der breiten arbeitenden Masse versichert und deshalb appellieren wir auch in dieser Stunde an das schaffende Saarvolk, an das Saarvolk der Faust und der Stirne, an das Saarvolk, das die Massen der Hunderttausende stellt, das Brot schafft, das nach Arbeit verlangt, und das auch in seiner nationalen Lebenskraft so ungebrochen ist, dass kein Zwang und kein Terror, er sei wie immer und komme woher auch immer, es jemals zu Boden zwingen kann. Wenn der deutsche Arbeiter heute der Träger des Reichs ist, so hat er dem Prinzip des Klassenkampfes *adé* gesagt, er ist in die nationale Wirtschaft durch das Gesetz zum Wiederaufbau der deutschen Wirtschaft mit eingebunden und eingeschlossen. Der Staat ist wieder der ehrliche Makler zwischen Arbeitgebern und Arbeitnehmern. Und wie tief sich diese neue Gesinnung im ganzen deutschen Volke verankert hat, das hat der 1. Mai bewiesen, an dem sich die ganze Nation zu Hitler und seiner Bewegung bekannte."[54] Die Arbeitslosigkeit in Deutschland war seit dem Jahre 1927 infolge der Weltwirtschaftskrise rasant gestiegen und hatte im Jahre 1932 mit über 6 Millionen Arbeitslosen einen Höhepunkt erreicht. Hinzu kamen Kurzarbeiter und nicht registrierte Arbeitslose. Da zudem die Arbeitslosenunterstützung gekürzt bzw. für verheiratete Frauen ganz abgeschafft wurde, waren Millionen Bürger auf die Wohlfahrt angewiesen. Im Jahre 1934 war es den Nationalsozialisten bereits gelungen, durch verschiedene Maß-

---

[54] Ebd.

nahmen wie dem Bau des Reichsautobahnnetzes ab 1933 die Arbeitslosenzahl im Reich auf 2.718.309 zu senken.

„Das allerdings wissen wir auch, dass wenn das Saargebiet zu Deutschland kommt, man die Probleme, die dadurch aufgeworfen werden, ganz großzügig anpassen muß. Und dafür, glaube ich, sind wir in der Welt bekannt, dass wir nicht kleinlich sind, dass wir es nicht an Mut fehlen lassen, um Probleme anzupassen, dass wir Courage haben, etwas zu wagen und etwas zu riskieren. Wenn man uns heute vorwirft, wir hätten auch manchmal daneben geschlagen, so gebe ich zur Antwort, allerdings einer, der oft schlägt, wird doch einmal daneben schlagen dürfen. Nie daneben schlagen wird der, der überhaupt auch nie schlägt. Und zu dieser Sorte gehören wir allerdings nicht! Wir haben etwas riskiert, wir haben die Probleme, die uns gestellt waren, ganz großzügig angepackt, wir haben uns auf lange Sicht eingestellt, denn wir waren keine Greise mit langen Bärten, sondern junge Männer, Männer, die ein ganzes Leben noch vor sich, aber nicht ein ganzes Leben hinter sich haben. Und wir hatten nicht die Absicht, in der deutschen Politik ein Gastspiel zu geben, sondern wir fassen, und wir haben die Absicht, an der Stelle, an der wir stehen, zu bleiben. (Hoch-Rufe!, Anm.d.Verf.) Deshalb konnten wir uns auch auf lange Sicht einstellen, und deshalb haben wir auch in der Saarfrage, wie man in Berlin sagt, die Ruhe weg. Wir können schon bis Januar nächsten Jahres warten. Unsere Stunde kommt! Wir haben auch die Nerven, um das schamlose Treiben der Emigranten über uns ergehen zu lassen, da wir wissen, dass ihre Bäume auch nicht in den Himmel hinein wachsen. Wir haben ja gesehen, wie schnell und überraschend ihr Regiment im Reich zusammenbrach und wissen, genauso wird es einmal im Saargebiet sein. Man muß nur warten, ausharren, kämpfen und arbeiten, man muß nur in sich den blinden Glauben tragen, dass die Stunde kommt, wenn man sich für die Stunde bereit hält. Allerdings haben wir die Aufgabe, dafür zu sorgen, dass die Emigranten den anständigen Saarländern nicht den Kopf scheu machen. Wir müssen den Emigranten die Maske vom Gesicht reißen. Denn sie gehen herum als Biedermänner – in Wirklichkeit sind sie aber separatistische Landesverräter und jedes Mittel ist ihnen nun recht, dem Deutschtum Abbruch zu tun. Sie kleiden sich in jede Tarnung. Hier treten sie für den Arbeiter ein, dort treten sie für die Sittlichkeit ein, dort sind sie Verfechter des Katholizismus. Man kann schon sagen, die Böcke sind zu

Gärtnern gemacht. In ihrer glorreichen Vergangenheit im Reich wollten sie von Christentum und Katholizismus nicht allzu viel wissen. Dort haben sie die Gottlosigkeit propagiert, haben Kirchenaustrittsbewegungen organisiert, haben jede Sittlichkeit mit Füßen getreten, haben die Demoralisation auf der Bühne, in der Presse, im Bild, nicht nur geduldet, sondern staatlich und amtlich gefördert. Jetzt mit einem Male sind sie päpstlicher als der Papst. Jetzt gehen sie ins katholische Saarvolk und rufen: die Kirche ist in Gefahr! Die Atheisten sind zu frommen Gottesdienern geworden. Wir reden nicht davon, dass wir die Kirche vor ihnen gerettet haben, wir sagen nicht, dass sie die Bedrohung der Kirche waren. Sie sagen auch nicht, dass unser Kampf nicht den Kirchen gilt, sondern den Organisationen, die ein glatter Hohn auf Kirche und Christentum darstellen, dass wir beispielsweise das Zentrum in Deutschland nicht mehr geduldet haben, so nicht weil das Zentrum die Kirche beschützt hat, sondern weil das Zentrum mit der Sozialdemokratie zusammengegangen war und weil die Gefahr bestand, dass durch dieses widernatürliche Bündnis jede christliche Gesinnung in Deutschland zu Schaden kam. Wir haben in unserem Programm proklamiert, dass wir auf dem Boden eines positiven Christentums stehen. Dieser Satz hat heute wie gestern und morgen seine Gültigkeit. Wir haben in diesem Satz weiter gesagt, dass wir uns nicht an ein bestimmtes Bekenntnis binden können – das dürfen wir auch nicht, weil Deutschland aus Protestantismus und Katholizismus gemischt ist – aber der Staat leiht den Kirchen, wenn sie christliche Gesinnung *vermächten*, seine starke schützende Hand, und der Staat überläßt die Übersetzung christlicher Gesinnung ins praktische Leben nicht nur den Kirchen, sondern er selbst betreibt diese Übersetzung. Denn wenn wir im vergangenen Winter 320 Millionen im Winterhilfswerk aufbrachten und damit die Ärmsten der Armen über die Not und die seelische Bedrängnis hinweg retteten, so sind wir der Überzeugung, dass das im Sinne unseres göttlichen Lehrmeisters geschah. Denn es war ein Christentum der Tat, war ein Christentum, in dem sich die Gesinnung in praktische Nächstenliebe umsetzte. Eine Regierung, die das leistet, hat es nicht nötig, ihre christliche Gesinnung unter Beweis zu stellen, und eine solche Regierung hat auch das Recht, Saboteure des Staates, die sich in christliches Gewand hüllen, in die Schranken zurückzuweisen. Das und nichts anderes haben wir getan, wenn wir erklären, dass der Priester auf die Kanzel, aber nicht auf die politische Tribüne gehört, so tuen wir damit nicht nur dem Staate, sondern auch der Kirche einen Dienst."[55]

Welches „Danebenschlagen" Goebbels hier meint, ist nicht ganz klar. Im März und April 1933 gab es zahlreiche Verhaftungsaktionen von Oppositionellen durch die SA und SS, wobei es zu Folterungen gekommen sein soll. Es kann aber auch vermutet werden, dass Goebbels sich auf die Köpenicker Blutwoche vom 21.-26. Juni 1933 bezog, bei der die SA 500 Personen, hauptsächlich Mitglieder der KPD und der SPD, im Berliner Stadtteil Köpenick verhaftete, folterte und einige von ihnen ermordete. Die „Nacht der langen Messer", die Zerschlagung der SA und Ermordung ihres Führers, Ernst Röhm, fand am 30. Juni 1934 statt und befand sich zum Zeitpunkt der Rede möglicherweise schon in Planung.

Dann führt Goebbels aus, dass die Nationalsozialisten dem Christentum eng verbunden seien. Wieder bezieht er sich auf die „Emigranten", denen er Kirchen- und Glaubensferne unterstellt. Das positive Christentum, ob Katholizismus oder Protestantismus, seien im NS-Staat willkommen und würden unterstützt – allerdings nur, solange sie sich der politischen Stellungnahmen enthielten. Als gelungenes Beispiel für christliche Nächstenliebe führt Goebbels das Winterhilfswerk an, welches 1933 eingeführt wurde und worüber später noch zu sprechen sein wird.

„Daß wir im Saarland kein Fremdland, sondern Heimatland sehen und erkennen, dass Saarland ewiges Deutschland ist, und dass das Bekenntnis dieses ewigen Deutschland zum einigen Reich für heute und für alle Zukunft seine Gültigkeit haben soll. Und vor allem Ihr Saararbeiter seid berechtigt dazu, von uns zu verlangen, dass wir uns heute zu Euch im Wort, morgen aber zu Euch in der Tat bekennen, und Ihr könnt davon überzeugt sein, niemand hat größeres Verständnis für den Heroismus und die schweigende Geduld, mit der Ihr Schikanen, Terror, Verleumdung und Verfolgung auf Euch nehmt. Wir wissen, was das heißt, denn wir haben das im Reich selbst 14 Jahre lang durchgemacht, wir wissen um die schweren seelischen Belastungsproben, denen der Einzelne ausgesetzt ist und je schwerer diese Belastungsproben werden, wie auswegloser die materielle Not ist, in der sich der Einzelne befindet. Wir wollen nicht den Stab brechen über

---

[55] Ebd.

die wenigen, die aus Verzweiflung, Sorge und Angst um den Bestand ihrer Familie dem Terror zum Schein gewichen sind. Wir wollen nun dar mit Freude, mit Genugtuung und mit Stolz bekennen, zu den Zehntausenden und Zehntausenden von Unentwegten und Treuen und Nimmerwankenden, die sich in allen Gefahren und allen Unterdrückungen dem ewigen Deutschtum verpflichtet gehalten haben, an ihnen hat sich wieder einmal in herrlicher Weise das Dichterwort verwirklicht, dass der ärmste Sohn Deutschlands auch sein getreuester ist. Jene armen und manchmal hungernden Bergleute, die Arbeit und Beruf verließen, um zu ihrem Vaterlande zu halten, die Schikane und Verfolgung über sich ergehen ließen, aber ihre Kinder nicht französischer Erziehung überantworteten, sie können gewiß sein, daß das große Herz des ewigen Deutschland mit ihnen schlägt, und dass die große Gesinnung des ganzen deutschen Volkes eins ist mit ihrer Gesinnung und dass die ganze Nation stolz ist auf ihre Söhne, die in Not und Gefahr beweisen, dass das Deutschtum ein Strom des Blutes ist, der brüderlich durch uns alle geht und uns unzertrennlich aneinander kettet und aneinander bindet."[56] Hier knüpft Goebbels nochmals die Verbindung zwischen dem I. Weltkrieg und den Auswirkungen des Versailler Vertrags. Er spricht die Bergleute an, die für das Vaterland zu Felde zogen und hernach sich gegen die „Fremdherrschaft" in Gestalt des Völkerbundes zur Wehr setzen mussten. An diese Wehrhaftigkeit appelliert er auch im Folgenden: „Das glaube ich kann, so wie die Saar vom Reich verlangt, auch das Reich von der Saar verlangen. Das Reich erwartet von Euch, Männer und Frauen von der Saar, dass Ihr in den wenigen Monaten des Kampfes, der gewiß von Tag zu Tag härter und unerbittlicher werden wird, nicht die Nerven verliert, dass Ihr besonnen bleibt, dass Ihr immer das große Vaterland im Auge behaltet, dass Ihr Euch nicht provozieren laßt, dass Ihr davon überzeugt seid, dass die Regierung hinter Euch steht und wir Euch den Rücken stärken und wo es Not tut, vor Euch hintreten werden, dass wir alle die Schäden, die man Euch heute antut, mit der gesammelten und geballten Volkskraft nach Eurer Heimkehr ins Reich wieder gut machen werden. Daß wir Euch die Lasten nicht alleine aufbürden, sondern daß Schäden und Mängel und Gefahren, die dieser Kampf nun einmal mit sich bringt, vom ganzen deutschen Volk getragen

---

[56] Ebd.

werden müssen. So steht Ihr Männer und Frauen treu und unbeirrt zum Reich, so schenkt Ihr den falschen Propheten, die im Auftrag ausländischer Mächte zu Euch kommen, um Euch den Glauben an das einige Deutschland aus dem Herzen zu reißen, keinen Glauben. So gebt Ihr Landesverrätern und Emigranten die Quittung Eurer Verachtung und seid davon überzeugt, dass die kurze *Duld* der Zeit, die noch vor Euch liegt, überwunden wird mit Kraft und Mut, und dass die Stunde nicht mehr fern ist, wo Ihr heimkehrt in das große einige deutsche Vaterland. Die Regierung kennt Eure Not, die Regierung steht dieser Not nicht untätig gegenüber, sie kennt die Fremdherrschaft, unter der Ihr schmachtet, sie kennt den Fremdkapitalismus, der Euch nicht in den Genuß Eurer Arbeit kommen läßt, sie kennt die Methoden, mit denen man Euch eine französische Schulerziehung aufzwingen will, sie kennt den wirtschaftlichen Druck, mit dem man Euch zum Nachgeben zwingen möchte. Sie weiß, dass man versucht, den Arbeiter in französische Verbände hinein zu pressen, sie weiß, dass Emigranten ihr Tag für Tag und Stunde für Stunde ihr Vaterland verraten. Deshalb hat sie mich zu Euch geschickt, und deshalb stehe ich in dieser Stunde vor Euch, um Euch den Mut zu stärken und Euch Glauben und Zuversicht wieder über die Grenzen, die Willkür zwischen uns gezogen hat, mitzugeben."[57]

Die Formulierung „deshalb hat sie (die Regierung) mich zu Euch geschickt und deshalb stehe ich in dieser Stunde vor Euch" hat etwas von der Verkündung des Propheten. Goebbels als Sendbote des deutschen Volkes und seiner Regierung, die die Nöte des Saarvolkes kennt und erfolgreich bekämpfen will.

„Ich stehe hier um Euch zu sagen, stehet fest, gebt nicht nach, es kommt in diesem Kampfe darauf an, wer die härteren Nerven hat. Man mag Euch Eure Zeitungen verbieten, das deutsche Wort, das in diesen Tagen nicht in den Zeitungen geschrieben werden kann, steht in Euren Herzen geschrieben. Man mag Euch am 1. Mai die Teilnahme am großen Nationalfeiertag Eures Volkes und Eures Reiches zu unterbinden versuchen, trotzdem wehen aus jedem Haus und von jedem Dach die Fahnen Adolf Hitlers und die Standarten der nationalsozialistischen Revolution (Hoch-Rufe!). Man mag, Abstimmungsberechtigte des Saargebietes, die Propaganda mit kleinlichen Schika-

---

[57] Ebd.

nen zu hemmen und zu unterbinden versuchen, man hat demgegenüber zugewanderten Emigranten und Landesverrätern jede Möglichkeit agitatorischer Auswirkung überlassen – es nutzt ihnen nichts, sie kommen zu spät, ihre Zeit ist vorbei!"[58]

Aus dem internationalen Kampftag der Arbeiterklasse, der seit 1890 in den USA und in vielen europäischen Ländern zu Streiks, Demonstrationen und Aufständen geführt hatte und der 1919 einmalig in Deutschland zum Feiertag ausgerufen worden war, war unter dem NS-Regime 1933 der „Nationale Feiertag des deutschen Volkes" und somit ein gesetzlicher Feiertag geworden. „Der Tag der nationalen Arbeit" bei voller Lohnfortzahlung war der Versuch, die Arbeiterbewegung zu vereinnahmen und ging einher mit der Zerschlagung der Gewerkschaften, die am 2. Mai 1933 ihren Ausgang nahm mit der Erstürmung und Beschlagnahmung der Gewerkschaftsbüros durch die SA.

„Das Saarvolk will heim zum Reich, (Ja-Rufe!, Anm.d.Verf.) und das Reich breitet seine Arme aus, um das Saarvolk wieder an sein Herz zurückzunehmen. Sie mögen aus Deutschland geflohene kriminelle Landesverräter über Euch zu Bütteln und Polizisten machen, sie mögen Euch Schmach und Demütigungen antun, sie mögen mit Gewalt versuchen, Euch das Bekenntnis zum Reich aus dem Herzen zu reißen. Ihr werdet, ob ausgesprochen oder unausgesprochen, immer wieder mit dem Satz antworten, zurück zum Reich, komme, was kommen mag, und so gestehe ich denn vor Euch, Männer und Frauen, dass das Reich nicht von Euch lassen wird. Ich gestehe vor Euch, dass Ihr zu uns gehört, wie wir zu Euch gehören. Ich gestehe vor Euch, dass wir Eure Rückkehr ins Reich ganz großzügig vorbereiten und durchführen werden und kann Euch versprechen, dass die Eingliederung in die Mutter Heimat für uns eine Sache des ganzen Volkes ist. Fühlt Euch in dieser Stunde im Herzen verbunden mit den vielen Millionen, die über die Wellen des Äthers hinweg Zeuge dieses Saarländischen Deutschtums sind. Seid davon durchdrungen, dass Deutschland in allen seinen Ständen, Schichten und Berufen und Konfessionen zu Euch steht und Eure Sache zu seiner Sache machen wird. Kein Nachgeben und keinen Kompromiß, in Ruhe und Besonnenheit, aber mit gesammelter und bewußter Kraft wollen wir den

---

[58] Ebd.

kommenden Kämpfen entgegensehen. Bisher hat das Reich sich zu Euch bekannt, mit großen finanziellen Hilfen hat es in die Regelung der sozialen Versicherung eingegriffen für das ganze Saargebiet. Es hat die Aufrechterhaltung eines sozialen Lebensstandards möglich gemacht. Wäre der saarländische Arbeiter nur französischem Geld ausgeliefert, längst schon aufgegeben worden wäre. Kommt Ihr zurück zum Reich, dann wird die Niederkämpfung saarländischer Arbeitslosigkeit für uns genauso die Aufgabe sein wie die Niederkämpfung unserer Arbeitslosigkeit eine nationale Volksaufgabe war und heute noch ist. Wir kennen auch die schwere Notlage, in der sich der saarländische Arbeiter befindet. Wir sind auch entschlossen, diese Not zu wenden. Wir versprechen Euch Bergarbeitern, die Ihr mit harten Händen und zerfurchten Gesichtern der Arbeiter vor mir steht, wir versprechen Euch kein Himmelreich auf Erden, und sind nicht reißerisch genug, Euch ein Leben in Schönheit und Würde vorzugaukeln. Wir versprechen Euch aber, dass wir Eure Not zu der unseren machen werden, dass wir Eure furchtbare Situation zu ändern versuchen, dass wir den sozialen Lebensstandard des saarländischen Bergarbeiters heben werden durch große Maßnahmen der Erschließung des Braunkohlengebietes, durch Neuanlagen von Gruben, durch Instandsetzung der alten Gruben, und durch technische Verbesserungen und durch Schaffung ausreichender Absatzmöglichkeiten für die Saarkohle. Die Saar wird in diesem Regenerationsprozeß seiner Produktion in den großen umfassenden Arbeitsbeschaffungsprozeß des Reiches bewußt mit eingegliedert – die saarländische Landwirtschaft werden wir durch Beschaffung ausreichender Absatzmöglichkeiten wieder lebensfähig zu machen versuchen und das gesamte Saarvolk eingliedern in das große und umfassende Siedlungswerk des Reiches, insbesondere unter besonderer Berücksichtigung der in und beim Saargebiet liegenden Möglichkeiten."[59]

Goebbels beschwört nochmals die Solidarität der NS-Regierung und des ganzen deutschen Volkes mit dem „Saarvolk"; insbesondere die Verbesserung der wirtschaftlichen Situation der Bergleute und Landarbeiter steht im Focus. Für ihn ist klar, dass durch die Eingliederung des Saargebietes zum einen die wirtschaftliche Potenz des deutschen

---

[59] Kundgebung der „Deutschen Front in Zweibrücken", Rede Joseph Goebbels am 6. Mai 1934

Reiches gestärkt wird durch die Bewirtschaftung der vorhandenen und Erschließung neuer Stein- und Braunkohlegruben, zum anderen geht er davon aus, dass die Absatzmöglichkeiten der Landwirtschaft durch den Bedarf im restlichen Deutschen Reich verbessert werden.

„Ein großer und umfassender Plan des Wiederaufbaus des deutschen Saargebietes nach seiner Rückkehr ins Reich ist in Bearbeitung und Vorbereitung und ich glaube, aufgrund der Leistungen, die hinter uns liegen, kann ich mit Fug und Recht sagen, es wird kein Plan sein, der in Aktenschränken verschimmelt, sondern es wird ein Plan sein, der in das lebendige Leben übersetzt wird. So also steht Ihr, Männer und Frauen, national, völkisch, politisch, kulturell und wirtschaftlich unter der starken schützenden Hand des Reiches. Ihr braucht Euch nicht verlassen zu fühlen, diese Hand, die ich Euch entgegenstrecke, ist die Hand des ganzen deutschen Volkes. (Beifall, Anm. d.Verf.) In dieser Hand strecken sich 66 Millionen Hände Eurer Volksbrüder und Eurer Volksschwestern entgegen. Seid getrost, seid aufrecht, verliert nicht den Mut und nicht die Nerven, laßt Euch nicht beugen und laßt Euch nicht brechen, erweist Euch als deutsche Männer und deutsche Frauen, über die das Schicksal nur Not und Bedrängnis schickte, um sie härter, bewußter und tüchtiger zum Kampf um das tägliche Brot zu machen. So seid gegrüßt, Ihr Männer und Frauen von der Saar, seid gegrüßt von Eurem Volk und seid gegrüßt von Eurem Führer und seid gegrüßt von der stolzen großen Volksbewegung, deren Fahnen wir um Euch flattern sehen, die nicht nur das Volk zu sich selbst zurück führte, sondern die das Volk zu Deutschland zurückführen wird. Dieses ganze Volk steht bei Euch, und diese Fahnen sind auch für Euch getragen worden, und die 400, die sterbend über diesen Fahnen zusammensanken, sind auch für Euch gestorben, und die Zehntausende, die diese Fahnen mit ihrem Blut bedeckten, haben auch für Euch gelitten und gedarbt und geduldet und sind in die Gefängnisse des marxistischen Terrorregimes des vergangenen sozialdemokratischen Novemberstaates hindurchgegangen. Verliert nicht den Mut, was Ihr heute erduldet, wir haben es auch erduldet, auch wir sind durch die Fegefeuer und durch die Höllen der Demütigung und der Schmähung hindurchgegangen. Auch wir haben 14 Jahre lang unter der Fremdherrschaft des Marxismus geschmachtet, aber herrlicher, größer und leuchtender denn je hat sich aus Unterdrückung und Not wieder das ewige Deutschtum erhoben. Wir haben die Qual überwunden und nun stehe ich vor Euch nicht als Vertreter einer Partei, nicht als Vertreter einer Parlamentsgruppe. Ich stehe vor Euch als Vertreter des deutschen Volkes, und ich sage Euch als einer von denen, die die Kämpfe, die Ihr heute durchmacht, selbst durchgemacht haben: Ihr werdet die Sieger sein, Ihr werdet die Sieger sein, wenn Ihr tapfer bleibt und zäh seid. Ihr werdet die Sieger sein, wenn Ihr besonnen, klar und zielbewußt Euren Weg geht. Niemals werdet Ihr vom Schicksal verlassen, wenn Ihr Euch selbst nicht verlaßt. Und so wollen wir denn in dieser feierlichen Stunde, da das ewige Deutschland sich mit Euch und da Ihr Euch mit dem ewigen Deutschland verbindet und verbrüdert, so wollen wir die Hände und die Herzen heben, wollen rufen und schwören, dass wir zum Reich halten und niemals vom Deutschtum lassen werden."[60]

In dieser Phase der Rede versucht Goebbels nochmals, die Kampfbereitschaft zur höchsten Tugend zu erklären und auf die Opfer hinzuweisen, die andere in Deutschland in den Jahren seit der Proklamation der Weimarer Republik im Jahre 1919 bereits gebracht hätten. Dieser „sozialdemokratische Novemberstaat" hatte nach dem Tod Friedrich Eberts im Jahre 1925 durch instabile Regierungen und die fatale wirtschaftliche Lage der Republik aufgrund der Weltwirtschaftskrise 1923 zu sozialen und politischen Spannungen geführt, die wiederum zu einem Erstarken paramilitärischer Wehrverbände wie dem der Deutschnationalen Volkspartei nahestehenden „Stahlhelm" und der SA, der Sturmabteilung der NSDAP, führte. Diese lieferten sich Straßen- und Saalkämpfe mit dem „Reichsbanner Schwarz-Rot-Gold" der republiktreuen Parteien und dem Wehrverband der KPD, dem „Rotfrontkämpferbund". Auf diese Kämpfe bezieht sich Goebbels offenbar, wenn er von den Zehntausenden spricht, die die nationalsozialistischen Fahnen mit ihrem Blut bedeckten.

„So soll denn die Parole für die kommenden Monate heißen: Saarland, Tritt gefaßt, Saarland, einig und geschlossen marschiert in die Zukunft, die nach Not und Bedrängnis auch wieder die Sonne über dieser ewig deutschen Provinz aufgehen lassen wird. Einig und geschlossen tretet den Marsch an ins ewige Deutschtum, in Euer Volk und in Euren mütterlichen Boden zurück. Deutsch die Saar, immerdar! Zurück zum Reich, das alles vereinigen wird in dem Ruf, der in

---

[60] Ebd.

dieser Stunde aus schmerzerfüllten und leicht gequältem Herzen zum Himmel emporschallen soll, unser ewiges deutsches Volk, das im Nationalsozialismus geeinigte Reich, das mit ihm untrennlich verbundene Saarvolk und Saarland und der über allem stehende Führer Adolf Hitler. Sieg Heil! Sieg Heil! Sieg Heil!"[61]

Der Schluss der Rede ist eine Klimax. Goebbels steigert sich in einen ultimativen Appell an seine Zuhörerschaft – die Zehntausende, die in Zweibrücken versammelt sind und die Hunderttausende, die durch den Rundfunk sowohl im Deutschen Reich als auch im Saargebiet an der Veranstaltung direkt oder indirekt teilnahmen. Das „ewige Deutschtum", das „ewige Deutsche Volk", diese Begriffe spickten die ganze Rede und setzten hier nochmals den Schlusspunkt, verbunden mit der Parole „Deutsch die Saar, immerdar!", die die Kampagne der Nationalsozialisten seit 1933, seit die Saarabstimmung mit der November-Wahl verknüpft war, begleitet hatte.

Die Rede verfehlte nicht ihre Wirkung. Das Abstimmungsergebnis des Volksentscheids am 13. Januar 1935 war eindeutig; für die Vereinigung mit Deutschland stimmten 477.089 Abstimmungsberechtigte, für den Status quo, also die Verwaltung durch den Völkerbund 46.613 und für die Vereinigung mit Frankreich 2.124.

Der „Anschluss" Österreichs

Eine wichtige Rolle spielte der inzwischen gänzlich in nationalsozialistischer Hand befindliche Rundfunk bei der Vorbereitung des Anschlusses Österreichs an das Deutsche Reich. Diese Forderung Hitlers war zunächst nicht zu realisieren, da Bundeskanzler Erich Dollfuß noch ein Hindernis auf diesem Weg darstellte. Also begann man, über die Sendeanlagen des Bayerischen Rundfunks die Parteimitglieder der österreichischen NSDAP zum Widerstand gegen die Regierung Dollfuß aufzurufen. Dies rief wiederum Proteste der österreichischen Regierung hervor und hatte schließlich auch die Ausweisung des bayerischen Justizministers Hans Frank am 15. Mai 1933 zur Folge. Am 19. Juni 1933 wurde schließlich die österreichische NSDAP verboten. Die Auseinandersetzungen der Reichsregierung in Berlin mit der Bundesregierung in Österreich gipfelten dann in einem Ein-

---

[61] Ebd.

reiseverbot für deutsche Urlauber. Der Landesinspekteur der nunmehr illegalen österreichischen NSDAP, Theo Habicht, führte seinen propagandistischen Feldzug vom Bayerischen Rundfunk aus weiter.

Inzwischen schalteten sich auch die Briten, die Franzosen und die Italiener in den Propagandakrieg im Äther ein und drangen auf Einstellung der Sendungen. Selbst Mussolini war mit der Fortführung der Sendungen, die überwiegend gegen Dollfuß gerichtet waren, nicht einverstanden. Die Vorwürfe gipfelten darin, Dollfuß sei an den Vorbereitungen zum Putsch Ernst Röhms gegen Hitler beteiligt gewesen.

Im Sommer 1934 entglitt der Reichsregierung die Kontrolle über die österreichischen Nationalsozialisten. Am 25. Juli wurde Bundeskanzler Dollfuß ermordet. Die Putschisten ließen eine Meldung über den Rundfunk verbreiten, die Regierung sei zurückgetreten und der Gesandte in Rom, Anton Rintelen, sei mit der Bildung einer neuen Regierung beauftragt. Die erhoffte Signalwirkung auf die Bevölkerung blieb aber aus.

Von diesen Vorgängen distanzierte Hitler sich eindeutig. Er zog daraus die Konsequenz, dem Propagandaministerium die Kontrolle über alle ins Ausland gerichteten Sendungen zu übertragen.

Die nächsten beiden Jahre waren von propagandistischer Zurückhaltung auf beiden Seiten bestimmt. Am 11. Juli 1936 kam es zu einem Abkommen, das die Verpflichtung auf Nichteinmischung in die Innenpolitik des Nachbarlandes beinhaltete und die Maßgabe, keinen aggressiven Ton im Rundfunk mehr aufkommen zu lassen.

Mit Beginn der Olympischen Spiele 1936 war auch wieder eine Zusammenarbeit der deutschen Reichsrundfunkgesellschaft und der österreichischen Radio-Verkehrsgesellschaft möglich. Im Folgenden wurden reichsdeutsche Rundfunksendungen nicht mehr als „staatsfeindliche Sendungen im Sinne des österreichischen Bundesgesetzes" eingestuft.[62] Damit stand der Beeinflussung der österreichischen Bevölkerung nichts mehr im Wege.

Der „Anschluss" Österreichs, der durch das Einschwenken Mussolinis auf die Politik Hitlers und durch den Rücktritt von Bundeskanzler Kurt Schuschnigg möglich wurde, konnte am 13. März 1938 bereits

---

[62] Aktennotiz Auswärtiges Amt, 8.3. 1937, zitiert aus: Ansgar Diller, Rundfunkpolitik im Dritten Reich, dtv 1980, S. 225

durch den gleichgeschalteten Deutschösterreichischen Rundfunk verkündet werden.

Organisation und Aufgaben der Propagandaeinheiten

In den Jahren 1933 bis 1939 wurden die Weichen für die Führung eines künftigen Propagandakrieges gestellt. Das Reichsministerium für Volksaufklärung und Propaganda und das Reichskriegsministerium (R.K.M.) mussten im Grundsatz Einigkeit darüber erzielen, wie die Kriegsberichter in den Ablauf einbezogen werden sollten.

Das R.M.V.P. ging zunächst von aus, dass die Berichtereinheiten zivilen Charakter hätten. Es hatte auch bereits Propagandageräte und -Fahrzeuge entwickeln lassen, während das R.K.M. erst später auf den Zug aufsprang. Dort vertrat man auch die Auffassung, dass innerhalb der Wehrmacht derartige Tätigkeiten nur von militärischen Einheiten ausgefüllt werden könnten. Über soldatische Dinge könnten nur soldatisch denkende Menschen wirklichkeitstreu berichten. Deshalb sei es notwendig, die Kriegsberichter möglichst weitgehend in den militärischen Rahmen zu integrieren.

Der erste Versuch fand anlässlich der Herbstmanöver 1936 statt. Zivile Berichtertrupps wurden zu einer sogenannten Propagandaeinsatzstelle zusammengefasst. Diese nahmen sozusagen am Rande an den Manövern teil, die auf dem Truppenübungsplatz Groß-Born abgehalten wurden.

Die Propaganda-Einsatzstelle bestand im Sommer 1936 aus 60 Personen, die in je eine Gruppe Wort- und Bildpresse, Film und Rundfunk unterteilt waren. Bei den Wehrmachtsmanövern 1937, die in Mecklenburg und Vorpommern stattfanden, war die Einsatzstelle dann schon 150 Mann stark und wurde als disziplinarisch unterstellte Truppe in die Übung eingegliedert.

Nach diesen Manövern gab es eine Übereinkunft zwischen dem Reichskriegsministerium und dem Reichsministerium für Volksaufklärung und Propaganda, dass die Propagandaeinheiten im Ernstfall an die Stelle privater Berichterstattung treten sollten. Also musste für die Berichterstattung eine rein militärische Truppenform gefunden werden. Am 16.8.1938 hatte dann das Oberkommando des Heeres auf Weisung des O.K.W. die Aufstellung je einer Propagandakompanie beim Generalkommando des IV., VIII., XIII. und XVII. Armeekorps angeordnet. Sie bestanden aus einer Gruppe Führer, drei Kriegsberichterzügen, einem Lautsprecherzug, einer Arbeitsstaffel und dem Tross.

Die Aufgabe der Propagandakompanie war das Sicherstellen des Zusammenwirkens zwischen Propaganda- und Waffenkrieg, indem der Propagandastoff im Kampfgebiet für das R.M.V.P. erfasst wurde. Zudem sollte aktiv Propaganda in die Bevölkerung der umkämpften Gebiete und die feindlichen Truppen getragen werden. Hierbei oblag die politische Zensur des gelieferten Propagandastoffes dem Kompaniechef, die militärische Zensur erfolgte durch das Armeeoberkommando.

Die Propagandakompanien waren erstmals versuchsweise beim Einmarsch in das Sudetenland am 1. Oktober 1938 im Einsatz. Kurzfristig hatte das O.K.W. die Aufstellung von vier Kompanien angeordnet. Soweit überliefert, wurde die Berichterstattung, die aus Rundfunkübertragungen per Lautsprecher an Truppen und Zivilbevölkerung, Filmvorführungen, Verteilung von Zeitungen und Flugblättern sowie der Durchführung von Kundgebungen bestand, positiv bewertet. Insbesondere die Übertragung von Militärmärschen per Lautsprecherwagen fand großen Anklang.

Ein Manko war zwar noch die mangelnde militärische Ausbildung der Propagandasoldaten, dennoch unterzeichneten Goebbels und General Keitel im Winter 1938/39 das grundlegende „Abkommen über die Durchführung der Propaganda im Kriege". Darin wurde der Propagandakrieg als wesentliches, dem Waffenkrieg gleichrangiges Kriegsmittel anerkannt.

Für den Propagandakrieg war das R.M.V.P. im Operationsgebiet in Abstimmung mit dem O.K.W. zuständig. Im Mobilmachungsfall sollten Propagandakompanien aufgestellt und jeder Armee des Heeres eine solche zugeteilt werden. Dem O.K.W. oblag die militärische Zensur des Propagandamaterials, über die Auswertung entschied anschließend das R.M.V.P.

Zunächst waren nur sieben Propagandakompanien des Heeres vorgesehen. Im Zuge der Mobilmachungsvorbereitungen wurde dann aber klar, dass auch andere Wehrmachtsteile einbezogen werden mussten. So bereitete auch die Luftwaffe die Aufstellung von vier Luftwaffenpropagandakompanien vor. Die Marine stellte zwei Marinepropagandakompanien auf. Weil das Fachpersonal überwiegend ungedient war, wurde versucht, noch eine kurze militärische Grundausbildung durchzuführen. Hierzu wurde ein sechswöchiger Lehrgang in der Berliner Alexander-Kaserne angesetzt. Dieser begann am 6. Mai 1939. Die Fachkräfte wurden anschließend als sogenannte „Sonderführer" im für die jeweilige Verwendung notwendigen Rang eingesetzt. Zudem mussten die technischen Voraussetzungen für die Übermittlung der Propaganda durch ein im Kriegsfall gut funktionierendes Nachrichten- und Verbindungsnetz geschaffen werden.

Am 1.9.1939 standen also sieben Propagandakompanien des Heeres, vier Propagandakompanien der Luftwaffe und zwei Propagandakompanien der Kriegsmarine zur Verfügung. Sie waren zunächst in Königsberg, Wiesbaden, Wien, Breslau, Münster, Nürnberg, Berlin, Braunschweig, München-Freimann und Kiel stationiert und bestanden im Schnitt aus vier bis fünf Wortberichtern, zwei- bis drei Bildberichtern, einem Rundfunk- und einem Filmberichtertrupp. Hinzu kam Personal für die Flugblattherstellung, ein Lautsprechertrupp und ein Filmvorführertrupp sowie ein Auswerterzug und eine Arbeitsstaffel für Schreibstube und Küche, jeweils mit Kfz ausgerüstet.

Sinn und Zweck der Propaganda wurde denjenigen Offizieren vermittelt, die für eine Verwendung im Propagandasektor der Wehrmacht im Falle eines zukünftigen Krieges vorgesehen waren. Die Requirierung der Berichterstatter erfolgte per Eigenbewerbung, aber auch gezielt in den Zeitungs- und Rundfunkredaktionen.

In Friedenszeiten als politisches Kampfmittel verstanden, sollte der Propagandakrieg mit Kriegsbeginn u.a. zur Tarnung, Verschleierung und Irreführung der militärischen Absichten sowie zur Erhaltung der Opferbereitschaft und Wehrwilligkeit des eigenen Volkes herangezogen werden. Dabei wurde die aktive Propaganda im Kampfgebiet in die feindliche Bevölkerung und in die feindliche Armee hinein von den militärischen Dienststellen durch die ihnen unterstellten Propagandakompanien geleitet. Das O.K.W. und das R.M.V.P. stimmten sich insofern ab, als die Presseoffiziere der Wehrmachtteile eng mit den Reichspropagandaämtern zusammenarbeiteten. Überdies musste das R.M.V.P. bei allen militärischen und politischen Fragen vor Veröffentlichung das Einverständnis des O.K.W. einholen.

Vor dem Kriegsausbruch waren selbstverständlich alle militärischen Maßnahmen geheim zu halten. Im Kriege selbst sollte sich dann zeigen, dass aufgrund einer Anordnung Adolf Hitlers nur ein begrenzter Kreis des Wehrmachtführungsstabes in die Einzelfeldzüge und Operationen eingeweiht werden durfte und Goebbels erst anschließend Kenntnis davon erhielt.

Von der Propaganda in Friedens- zur Propaganda in Kriegszeiten

Am 1. September 1939 war es dann soweit. Mit dem Polenfeldzug kamen die ersten Bild-, Ton- und Zeitungsberichterstatter zum Einsatz. Anfangs zogen die Fahrzeuge der Propagandakompanien hinter ihren Armeen her, die Kriegsberichter, also die Foto-, Film- und Rundfunkreporter fanden sich aber sehr bald im Kampfgeschehen wieder. So schilderte der Fotograf Georg Schmidt-Scheeder in seinem Buch „Reporter der Hölle" seinen ersten Einsatz an der Jablunka-Paßhöhe folgendermaßen: „Direkt vor dem Tunnel muß das MG liegen. Man sieht das Mündungsfeuer. Es schießt langsamer als unsere. Etwa so, wie unsere alten MGs – die wassergekühlten... . Aber plötzlich ändert das MG drüben die Schußrichtung, und jetzt zirpen die Geschosse ganz nah an uns vorbei! Blitzschnell werfen sich alle hin. Ich presse mich an die Erde... . Ich zerre die Kamera zur Seite, um mich noch flacher machen zu können. Das Pfeifen der Kugeln wird jedoch immer heftiger."

Seine Erlebnisse im Regiment List, dem Adolf Hitler als Kriegsfreiwilliger im I. Weltkrieg gedient hatte, waren noch intensiver. Bei einem Gasalarm, der sich später als unbegründet herausstellen sollte, mußten Gasmasken aufgesetzt werden: „Mein nächster Gedanke war: wie wird's jetzt mit dem Fotografieren? Ich bringe das Auge nicht mehr an den Sucher heran. Da bleibt nichts anderes übrig: einfach hinhalten und abdrücken!" Dann war der Gasalarm vorbei. Die Gefechte gingen weiter: „Links stürmen sie (die polnischen Soldaten, Anm. der Verfasserin) mit aufgepflanztem Bajonett vor. Vorn taucht ein polnisches MG auf – die Polen sitzen in den Gräben. Wir müssen uns hinwerfen. ... Handgranaten fliegen hinüber – detonieren – und schon springen wir wieder hinterher. Zwei braune Gestalten liegen reglos am Grabenrand. Aber aus einem Seitengraben stürzt noch ein

Pole herbei, wirft sich über die Toten und macht sich am MG zu schaffen. Der Pole richtet den Lauf auf uns. Da schnellt einer aus unserer Gruppe auf, wie eine Feder, ist mit einem Satz über ihm, dreht sein Gewehr um und schlägt mit dem Kolben zu.... Ich habe, halb aufgerichtet, alles aus nächster Nähe mitangesehen und selbstvergessen Bild auf Bild geschossen."[63]

Die Kriegsberichter waren überall in die Kampfhandlungen eingebunden. Ihre Filmaufnahmen liefen in den Wochenschauen. Der „Kampf um Warschau" konnte der deutschen Bevölkerung so eindrucksvoll geschildert werden. Auch der deutsche Rundfunk sendete täglich über die Kampfhandlungen. Ein interessanter Fall von Propagandakrieg war folgender: Von polnischer Seite wurde behauptet, dass die „Schwarze Madonna von Czenstochau", ein Gnadenbild der Jungfrau Maria, von den Polen als nationales Symbol verehrt, von deutschen Truppen mutwillig zerstört worden sei. Die P.K. konnten aber überzeugend darlegen, dass die Reliquie unbeschädigt blieb.

Während des Polenfeldzuges gab es, von Goebbels und dem R.M.V.P. nicht zur Veröffentlichung bestimmt, aber durch Fotos und Wortberichte dokumentiert, einen guten Kontakt zwischen deutschen und sowjetischen Truppen. Am 17.9.1939 war die Rote Armee in Ostpolen einmarschiert und traf am 18.9.1939 auf die Wehrmacht bei Brest-Litowsk.[64]

Mit dem Kriegsausbruch am 1. September 1939 war eine neue Direktive aus dem Hause Goebbels, die Verordnung über außerordentliche Rundfunkmaßnahmen, veröffentlicht worden. Die Bevölkerung wurde in mehreren Sondermeldungen aufgerufen, das Abhören ausländischer Sender zu unterlassen. Der Feind würde auch mit Mitteln kämpfen, „die das Volk seelisch beeinflussen und zermürben sollen."[65] Das Reichsjustizministerium in Person von Franz Gürtner hatte zwar Bedenken gegen diese Maßnahme vorgetragen mit dem Hinweis, dass diese als mangelndes Vertrauen in das Volk interpretiert werden könne, gab sich dann aber geschlagen und setzte als Regelstrafe bei Verstoß gegen das Abhörverbot Gefängnis bzw. Zucht-

---

[63] Georg Schmidt-Scheeder, Reporter der Hölle, Motorbuch-Verlag 1990, S. 89
[64] Georg Schmidt-Scheeder, Reporter der Hölle, Motorbuch-Verlag 1980, S. 304
[65] Fernschreiben Drahtloser Dienst vom 1.9.1939, zit. aus Ansgar Diller, Rundfunkpolitik im Dritten Reich, dtv 1980, S. 304

hausstrafe bei öffentlichem Abhören fest. Ursprünglich war sogar einmal das Einziehen der Volksempfänger durch den Ministerrat in Erwägung gezogen worden. Allerdings setzte sich dann die Einsicht durch, dass das auch die Ausstrahlung der eigenen Propaganda-Sendungen verhindert hätte.

Der Einmarsch in Polen am 1. September 1939 wurde dementsprechend von Hitler im Rundfunk verkündet: „Polen hat heute Nacht auf unserem eigenen Territorium auch mit bereits regulären Soldaten geschossen. Seit 5 Uhr 45 wird zurückgeschossen und von jetzt an wird Bombe mit Bombe vergolten. Wer mit Gift kämpft, wird mit Giftgas bekämpft!"[66]

Ebenfalls übertragen wurde seine Rede zum Kriegsausbruch vor dem Reichstag. Er begann mit der Versicherung, dass der Einmarsch in Polen keine weiteren kriegerischen Auseinandersetzungen mit sich bringen würde. „Die neutralen Staaten haben uns ihre Neutralität versichert, genauso wie wir sie ihnen vorher garantiert haben – es ist uns heilig Ernst mit dieser Versicherung. Solange kein anderer diese Neutralität bricht, werden wir sie peinlichst genau beachten, denn was sollten wir von ihnen wünschen oder wollen… ."[67]

Im weiteren Verlauf der Rede erklärte er den Westen zum Feind und beschwor den Nichtangriffspakt mit der Sowjetunion. Er wolle die Sowjetunion nicht indoktrinieren, genauso wenig wie die Sowjetunion dies mit Deutschland vorhabe. Es gebe einen Pakt für die Zukunft, die jede Gewaltanwendung ausschließe.

Ab dem Zeitpunkt des Kriegsausbruchs wandelte sich nochmals die Rolle des Rundfunks. Nun war er Mittler zwischen Front und Heimat, musste der Bevölkerung in Deutschland das Kriegsgeschehen vermitteln und ebenso den Soldaten an der Front Unterhaltung und Nachrichten aus der Heimat zukommen lassen. Goebbels rief fast täglich die Abteilungsleiter des R.M.V.P. zusammen, um die propagandistische Marschroute festzulegen. Diese wiederum hielten dann direkten Kontakt zum Reichsintendanten Heinrich Glasmeier und Reichssendeleiter Eugen Hadamovsky. In der späteren Phase des Krieges waren die Rundfunkarbeitsbesprechungen die Institution, in der die Weisungen an die Journalisten weitergegeben wurden.

---

[66] DRA, 1.9.1939
[67] DRA, Hitlers Reichstagsrede zum Kriegsausbruch am 1.9.1939

Das Rundfunkprogramm sollte den Vorgaben seit Kriegsbeginn in der Hinsicht Rechnung tragen, dass es mehr aktuelle Meldungen brachte und eine längerfristige Gestaltung nicht mehr sinnvoll bzw. möglich war. Dadurch entfielen bereits geplante Sendungen, der Sendeschluss wurde auf 22.15 Uhr vorverlegt.[68]

Ein gemeinsamer Nenner für Front und Heimat war die musikalische Unterhaltung. Vom Frühkonzert über das Mittags- bis zum Abendkonzert wurden Schlager, Walzer und Operetten gemischt mit Blas- und Marschmusik. Zum Abend hin ging es dann in Richtung Tanzmusik. Die beliebte Sendung „Für jeden etwas. Buntes Unterhaltungskonzert auf Industrieschallplatten", die von 17.10 bis 18 Uhr und von 18.20 bis 19 Uhr ausgestrahlt wurde, bot Werke von Dvorak, Johann Strauß, Paul Lincke und Edward Elgar bis zur Volksmusik.[69] Dass der Schwerpunkt auf leichter Musik und Unterhaltung lag, war zum einen der Erkenntnis geschuldet, dass eine Ablenkung vom kriegerischen Geschehen vonnöten sei und zum anderen, dass man dem Wunsch der Soldaten entsprach, die sich statt ernster Musik Unterhaltungsmusik und aufgelockerte Wortbeiträge wünschten.

Der „Völkische Beobachter" schrieb dazu am 19. September 1939: „Die Kunst hat gerade in diesen Zeiten die Aufgabe, im höchsten Sinne das Programm zu erfüllen, das sich in den Worten Kraft durch Freude ausdrückt. Sie soll den Kämpfern Erbauung und Erholung von der Anspannung bieten und den Daheimgebliebenen Frohmut und Zuversicht. Nichts wäre schlimmer, als wollten wir uns jetzt seelisch in die Sackgasse ‚tierischen' Ernstes verlaufen. Mut und Glauben setzen Frohsinn und Heiterkeit nicht nur voraus, sie erzeugen sie aufs neue. Darum ist gerade in Zeiten wie den jetzigen die Kunst und insbesondere ihre heitere Seite zumindest ebenso notwendig wie in friedlicheren Tagen. Die Kunst und die Freude sind die kräftigste Nahrung für die Seele. Sie schenken ihr Glauben, Härte, Zuversicht und Standhaftigkeit."[70]

---

[68] Hans-Jörg Koch, Das Wunschkonzert im NS-Rundfunk, Böhlau-Verlag 2003, S. 102

[69] Ebd. S. 103

[70] Zit. aus: Hans-Jörg Koch, Das Wunschkonzert im NS-Rundfunk, Böhlau Verlag 2003, S. 104

Auf der 6. Jahrestagung der Reichskulturkammer und der NS-Gemeinschaft „Kraft durch Freude" am 27. November 1939 im Theater des Volkes in Berlin sprach zunächst Robert Ley, der Reichsorganisationsleiter der NSDAP und Leiter der „Deutschen Arbeitsfront" zum versammelten Publikum. Am 3. September 1939 war England in den Krieg eingetreten, und Ley leitete seine Rede mit folgenden Worten ein: „Arbeiter, Künstler und Soldaten! Als dieser Krieg, den uns England aufzwang, begann, hat mancher gefragt, was wird jetzt aus der NS-Gemeinschaft ‚Kraft durch Freude'. Wir selber haben gebangt, dass nun eine Arbeit, die seit vielen Jahren mit vielen Mühen und Opfern aufgebaut worden war, nun nicht mehr sein könnte."[71]

Dann führt er aus, dass es durchaus schwer sei, „Kraft durch Freude" (KdF) mit diesem „Ringen", wie er den Krieg nennt, in Verbindung zu bringen; dass aber, was in Friedenszeiten zur Erholung des Volkes notwendig war, nun erst recht wichtig sei. Mit Lebensfreude habe man den Kampf angetreten, dem Volk einen neuen Glauben zu geben. Je schwerer die Zeit, je mehr Opfer es bringt, umso hungriger sei ein Volk nach seiner Kultur, nach seiner Kunst. KdF habe seine Aufgabe wieder aufgenommen, in sechs Gauen habe es 5000 Veranstaltungen gegeben. Man trage die Kunst in die vordersten Kampflinien. Im Westen träten die besten Künstler des Volkes mit Opfersinn und Freude in überfüllten Sälen auf. Auch der Sport käme nicht zu kurz, der Betriebssport erfreue sich großer Beteiligung. Zum Schluss dankt Ley allen Mitarbeiter, Künstlern, Künstlerinnen und Artisten sowie der Wehrmacht, die an der Front und in den besetzten Gebieten Veranstaltungen ermögliche.

Nach einem tosenden Applaus ergreift Joseph Goebbels das Wort. Es seien schwierige Zeiten, die Deutschland erlebe. Probleme, die in Friedenszeiten groß erschienen, träten nun in den Hintergrund; kleine Probleme erschienen dagegen heute fast unlösbar. Die durch den Krieg hervorgerufenen Sorgen belasteten das Gemüt des Volkes, der Alltag erschiene grau und schwer. Daher sei es umso wichtiger, optimistisch zu bleiben. Ohne Optimismus sei kein Krieg zu gewinnen, er sei so wichtig wie Kanonen und Gewehre. Die Kunst stärke die Kampfmoral der Soldaten. Die Soldaten wollten keinen Trübsinn –

[71] 6. Jahrestagung der Reichskulturkammer, DRA vom 27.11.1939

die Wehrmacht hatte sie nach Musikwünschen gefragt und die Antwort war, man wolle optimistische und lebensbejahende Unterhaltung. So sei für deutsche Künstler die erste und wichtigste Aufgabe die Unterhaltung und Entspannung, sowohl im Osten als auch im Westen.

So wären eine Millionen Bücher an die Front geschickt worden. An der Front gebe es Theater, Varietés und Filme. In England und Frankreich seien Theater und Kinos geschlossen, im Deutschen Reich nicht, im Gegenteil. Es gebe zahlreiche Produktionen. Besonders wichtig sei dabei die „Aktuelle Wochenschau", ein plastischer Überblick über das militärische und politische Zeitgeschehen für die Zuschauer in der Heimat. Die Kameramänner drehten unter Einsatz ihres Lebens in den schwersten Schlachten, eine Reihe von ihnen habe das mit dem Leben bezahlt.

Dann kam Goebbels auf die Rundfunkarbeit zu sprechen, der es an Volksnähe, Klarheit und Präzision nicht mangele. Alle, die dem Rundfunk die Berechtigung abgesprochen hätten, würden nun eines Besseren belehrt. Allein die Dankesbriefe im Westen schafften die Verbindung der Soldaten an der Front mit der Heimat. Die Errungenschaften der modernen Technik in Verbindung mit der Kultur erreichten das seelische Durchdringen der Nation. Die Presse schriebe gegen eine feindliche Welt an. Deutschland hätte den I. Weltkrieg auch verloren, weil man keine Technik zur Verfügung gehabt hatte, um Propaganda zu betreiben und die Feindmächte in einem geistigen Kampf zu schlagen. Nun bediene sich der deutsche Geist der Technik, auch auf dem Felde der propagandistischen Auseinandersetzung führe man Schlachten der modernen Kriegsführung. Goebbels appelliert an die deutsche Wehrmacht, bis zur letzten vorgeschobenen Kompanie im Osten dafür zu sorgen, dass die Propaganda ihr Ziel erreiche. Er ruft Soldaten, Arbeiter und Künstler auf, gemeinsam die deutsche Kultur gegen den Angriff feindlicher Mächte zu verteidigen. Er schließt mit den Worten: „Ein Volk sind wir, ein Weltvolk wollen wir werden."[72]

An dieser Rede wird zum einen deutlich, dass der Krieg Sorgen und Verunsicherung in der Heimat erzeugt hatte, denen das Propagandaministerium mit allen Mitteln begegnen wollte. Zum anderen sollte

---

[72] Quelle: Deutsches Rundfunk-Archiv, Sendung vom 27.11.1939

den Soldaten an der Front und auch den Kriegsberichterstattern vermittelt werden, dass ihr Heldentum gewürdigt würde – dass die Moral des Volkes ungebrochen sei und dass es hinter ihnen stehe. Ohne den Rundfunk wäre diese Verbindung so nicht möglich gewesen – die Feldpost, die oft Wochen unterwegs war, konnte bestenfalls als Ergänzung dienen.

Die Aktivpropaganda gegen den Kriegsgegner sollte als Konsequenz aus den ersten Monaten an der Westfront eine höhere Bedeutung erlangen. In Vorbereitung auf den Frankreichfeldzug wurde auch die Aufstellung neuer Propagandakompanien notwendig. Dazu mussten die noch ungedienten Berichterstatter, die eine erste infanteristische Ausbildung in Potsdam erhalten hatten, in Jüterbog Sport und Exerzierdienst trainieren. Für die Dauer ihres künftigen Einsatzes wurden sie zu Sonderführern „Z" bzw. „G" ernannt. „Z" entsprach dem Rang eines Leutnants und „G" dem Rang eines Unteroffiziers.[73]

Eine besondere Stellung hatten die Kriegsberichter[74] der Luftwaffe. Hier war es erforderlich, dass sie im Notfall in der Lage waren, Piloten zu ersetzen und Bomben auf Boden- und Flugziele zu werfen. Deshalb gab es in Paarow bei Stralsund einen Lehrgang, der mit der Bordschützenprüfung abschloss.

Um fototechnisch auf dem neuesten Stand zu sein, wurden die Bildberichter zur Ufa und zu Agfa geschickt. Unerlässlich war bei Kriegsberichtern aller Wehrmachtteile die Beherrschung der Waffen und von speziellen Fachgeräten in allen Kampflagen.

Zum Ausbildungsprogramm gehörten auch Besuche in Kriegsgefangenenlagern. Für diese weitere Qualifizierung der Propagandatruppen wurde die Pause zwischen dem Polen- und dem Frankreichfeldzug genutzt.

Am 9. April 1940 begann unter dem Codewort „Weserübung" die Besetzung Norwegens und Dänemarks. Für den Norwegenfeldzug wurde dem Oberbefehlshaber Norwegen erstmals eine aus allen Wehrmachtteilen gemischte Propaganda-Staffel zur Verfügung gestellt, die vor allem Kriegsberichteraufgaben hatte.

---

[73] Hasso von Wedel, Propagandatruppen, Kurt Vohwinckel Verlag, Neckargemünd 1962, S. 41

[74] Der Begriff "Kriegsberichter" wurde aus den Quellen und Originaldokumenten übernommen, Anm.d.Verf.

An der Luftoffensive gegen England im Sommer 1940 waren bereits Kriegsberichter beteiligt. Sie saßen in den Kampfgeschwadern, die zahlreiche Einsätze über den Kanal und über England flogen. Hier gab es die ersten Verluste; die Luftwaffen-Kriegsberichterkompanien hatten 1939/40 bis zum Beginn des Ostfeldzuges 57 Gefallene zu verzeichnen.

Rekrutierung der Kriegsberichter – Journalisten an die Front

In den Propagandaabteilungen waren vornehmlich Journalisten beschäftigt, die sich entweder selbst gemeldet hatten oder eingezogen worden waren, ihre Verwendung aber statt im direkten militärischen Einsatz in einer Propagandakompanie für sinnvoller erachtet wurde. Die Berufung erfolgte durch Ministerialrat Dr. Werner Stephan im Propagandaministerium in Berlin. Diese wurde zuvor jeweils vom Oberkommando der Wehrmacht geprüft.

So bewarb sich am 14. Februar 1940 der Schriftleiter Erich Dinse beim „Fachprüfer für Wortberichte im OKW, z.H. Herrn Ministerialrat Stephan im Reichsministerium für Aufklärung und Propaganda", um Aufnahme als Wortberichterstatter in einer Propagandakompanie. Er führt an, bereits für die schwere motorisierte Artillerie gemustert zu sein und als Schriftleiter in der Nationalsozialistischen Parteikorrespondenz und als Hauptschriftleiter des „Volkswirtschaftlichen Aufklärungsdienstes" über die entsprechende Qualifikation zu verfügen. Als Referenzen führt er u.a. den Regierungsrat Erwin Schmidt aus dem RMVP an und fügt einige Schriftproben bei.[75]

Dass bei den Berufungen nicht alles glatt lief, zeigt ein Schreiben des Schriftleiters der Nationalzeitung Essen, Wilhelm Müller, vom 16. Mai 1940 an den Hauptschriftleiter der Nationalzeitung, Eberhard Graf von Schwerin.

„Sehr geehrter Herr Graf!

Es wird sich gewiß in den letzten Tagen oder Wochen in der Schriftleitung schon herumgesprochen haben, dass ich nicht mehr als Flak-Soldat im Westen stehe… . Ich trug mich seit Februar schon mit dem Gedanken, als Wortberichter einer Kriegsberichterkompagnie mei-

---

[75] Quelle: Archiv des MfS, HA IX/11, AV 10/76 Bd. 19

nem fürchterlichen Warten in der Eifel ein Ende zu machen, auf diese Weise wenigstens einmal dabei zu sein, wo sich etwas tat. Damals war leider noch nicht abzusehen, welche Wendung die Dinge im Westen nehmen würden, und ich glaube, dass selbst unsere spürigsten Nasen in der Politik nicht voraussagen konnten, dass wir am 9. April in Norwegen und am 10. Mai in Holland und Belgien einmarschieren würden.... . Gut, ich tat, was mir aufgrund meiner beruflichen Vorbildung und journalistischen Neugier geboten schien, ich schrieb ein Versetzungsgesuch mit der Bitte um Verwendung in einer Luftwaffenkriegsberichterkompagnie."[76]

Dieser Versetzung war allerdings kein Erfolg beschieden, Müller kam nicht zum Fliegerkorps wie gewünscht, sondern landete bei der Frontzeitung „Luftflotte West", die sich im Betrieb des Frankfurter Volksblatts niedergelassen hatte. Er richtet an den Hauptschriftleiter, Graf von Schwerin, nun die Bitte, sich bei Ministerialrat Stephan für ihn zu verwenden, damit er doch noch als Wortberichter zu einer Propagandakompanie käme:

„Jetzt kommt also der Pferdefuss meines ausführlichen Berichts, Herr Graf, – eine kleine Bitte. Ich werde in diesen Tagen mein Anliegen Herrn Ministerialrat Stephan, der für den ‚Nachwuchs' der Propagandakompagnien zuständig ist, mit der Bitte um Bestätigung als Wortberichter ausführlich darlegen. Von Berlin aus dürfte dann wohl ein Bericht über mich beim Reichspropagandaamt Essen eingeholt werden. Wäre es möglich, Herr Graf, dass Sie in dieser Sache ein Wort für mich einlegen könnten, etwa beim Reichspropagandaamt Essen oder bei Ministerialrat Stephan, den Sie gewiss näher kennen?... . Zum Schluss möchte ich die Gelegenheit nicht versäumen, auf diesem Wege der gesamten Schriftleitung für das sinnige Pfingstpäckchen recht herzlich zu danken... . Mit den besten Wünschen für Ihr und Ihrer Familie Wohlergehen und der Hoffnung auf eine Antwort, grüsst mit Heil Hitler! Ihr W. Müller"[77]

---

[76] Quelle: Archiv des Ministeriums für Staatssicherheit, Akte AV 10/76 Bd. 16 Teil 1 /1787

[77] Quelle: Archiv des Ministeriums für Staatssicherheit, Akte AV 10/76 Bd. 16 Teil 1/1787

Die Geschichte verlief weiterhin nicht zur Zufriedenheit von Schriftleiter Müller. Am 6. September 1940 verfasste er aus Paris, wohin er inzwischen abkommandiert war, einen weiteren Beschwerdebrief.

„Ich bin seit April dieses Jahres zu einer Propagandakompanie versetzt und kämpfe schon seit dieser Zeit um meine Anerkennung als Fachpersonal. Um Sie über die Dinge genau zu unterrichten, muss ich hinzufügen, dass meine Versetzung zur Luftwaffenkriegsberichterkompanie 4 von meiner Flakbatterie aus auf dem direkten Dienstwege über das Fliegerkorps 1 erfolgte, nicht aber – wie das sonst üblich ist – über das Propagandaministerium bzw. das Reichspropagandaamt Essen.“

Statt einer Ernennung zum Sonderführer (Z) wurde Müller nun Schriftleiter der jetzt in Paris erscheinenden „Luftflotte West“. Er schließt den Brief mit den Worten:

„Schliesslich ärgert es mich am meisten, daß man hier in Frankreich über Sonderführer stolpert, die im Zivilberuf Werbefachleute, Pressereferenten irgendwelcher Industrieunternehmen oder Lokalschriftleiter kleinster Lokalblättchen sind, während wir hier sitzen und nicht einmal die Möglichkeit haben, einen guten Kampfbericht zu schreiben. Es ist beschämend vor allem dann noch, wenn man sagen muss, man sei Schriftleiter der Nationalzeitung...“.[78]

Aus diesem Brief kann man ersehen, dass die Kommunikation zwischen Propagandaministerium und Wehrmacht offenbar nicht immer reibungslos verlief. Da Müller nun einmal als Schriftleiter kategorisiert war, gelang es ihm nicht, von der Presse zu den Propagandakompanien an die Front zu wechseln. Sein „Umzug“ mit der Zeitung „Luftflotte West“ trug der Besetzung von Paris und somit dem Kriegsgeschehen Rechnung. Der redaktionellen Leitung der Frontzeitung, herausgegeben von der Luftflotte 3, wurde offenbar große Bedeutung beigemessen.

Eine positive Beurteilung erhielt per Schreiben von Ministerialrat Stephan, datiert vom vom 28.5.1940, ein gewisser August Hurtmanns. Er wird dem RV-Referat (Reichsverteidigungs-Referat) als Adjutant eines Führers einer Propaganda-Kompanie (z.B. als Offizier) empfohlen. Hurtmanns sei ein ausgebildeter Schriftleiter, habe gute englische,

---

[78] Quelle: Archiv Ministerium für Staatsicherheit, AkteAV 10/76 Bd. 16, wortgleiche Abschrift

französische und holländische Sprachkenntnisse, ein guter Stenograph und Maschinenschreiber, ein guter Sportler (Führerschein für alle Klassen), könne fotografieren und solle auch menschlich und äußerlich zu empfehlen sein. Stephan beruft sich bei diesen Auskünften auf einen gewissen Herrn Hock. [79]

August Hurtmanns gab denn auch 1942 im Völkischen Verlag ein Buch mit dem Titel „Soldat in Südost. Ein Feldzugsbericht" heraus. Dann verliert sich seine Spur, bis er nach einem Bericht als Sportredakteur der "Rheinischen Post" wieder auftauchte und sich Meriten erwarb, als er für das Gladbacher Fußball-Stadion den Namen „Am Bökelberg" prägte. [80]

In den Akten des Ministeriums für Staatssicherheit befindet sich undatiert auch die erste Seite einer Liste der Kriegsberichter mit kurzer Beurteilung ihrer Qualität. Diese ist alphabetisch geordnet und umfasst die Anfangsbuchstaben A und B. Darin werden benannt: Leutnant Hans Anderle, letzte Friedenstätigkeit im Gaupresseamt bzw. Landeshauptmannschaft, mit der Beurteilung „sehr guter Kriegsberichter"; Heinz Balzer vom Scherl-Verlag als „hervorragender Wortberichter, flotter Reporter mit gutem politischen Instinkt"; Georg Bachmann von der Reichsrundfunkgesellschaft als „sehr gute Kraft"; Karl Behrend, Leiter des Wiener Büros, als „sehr guter Kriegsberichter, obwohl erst kurz eingesetzt"; Hans Schwarz van Berk, freier Schriftleiter, als „sehr guter Kriegsberichter"; Alfons van Bevern, Borkener Zeitung, als „sehr guter Wortberichter, erstklassiger Stilist"; sowie Mario Heil de Brentani, freier Schriftsteller, als „hervorragender Stilist und geschickter Darsteller". [81]

Bei einigen der hier Genannten lässt sich feststellen, dass ihnen die Tätigkeit in einer Propagandakompanie durchaus zu weiteren Karrieren verhalf. So wurde Schwarz van Berk zur gezielten Desinformation der alliierten Kriegsgegner eingesetzt und war in diesem Rahmen mit Beiträgen in der Wochenzeitung „Das Reich" zuständig für die Verbreitung der Theorie, dass die „Wunderwaffe" V2 noch kriegsentscheidend sein würde. Nach 1945 setzte er sich von Berlin nach

---

[79] Quelle: Archiv MfS, Akte AV 10/76 Bd. 10
[80] Rheinische Post vom 15.8.2012
[81] Quelle: MfS, Akte AV 10/76 Bd. 5

Westdeutschland ab und soll dort als Vertreter und Werbefachmann tätig gewesen sein.

Alfons van Beyern wurde persönlicher Berichterstatter von Generalfeldmarschall Heinz Guderian in Frankreich und Generaloberst von Kleist auf dem Balkan. 1944 gründete und leitete er als Kriegsberichter die „Grabenzeitung" der 1. Panzerarmee in Russland. Nach der Heimkehr aus sowjetischer Kriegsgefangenschaft war er Leiter der Borken-Bocholter Lokalredaktion der „Münsterschen Zeitung" und wechselte anschließend in die Zentralredaktion nach Münster.

Mario Heil de Brentani, Verfasser zahlreicher Novellen und Erzählungen, wurde ab 1941 als Kriegsberichter eingesetzt. Nach Kriegsende wanderte er nach Kanada aus und gab die „Montrealer Nachrichten" heraus, zu deren Mitarbeitern auch der spätere Präsident des Zentralrats der Juden in Deutschland, Paul Spiegel, gehörte.

Mit Schreiben vom 13. Juni 1942 empfahl Ministerialrat Stephan noch drei weitere Wortberichter für die 1./Einsatz-Abteilung: Sonderführer (Z) Dr. Kurt Wessely, Sonderführer (Z) Kurt Hampe und Sonderführer (Z) Karlheinz Vogel. Diese drei genannten Wortberichter erschienen aufgrund ihrer bisherigen Leistungen und praktischen Erfahrungen besonders geeignet zu sein.

Bei Wessely handelte es sich um einen österreichischen Journalisten, der es nach dem Zweiten Weltkrieg bis zum Landesvorstand der Journalistengewerkschaft brachte. Karlheinz Vogel war ab 1949 bei der Frankfurter Allgemeinen Zeitung für den Lokalteil verantwortlich, von 1958 bis 1980 war er Leiter der Sportredaktion der FAZ.

Einen interessanten Einblick in das Kriegsgeschehen bietet auch das Schreiben des Sonderführers Friedrich Haas an den Ministerialrat Werner Stephan, datiert vom 14. November 1941. Haas beklagt sich darin, dass sein Wunsch, als Wortberichter zu einer Propagandakompanie zu kommen, nicht in Erfüllung ging. Stattdessen erfolgte seine Ernennung zum Sonderführer (Z). In dieser Funktion wurde er am 20. Juni 1941 mit dem Voraustrupp U2 im Auftrag des OKW nach Bukarest und an den Südflügel der Ostfront in Marsch gesetzt. Unmittelbar hinter den dort vereint kämpfenden deutschen und rumänischen Truppen marschierte seine Einheit von Ostrumänien durch Bessarabien vor. Dann habe man in Tiraspol einige Wochen vergeblich auf den Fall von Odessa gewartet und schließlich das rumänische

Heeresgebiet wieder verlassen, da dort an eine geordnete Arbeit nicht zu denken gewesen sei. Seit Ende August befinde man sich in Cherson. Dort sowie in Nikolajew, Krivoy-rog und Dnjepropetrowsk habe er ukrainische Zeitungen gegründet, die er laufend überwache und betreue. Allerdings befriedige ihn der rein zivile Charakter dieser Aufgabe nicht, der noch verstärkt würde durch die in Kürze zu erwartende Überführung der Propaganda-Arbeit in die Hände der nachrückenden Zivilverwaltung. Die Propaganda-Abteilung beim Wehrmachtsbefehlshaber Ukraine würde dann vermutlich in ein anderes Gebiet abkommandiert.

Aus diesem Grunde habe er beim Wehrmachtsbefehlshaber Ukraine, Sonderführer (K) Mauer, seine Versetzung zu einer Propaganda-Kompanie beantragt. Er habe bei seinem Gauleiter nicht die Freigabe für die Wehrmacht erbeten, um in einer Propaganda-Abteilung brach zu liegen, die bereits in der Stunde ihrer Geburt zum Tode verurteilt war. Er wäre Ministerialrat Stephan daher dankbar, wenn er beim Oberkommando der Wehrmacht seine Versetzung als Wortberichter zu einer Propaganda-Kompanie erwirken könne.

Offenbar hatte das erste Schreiben keinen Erfolg, denn am 25. Juli 1942 schrieb Haas erneut an Stephan. Hier äußert er den Verdacht, dass man seine Versetzung unter allen Umständen verhindern wolle. Man habe ihn trotz seines erneuten Versuchs, nach Potsdam zur Grundausbildung versetzt zu werden, nun mit dem Aufbau der Außenstellen in Krassnograd und Bjelgorod beauftragt. Er hebt sogar darauf ab, dass das Reichsministerium für Volksaufklärung und Propaganda nur einen geringen Einfluss auf die Stellenbesetzung innerhalb der Propaganda-Kompanien habe. Schließlich gibt er als Konsequenz aus der Nichtberücksichtigung an, eines Tages um unmittelbare Versetzung zur Fronttruppe zu bitten.

Weder der einen noch der anderen Bitte wurde entsprochen. Das Oberkommando der Wehrmacht hielt mit Schreiben vom 27. Juli 1942 fest, dass Haas nach Übergang der „Soldatenzeitung der Ukraine" auf den Wehrmachtsbefehlshaber Ukraine mit der Führung der Außenstelle Krasnograd der Prop.Abt. U beauftragt worden sei und dort nicht entbehrt werden könne. In Anbetracht des großen Personalmangels der Propaganda-Abteilung sehe man von der Versetzung ab. In den Unterlagen des Ministeriums für Staatssicherheit (MfS) findet sich zum Lebenslauf von Friedrich Karl Haas für die Jahre

1942-1945 nur der Eintrag „Chefredakteur von sechs verschiedenen Frontzeitungen" und „PK 666". Die PK 666 war ab dem Jahre 1941 in der Ukraine stationiert. Als „Politische Tätigkeit" notiert das MfS „SA Sturmführer". 1942 wurde die Akte geschlossen. Haas war laut Vermerks des MfS nach dem Krieg Leiter der Pressestelle der „Badischen Neuesten Nachrichten" und des „Südkuriers". Das MfS beruft sich bei dieser Information auf das Journalisten-Handbuch 1980.[82]

Haas hatte wohl mit seiner Vermutung recht, dass dem Oberkommando der Wehrmacht (OKW) die Entscheidung oblag und dass der Einfluss des R.M.V.P. nicht maßgeblich war. Allerdings stand ihm offenbar im Wege, dass er nicht die Grundausbildung in Potsdam mitgemacht hatte, die Bedingung für einen Einsatz als Kriegsberichter war. Auch für den Fronteinsatz waren in diesem Stadium des Krieges nur noch ausgebildete Rekruten gefragt.

Aus dem Lazarett meldete sich per Brief an den Ministerialrat am 2. August 1942 ein weiterer Bewerber. Rudolf Zierholz hatte sich 1939 kriegsfreiwillig zur Luftwaffe gemeldet. Aufgrund eines Fußleidens, welches schon 1936 seine Entlassung aus der Leibstandarte SS „Adolf Hitler" bedingte, wurde er auch als Fluganwärter abgelehnt. Stattdessen kam er zu einer Flak-(Flugabwehrkanonen)-Abteilung, entschloss sich dann aber dazu, seinen Fuß operieren zu lassen. Nun wünscht er sich nach der Ausheilung die Versetzung zu einer PK-Einheit und einen Einsatz als PK-Berichter an der Front. Er beruft sich auf seine NSDAP- und SS-Mitgliedschaft und darauf, von der Reichsschrifttumskammer 1938 die Genehmigung zur schriftleiterischen Tätigkeit erhalten zu haben. Abschließend bittet er zu berücksichtigen, dass er sich nach dem Kriege weiter dem Schriftleiterberuf widmen wolle.[83]

Aus dem Felde erreichte das Propaganda-Ministerium am 28. Juni 1941 folgender Brief:

„Sehr geehrter Herr Ministerialrat! Gestern erhielt ich als erste Post aus der Heimat Ihren mir mit der Kurierpost nachgesandten Brief, der mir die erfreuliche Mitteilung von der Papiergenehmigung überbrachte. Ich möchte sogleich in einer kurzen Pause an der Ostfront in unserer ersten großen Schlacht gegen die Russen Ihnen nicht nur für diese Mitteilung herzlich danken, sondern in erster Linie für Ihre Be-

---

[82] Quelle: Archiv des MfS – HA IX/11, AV 10/76 Bd. 1
[83] Quelle: Archiv des MfS – HA IX/11, AV 10/76 Bd. 24

mühungen. Ich werde mir erlauben, nach meiner Rückkehr aus Russland Ihnen ein Exemplar zu übergeben. Was hier über Russland zu sagen ist? Ein unerhört zäher und verzweifelt kämpfender Gegner, der uns manch harten Verlust schon beigebracht hat. Aber die Erfolge in so kurzer Zeit die uns über Wolna nach Minsk brachten, dazu noch auf so miserablen Wegen gegen die die gesamten polnischen Wege nichts sind, sind ja wieder fabelhaft und spornen bei allen Strapazen eben auch die Truppe an. Wenn es so weiter geht, wird ja wohl dieser Orlog eher als der französische zu Ende gehen. Mit den ergebensten Grüßen von der Front, Ihr sehr ergebener... ."[84]

Nach dieser positiven Berichterstattung kommt der Verfasser des Briefes doch noch auf sein eigentliches Anliegen zu sprechen. Seine Tätigkeit sei zwar interessant, befriedige ihn aber nicht ganz so wie die in Frankreich. Man sei zu sehr an den Stab gebunden, deshalb ginge so manches Erlebnis verloren. Damit scheint er anzudeuten, dass er statt der Propaganda-Abteilung doch lieber einer Propaganda-Kompanie zugeordnet werden wolle.

Die hier dokumentierten Fälle machen deutlich, wie kompliziert das Bewerbungsverfahren für den Einsatz in den Propaganda-Kompanien war. Zum einen waren die Zuständigkeiten zwischen Oberkommando der Wehrmacht und Propaganda-Ministerium nicht grundsätzlich geklärt; vielmehr wurde entsprechend der Situation in den Kriegsgebieten nach Bedarf entschieden. Zum anderen mussten die zahlreichen Bewerbungen geprüft und die Kandidaten auf ihre Eignung hin beurteilt werden. Dabei spielte die Parteizugehörigkeit eine Rolle, war aber nicht zwingend. Die Mitgliedschaft in der SS war durchaus hilfreich. Weiterhin mussten die Kandidaten schon eine Karriere im Journalisten-Beruf vorweisen können. Schriftproben wurden eingereicht und begutachtet, ebenso Foto- und Filmberichte gesichtet. Die Entscheidung zur propagandistischen Eignung oblag dabei Ministerialrat Werner Stephan im Propaganda-Ministerium. Darüber hinaus mussten die Kriegsberichter in spe auch eine militärische Grundausbildung vorweisen. Hier kam das Oberkommando der Wehrmacht ins Spiel. Wer für die Front geeignet war, z.B. als Berichter der Luftwaffe, wurde hier entschieden. Die solchermaßen ausgebildeten Film- und Wortbe-

---

[84] Unterschrift nicht entzifferbar, Quelle: Archiv des MfS, HA IX/11, AV 10/76 Bd. 11

richter wurden gleichzeitig auch als Bordschützen eingesetzt. Das OKW entschied auch anhand der militärischen Lage, ob in bereits besetzten Gebieten nur eine Propaganda-Abteilung vonnöten war, die durch Zeitungen und Rundfunkberichte in die dortige Bevölkerung und in die Heimat hineinwirkte oder ob bei fortschreitenden Kämpfen Wort- und Bildberichter gefragt waren. Bei den Einsätzen der Luftwaffe war es zwingend, dass nur eine Person in der gleichzeitigen Funktion als Wort- und Bildberichter an Bord war, da der Platz in den Kampfflugzeugen begrenzt war.

Für die Genehmigung von Materiallieferungen, wie z.B. Druckerpapier für Frontzeitungen, war ebenfalls der Ministerialrat im Propagandaministerium zuständig.

Für die Bewerber war von Bedeutung, ob sie in einer Propaganda-Kompanie direkt am Kriegsgeschehen beteiligt sein konnten oder den Propaganda-Abteilungen in den besetzten Gebieten zugeteilt wurden. Diese hatten die Kriegsberichterstattung im Rundfunk und Presse, die „Aktivpropaganda in den Feind und in die Bevölkerung der besetzten Gebiete" und die Betreuung der Truppen vor Ort zur Aufgabe. Dazu gehörte wiederum u.a. das Engagement von Künstlern aus der Heimat, aber auch aus den besetzten Gebieten, die vor den dort stationierten Soldaten auftraten. Adolf Hitler hatte sich persönlich dafür eingesetzt, die Schauspielgruppen in den besetzten Ostgebieten entsprechend zu entlohnen.

Die Beurteilung, wer als Kriegsberichter einer Propagandakompanie zugeteilt und damit an der Front eingesetzt wurde und wer für die Propaganda in den besetzten Gebieten geeignet war, wurde im Reichsministerium für Propaganda und Volksaufklärung in Abstimmung mit dem Oberkommando der Wehrmacht entschieden.

Der Westfeldzug und die Rolle des Rundfunks

Der Westfeldzug, auch nach dem Hauptziel Frankreichfeldzug genannt, begann am 10. Mai 1939 ohne Kriegserklärung mit dem Einmarsch der Wehrmacht in den Niederlanden, Belgien und Luxemburg. Am 13. Mai wurde Lüttich erobert, am 14. Mai erfolgte ein Luftangriff auf Rotterdam. Am 15. Mai wurde die Kapitulation Hollands unterzeichnet, am 28. Mai die belgische Kapitulation. Am 4. Juni wurde Dünkirchen eingenommen – Großbritannien hatte zuvor

338 000 Briten und Franzosen evakuiert. Hier kamen die Propagandatruppen zum Einsatz, die gezielt auf die zu besetzenden Gebiete vorbereitet worden waren.

Nach Darstellung Generalmajor Hasso von Wedels, dem Befehlshaber der PK, war die deutsche Öffentlichkeit durch Bild- und Tonberichte von der Einnahme des Fort Eben Emanuel bei Lüttich bestens informiert. Auch die „Aktivpropaganda in den Feind" sei erfolgreich gewesen und hätte sich im Nachlassen der Kampffreudigkeit besonders der französischen Verbände gezeigt.

Am 14. Juni wurde Paris eingenommen und am 22. Juni der deutsch-französische Waffenstillstand bei Compiègne unterzeichnet. Der Nordosten Frankreichs und die Atlantikküste waren von der Wehrmacht besetzt, Staatschef Maréchal Pétain regierte von Vichy aus, während sich Charles de Gaulle im Londoner Exil befand.

Nach dem Abschluss des Feldzuges konnte die Berichterstaffel z.b.V. d. Ob.d.H. (zur besonderen Verwendung des Oberkommandos des Heeres) mit dem Dokumentarfilm „Der Sieg im Westen" einen die Kriegsmoral befördernden Streifen liefern.[85]

Aus dem durch militärische Erfolgsmeldungen geprägten Jahre 1940 sind nur wenige Tondokumente überliefert. Höhepunkt der Ereignisse war die Reportage vom Führerempfang nach dem siegreichen Westfeldzug am 6. Juli 1940. Der Reporter befand sich in der Wilhelmstraße und berichtete vom „gigantischen Jubel" der Massen, der dem Führer entgegenschlug. Millionen Fähnchen seien durch die Luft gewirbelt, ein Blumenteppich aus allen Gärten Berlins sei zum Empfang ausgebreitet.[86]

Parallel zum Fortschreiten des Krieges wurde der Rundfunk weiter gleichgeschaltet. Ab dem 9. Juni 1940 wurde ein in Berlin zentral produziertes Reichsprogramm gesendet; nur vormittags durften die einzelnen Anstalten noch eigene Beiträge senden. Diese Gleichschaltung war bereits bei den Olympischen Spielen 1936 vier Wochen lang erprobt worden. Im Jahre 1940 bedeutete das für die noch nicht zum Kriegsdienst eingezogenen freien Mitarbeiter der einzelnen Sender, dass sie nicht weiterbeschäftigt wurden. Zweck der Zusammenschal-

[85] Hasso von Wedel, Propagandatruppen, Kurt Vohwinckel Verlag, Neckargemünd, 1962, S. 45
[86] DRA, O-Ton-Reportage vom 6.7.1940

tung war, dass Sondermeldungen von der Front von zentraler Stelle abgesetzt werden konnten. Die Abteilung Wehrmachtspropaganda setzte sich mit der Forderung durch, einen „Heimatnachrichtendienst für die Truppe, den „Kameradschaftsdienst des Großdeutschen Rundfunks", über Mittel- und Langwelle auszustrahlen. Außerdem mussten seit dem 10. Mai 1940 alle Sender außer dem Deutschlandsender und der Sender Böhmen, Bremen, Breslau, Danzig und Königsberg das Programm um 22.15 Uhr beenden. Der Deutschlandsender durfte gar bis 3.00 Uhr senden, um der „Bevölkerung im Westen in den Luftschutzkellern Unterhaltung" zu bieten.[87]

Die wichtigste Aufgabe des Rundfunks war nunmehr, die Bevölkerung über die erreichten Kriegsziele auf dem Laufenden zu halten. Das übrige Programm bestand aus Unterhaltungssendungen, wie z.B. dem Wunschkonzert für die Wehrmacht am 27.10.1940. Gespielt wurde auf Wunsch der Soldaten „Der treue Husar", eingeleitet von Sprecher Heinz Goedecke. Goedecke war zunächst der Initiator für das „Wunschkonzert für das Winterhilfswerk"; ab 1939 zeichnete er verantwortlich für das „Wunschkonzert für die Wehrmacht". Außerdem hatte er kleine Gastrollen in Kinofilmen. Im Gegensatz zu anderen Sprechern des Reichsrundfunks blieb ihm eine Weiterbeschäftigung nach Kriegsende verwehrt.

Am 29. Mai 1940 gab es eine Sondermeldung des Oberkommandos der Wehrmacht zum englischen Rückzug bei Dünkirchen. „Das Oberkommando der Wehrmacht gibt bekannt: Die große Schlacht in Belgisch- und Französisch-Flandern geht mit der Vernichtung der dort im Kampf gestandenen englischen und französischen Armeen dem Ende entgegen. Seit gestern ist auch das englische Expeditionskorps in völliger Auflösung. Sein gesamtes unübersehbares Kriegsmaterial zurücklassend flüchtet es zum Meere. Schwimmend und auf kleinen Booten versucht der Feind, die auf Reede liegenden englischen Schiffe zu erreichen, auf die sich unsere Luftwaffe mit verheerender Wirkung stürzte."[88]

Am 14. Juni 1940 meldete sich der Großdeutsche Rundfunk, angeschlossen das Großprotektorat Böhmen und Mähren, das Generalgouvernement, die Sender Brüssel II und Luxemburg, mit folgender

---

[87] Zit. nach: Ansgar Diller, Rundfunkpolitik im III. Reich, dtv 1980, S. 376 und 378
[88] DRA, 29.5.1940

Nachricht: „Wir geben eine Sondermeldung aus dem Führerhauptquartier. Das Oberkommando der Wehrmacht gibt bekannt: der völlige Zusammenbruch der ganzen französischen Front zwischen dem Ärmelkanal und der Maginot-Linie bei Malmedy hat die ursprüngliche Absicht der französischen Führung, die Hauptstadt Frankreichs zu verteidigen, zunichte gemacht. Paris ist in Folge dessen zur offenen Stadt erklärt worden. Soeben findet der Einmarsch der erfolgreichen deutschen Truppen in Paris statt. Das OKW gibt bekannt: Der Feldzug in Frankreich hat nach einer Dauer von nur sechs Wochen mit einem unvergleichlichen Sieg geendet. Seit heute 1.35 Uhr herrscht Waffenruhe."[89]

Von Ende August bis Anfang September 1940 erfolgten die ersten Bombenangriffe der Royal Air Force auf Berlin. Am 7. September 1940 meldete sich Hermann Göring, seit Mai 1935 Oberbefehlshaber der Luftwaffe, mit einer Ansprache vom Befehlsstand an der Kanalküste. Eingeleitet von einem ehrfürchtigen Reporter, der sehr aufgeregt war, ob sich der Reichsfeldmarschall wohl dem Mikrofon nähern würde, erklärte Göring der deutschen Nation, dass es sich um einen historischen Augenblick handele. Nach den Angriffen der Engländer in den letzten Nächten auf Berlin habe der Führer den Befehl zu einem gewaltigen Vergeltungsschlag gegen die britische Hauptstadt erteilt. Er, Göring, habe die Leitung der Angriffe persönlich übernommen; zahlreiche deutsche Zerstörergeschwader hätten ihr Ziel erreicht. Zum ersten Mal sei die deutsche Luftwaffe im Herzen des Feindes.

In dieser Reportage kommt auch ein Kriegsberichter zu Wort, der sich an Bord eines Kampfjets der Luftwaffe befand. Er schildert in euphorischer Manier, wie seine Maschine in Richtung Heimat abdreht, aber auf dem Weg noch ein englisches Flugzeug bombardieren konnte. Man hört Maschinengewehrsalven, dann eine Explosion. Der englische Kampfjet sei brennend zu Boden gesunken. Stürme und Kälte seien keine Hindernisse, wenn es gegen England ginge.

Im Juni 1940 waren Maschinen der deutschen Luftwaffe im Anflug auf die Maginot-Linie. Dieses aus Bunkern bestehende Verteidigungssystem erstreckte sich über tausend Kilometer und stellte entlang der

---

[89] DRA, 14.6.1940

französischen Grenze eine Befestigung zu Belgien und Luxemburg dar.

Die Festungsstadt Maubeuge war am 23. Mai durch die Wehrmacht eingenommen worden. Toul, eine Kleinstadt in der Nähe von Nancy, die einen Militärflugplatz aufwies, wurde im Juni 1940 von der Wehrmacht belagert.

In der Reihe „PK-Berichte" vom Juni 1940 hörte sich das folgendermaßen an: Sprecher: „Sie hören: Frontberichte der Propaganda-Kompanien": Kriegsberichter: „Ich hatte den Befehl, mit einer Stuka-Gruppe, der ich zugeteilt wurde, einen Einsatz zu fliegen zwecks Bombardierung einer vorausmaschierenden Panzerwagenkolonne. Wir überflogen Maubeuge, weit davor lag der Wald, es war bei Longueville... und von Ferne sah man schon die Straßen durch den Wald, vollgepfropft mit Panzern. Unser Flugzeugführer kreiste einige Male über den Panzern, und ich gab ihm durch das *FC-Gerät* die Frage, warum er noch nicht abwerfe.... . Er flog noch einige Male an, beschoß sie mit MG's und dann ertönte das Wort auf einmal: „Achtung, ich lasse ab!" Von rückwärts war das Bild ganz grauenvoll. Die Bombe platzte nach 60 Sekunden, die Panzer flogen durch die Luft, es war ein ungeheures Bild. Wunderbar!" Sprecher: „Und dieses Bild haben Sie wahrscheinlich schon in den Wochenschauen gesehen, dasselbe Bild, in der Presse und in den Wochenschauen der Lichtspielhäuser sehen, spüren Sie auch in den Wortberichten unserer Zeitungen und Zeitschriften. Hören Sie einen Presseberichter, der gerade von einem Erkundungsflug zurückkommt:" O-Ton Kriegsberichter: „Ja, es war ein sehr großes Erlebnis, diesen Frontflug mitmachen zu dürfen. Der Staffelkapitän der Aufklärerstaffel erklärte sich sofort bereit, mich als Kriegsberichter auf diesem Flug mitzunehmen. Aufgabe dieses Fluges war, einen neuen Flugplatz zu erkunden. Weil die Aufklärerstaffel den vorwärtsstürmenden Panzern folgen mußte und nun auch in vorderster Front wieder eingesetzt werden sollte. ... Nach wenigen Minuten schon befanden wir uns in 500 Metern Höhe, wir hatten von hier oben einen wundervollen Blick auf das Land unter uns und konnten nun bald sehen, wie der Krieg das Land hier gezeichnet hat. Auf den Straßen sehen wir die deutschen Nachschubkolonnen, Munitionskolonnen, Transportkolonnen, und ihnen entgegen kam der lange Strom der französischen Flüchtlinge."[90]

Eine weitere Aufnahme in der Zusammenstellung der PK-Berichte schildert die Eindrücke des Berichters beim Anflug auf die französische Stadt Toul und ihre Festung. „Wir greifen Toul an! Mit diesen Worten begann unser Staffelkapitän Hauptmann Hass die Einsatzbesprechung. Die zweite Kette hat die Aufgabe, das Fort zu vernichten und wir gehören zur zweiten Kette... . Und schon befinden uns über Feindesland. Unser Kampfflugzeug braust im Tiefflug über Feindesland. Wir haben vor einigen Minuten den Rhein überflogen, und nun befinden wir uns über Feindesland, unter uns zerstörte Brücken und Eisenbahnen, ganz deutlich sehen wir die Zerstörung der deutschen Bomben. Deutsche Truppen grüßen herauf, es sind Infanteristen, ganz deutlich erkennen wir die einzelnen Züge, die Kompanien, ein ganzes Bataillon, auf einer Straße links und rechts Bombentrichter. Im Augenblick hören wir den Kommandanten unseres Flugzeugs, er wendet sich an den Flugzeugführer, er gibt ein Kommando über das Mikrofon: Etwas höher gehen! Etwa zehn Flugminuten trennen uns von Toul, der starken französischen Festung."[91]

Die Festungsstadt Maubeuge war am 23. Mai durch die Wehrmacht eingenommen worden. Toul, eine Kleinstadt in der Nähe von Nancy, die einen Militärflugplatz aufwies, wurde im Juni 1940 von der Wehrmacht belagert.

Die perfekte Inszenierung des Kriegsgeschehens, wie hier vom Sprecher erwähnt, funktionierte über die Gleichzeitigkeit der Bilder in Film und Foto sowie die eindrücklichen Schilderungen der Geschehnisse im Rundfunk. Rundfunk und Presse hatten die größte Reichweite; wer die Gelegenheit hatte, ins Kino zu gehen, konnte dazu noch die laufenden Bilder sehen. Die Kriegsberichter waren je nach Einsatz mit Fotoapparaten der Firma Leica, Kameras der Firma Arriflex oder UHER-Tonaufnahmegeräten ausgestattet.

Die „Deutsche Wochenschau" unter der Leitung des Propagandaministeriums wurde seit 1940 von der Universum Film AG, kurz Ufa produziert und lief als Vorfilm in den Lichtspielhäusern. Noch im Jahre 1945 gingen wöchentlich 20.000 Meter belichteten Filmmateri-

---

[90] DRA, Zusammenfassung PK-Berichte vom Juni 1940
[91] Ebd.

als in Berlin ein, welche von 85 Filmberichtern des Heeres, 42 Filmberichtern der Marine, 46 Filmberichtern der Luftwaffe und 46 Filmberichtern der Waffen-SS geliefert wurden.

Die von den Kriegsberichtern vor Ort entwickelten Filme wurden
nach Überprüfung durch das OKW nach Berlin gesandt und dort
dem Reichsministerium für Propaganda und Volksaufklärung zur
Abnahme vorgelegt. Auch Propagandafilme mussten dem R.M.V.P.
zur Begutachtung vorgelegt werden. Am 1. Juli 1942 schrieb der SS-
Sonderführer Hans Meyer an den Oberregierungsrat Dr. Taubert im
Referat Ostraum: „Sehr geehrter Herr Dr. Taubert! In der Anlage
überreiche ich Ihnen den Entwurf zu einem Propagandafilm, um dessen Prüfung ich bitte. Erst heute erhielt ich Ihr Rundschreiben (Ost
2281/51-18,3) zur Agrarreform. Dieser Brief trug den Poststempel
vom 3.6. und den handschriftlichen Vermerk ‚über SS-Hauptamt,
Berlin W 35, Lützowstr. 47/48'. Hierauf ist wohl die verspätete Zu-
stellung zurückzuführen; denn das SS-Hauptamt hat mit uns nichts zu
tun. Es kommt hier nur das Reichssicherheitshauptamt in der Prinz-
Albrecht-Straße in Frage, das übrigens jetzt einen laufenden Kurier-
dienst eingerichtet hat. Heil Hitler! "[92]

Jener Dr. Erwin Taubert tauchte nach dem Krieg unter. Unter dem
Decknamen Erwin Kohl arbeitete er zunächst für den britischen und
amerikanischen Geheimdienst. Im August 1950 wurde er Mitbegrün-
der und Generalsekretär des Volksbundes für Frieden und Freiheit
e.V. in Hamburg. Von diesem Amt musste er allerdings 1955 nach
Protesten von jüdischer Seite zurücktreten. 1958 schaffte er es dann
in das Amt eines Beraters des Verteidigungsministeriums im Bereich
„Psychologische Kampfführung". Zudem veröffentlichte er in der
„Deutschen Nationalzeitung". 1972 wurde ihm das große Verdienst-
kreuz der Bundesrepublik Deutschland verliehen.

Der Westfeldzug musste auch über Deutschland hinaus propagandistisch begleitet werden. Auch hier spielte der Rundfunk eine wichtige
Rolle. So sollte die Führer-Rede am 4. Mai 1941 in die den Deutschen
im Krieg beigetretenen Länder übertragen werden. Verantwortlich für
die Aufzeichnung und Ausstrahlung war der spätere Bundeskanzler
Kurt-Georg Kiesinger, seines Zeichens damals stellvertretender Leiter
der Rundfunkpolitischen Abteilung, der Verbindungsstelle zum Pro-

---

[92] Quelle: Archiv des MfS, Akte HA IX/11, AV 10/76, Bd. 13

paganda-Ministerium. An die Übertragung der Rede waren in Europa die Sender in Italien, Finnland, Dänemark, Slowakei, Ungarn und Rumänien und in Übersee die Sender Argentinien und Uruguays angeschlossen. Nach Nord- und Südamerika wurde die ganze Rede mit eingeblendeter Übersetzung in englischer und spanischer Sprache übertragen. Im Anschluss an die Rede wurden 30-Minuten-Resumés in italienischer, englischer, französischer und spanischer Sprache in die betreffenden Länder ausgestrahlt. Außerdem lief ein 15-Minuten-Resumé nach Kanada und in holländischer Sprache nach Ostasien.[93]

Eine Aufzeichnung dieser Rede liegt im Deutschen Rundfunk-Archiv nicht vor; lediglich eine Wiedergabe des Inhalts innerhalb des OKW-Berichts vom 5.5.1941.[94] Dort heißt es, der Führer habe in seiner Rede im Reichstag den Verbündeten, namentlich den Italienern, den Bulgaren und den Ungarn für ihre Unterstützung gedankt. Die Achsenmächte seien militärisch überlegen und verpflichtet, den Vorsprung zu halten und möglichst auszubauen. Insbesondere die Italiener wurden hervorgehoben. Dies sei laut OKW-Bericht auf dortige Begeisterung gestoßen. Zur militärischen Lage selbst gab es Erfolgsmeldungen. Die Werften der britischen Kriegsmarine seien bombardiert, Rüstungswerke und die Hafenanlage in Plymouth seien getroffen worden. Vier Handelsschiffe und ein Zerstörer seien versenkt worden. In Nordafrika habe man bei Tobruk britische Gegenangriffe zerschlagen. In Athen habe es eine Parade deutscher und italienischer Truppen gegeben. Im Reichsgebiet seien weder bei Tag noch bei Nacht Kampfhandlungen zu verzeichnen.

Vom Winterhilfswerk zum Kriegswinterhilfswerk

Eine der identitätsstiftenden Aktionen der Nationalsozialisten war die organisierte Winterhilfe, die von Adolf Hitler am 13. September 1933 ins Leben gerufen wurde. Im Kern bestand sie aus der Sammlung von Kleider-, Lebensmittel- und Geldspenden; Hilfsbedürftige konnten über bezirkliche Stellen Gutscheine für Kohlen, Kartoffeln und andere Lebensmittel sowie Kleidung beantragen. Die Solidarität der Schichten, die vom Mangel noch nicht betroffen waren, kam am propagandistisch wirkungsvollsten in den „Eintopfsonntagen" zum Aus-

---

93 Ebd.
94 DRA, Rundfunkaufzeichnung vom 5.5.41

druck, bei denen am Sonntagsmahl gespart und der Überschuss direkt an das Winterhilfswerk abgeführt wurde. In den Jahren 1933/34, 1934/35 und 1935/36 bewegte sich das Spendenaufkommen unter 400 Mio. Reichsmark, konnte dann aber in den darauffolgenden Jahren, insbesondere mit Beginn des II. Weltkrieges, deutlich gesteigert werden. In den Kriegsjahren 1942/43 belief sich die Summe auf über 1500 Mio. Reichsmark[95]. Im September 1939 war das Winterhilfswerk zum Kriegswinterhilfswerk geworden.

Analog zum Kriegsgeschehen lief die Propagandamaschinerie im Deutschen Reich selbst auf vollen Touren. Welche propagandistische Bedeutung das Winterhilfswerk und insbesondere das Kriegswinterhilfswerk für die Nationalsozialisten hatte, lässt sich an diversen Reden Goebbels ablesen, in denen dieses Thema immer wieder aufgegriffen wurde. Selbstverständlich wurden diese Reden – allerdings zeitversetzt – im Rundfunk übertragen, so z.B. die Rede auf der Großkundgebung des Gaues Berlin der NSDAP mit dem Rechenschaftsbericht des Kriegswinterhilfswerks 1939/40, gehalten im Berliner Sportpalast am 17.4.1940.[96] In diesem Rechenschaftsbericht rekurriert er auf die soziale Einheit des Volkes als „bestes und notwendigstes Unterpfand für den kommenden Sieg"[97]. „Wo gäbe es nun ... ein beredteres und leuchtenderes Zeugnis für diese soziale Einheit als im Winterhilfswerk, jenem Winterhilfswerk, das wir vom Jahre 1933 an mit stets steigendem Erfolg durchgeführt haben und das vielleicht überhaupt das überzeugendste Dokument unseres modernen sozialen Aufbauwillens darstellt... ."[98] Hervorgegangen aus dem 1933 begründeten Winterhilfswerk, konnte man nach sieben Jahren, so Goebbels, den Eingang von über drei Milliarden Mark an Spenden verzeichnen. Dies sei ein Sieg über das kapitalistische System: „So stellen wir also mit Befriedigung fest, dass das deutsche Volk, von den Rohstoffen und Reichtümern der Welt fast gänzlich abgeschnitten, ohne Kolo-

[95] Zahlen aus: „Winterhilfswerk des Deutschen Volkes", Wikipedia-Eintrag gesehen am 18.2.13 22.45 Uhr, diese wiederum als Quellenangabe: Rechenschaftsberichte hrsg. vom Reichsbeauftragten für das WHW

[96] DRA vom 17.4.1940

[97] Rede Joseph Goebbels am 17.4.1940 im Berliner Sportpalast, Großkundgebung des Gaues Berlin der NSDAP mit dem Rechenschaftsbericht des Kriegswinterhilfswerkes 1939/40 DRA-Archive Rede Nr. 3, S. 19

[98] Ebd.

nien, ohne Goldvorrat und ohne Devisen, in der Lage gewesen ist, im Verlauf einer siebenjährigen nationalsozialistischen Aufbauarbeit einen großen Teil jener sozialer Fragen zu lösen, an denen England und Frankreich heute krankt und die es unter der Tyrannei dieser kapitalistischen Plutokratie wahrscheinlich überhaupt niemals wird lösen können."[99]

Nachdem Goebbels zunächst ausführte, dass der Krieg nicht gewollt war, man aber auf einen solchen vorbereitet gewesen sei, weil absehbar gewesen wäre, dass die englisch-französischen Plutokraten ein Wiedererstarken des Deutschen Reiches nicht dulden und stattdessen aufs Neue mit Krieg überziehen würde, kommt er auf die Bedeutung der sozialen Einheit für das deutsche Volk zu sprechen. „Wir haben im Vertrauen auf unser Volk an die soziale Hilfsbereitschaft eben dieses Volkes appelliert, – im festen Glauben daran, dass eine siebenjährige nationalsozialistische Erziehungsarbeit das deutsche Volk zu der Erkenntnis gebracht hätte, dass es gerade in so schwierigen und ernsten Zeiten, wie sie der Krieg nun einmal mit sich zu bringen pflegt, notwendig sei, den inneren Zusammenhalt zu stärken und, wo es überhaupt nur möglich erscheine, sozialen Übelständen zu Leibe zu rücken und sie auch zu beseitigen."[100]

Das deutsche Volk habe seiner ständig sich steigernden Hilfsbereitschaft gerade im Kriegswinterhilfswerk Ausdruck gegeben. "Wenn Kenner der deutschen Volksseele mehr und mehr dazu übergegangen sind, in den Ergebnissen des Winterhilfswerks eine Art von sozialer Volksabstimmung zu erblicken, so können wir heute mit Beglückung feststellen, dass diese soziale Volksabstimmung ein Zeugnis für die Verbundenheit des deutschen Volkes mit dem Führer und dem nationalsozialistischen Regime abgelegt hat, das Herrn Chamberlain endgültig die Laune verderben müßte, das deutsche Volk vom Hitlerismus zu befreien."[101]

Goebbels hebt nochmals hervor, dass es sich um Spenden, also freiwillige Gaben handelt und es nicht in Frage gekommen wäre, diese Gelder auf dem Steuerwege einzutreiben. Dann kommt er zur Verkündigung der Ergebnisse: das Gesamtaufkommen des 1. Kriegswin-

---

[99] Ebd., S. 20
[100] Ebd., S. 21
[101] Ebd., S. 21

terhilfswerks 1939/40 belief sich auf 602 Millionen Reichsmark (zum Vergleich: im Jahr davor waren es 566 Millionen Euro). Dabei war zu berücksichtigen, dass der Anteil der Sachspenden im Kriegswinterhilfswerk geringer war als im Winterhilfswerk. Summa summarum betrug der Erlös der beiden Hilfswerke drei Milliarden Reichsmark.

Nun kommt Goebbels auf England zu sprechen. Dort hatte das Rote Kreuz von Kriegsausbruch an bis zum April 1940 eine Millionen Pfund gesammelt – seiner Meinung nach ein vergleichsweise geringer Betrag über einen längeren Zeitraum. Im Dezember 1939 habe dort eine Sammlung für notleidende englische See-Offiziere und -Mannschaften stattgefunden, die eine Summe von 170 000 Mark erbracht habe – den gleichen Beitrag hätten die Leipziger am 5. Opfersonntag gespendet. Anschließend geht es um den Verwendungszweck der Spenden. Der größere Teil des Geldes solle für die wichtigen Aufgaben der Volkspflege verwendet werden, darunter allein für das Hilfswerk „Mutter und Kind" 311 Millionen Reichsmark. Hier spielt er nochmals auf die Bedeutung der Nachkommen im Nationalsozialismus an. Das „Mutterkreuz" war ja am 16. Dezember 1938 per Verordnung von Adolf Hitler gestiftet worden. Vier bis fünf Kinder erbrachten das Mutterkreuz in Bronze, sechs bis sieben Kinder dasjenige in Silber und ab acht Kindern gab es das Kreuz in Gold. Zahlreicher Nachwuchs, um ein junges Volk zu generieren, war ein erklärtes Ziel des Nationalsozialismus. In Hinblick auf den Krieg war dies umso bedeutsamer, als man Nachschub an wehrfähigen Männern brauchte.

Im Folgenden führt Goebbels aus, wie die Spenden akquiriert wurden. So wurden 115 Millionen Reichsmark durch „Opfer von Lohn und Gehalt", also regelmäßige Abzüge vom Konto – entsprechend einer Einzugsermächtigung – dargebracht. Die Ergebnisse der Reichsstraßensammlungen beliefen sich auf 82 Millionen. Der „Tag der deutschen Polizei" brachte siebzehn Millionen Reichsmark ein, der „Tag der Wehrmacht" siebzehneinhalb Millionen. Die „Opfersonntage", die sich auf achtzig Millionen bezifferten, hatten allerdings zur Folge, dass es in der Woche überwiegend Eintopf zu essen gab.

Nach einer Danksagung an das deutsche Volk muss Goebbels dann aber eingestehen, dass es an ständigen Helfern mangelt. Viele derer, die zuvor im sozialen Bereich engagiert waren, wurden nun zum Dienst an der Waffe verpflichtet. Im Jahre 1938/39 standen noch

1.185.000 Helfer zur Verfügung, im ersten Kriegswinter nur noch eine Million.

Die Produktion und der Verkauf von Sammelabzeichen stiegen hingegen; im Kriegswinter 1939/40 waren 264 Millionen WHW-Abzeichen unters Volk gebracht worden.

Nun wurde den Zuhörern im Sportpalast und an den Volksempfängern noch dargelegt, warum das Winterhilfswerk auch das ganze Jahr über fortgeführt werden müsse – in Friedenszeiten seien die Sammlungen ja dazu bestimmt gewesen, soziale Härten in den Wintermonaten zu lindern, nun aber, mit Ausbruch des Krieges, würde erhöhte Opferbereitschaft an der Front und in der Heimat verlangt. Auf Befehl des Führers, so Goebbels, würde nun auch im Sommer das Deutsche Rote Kreuz bis zum September 1940 die Organisation des Winterhilfswerks übernehmen.

Dann hebt Goebbels nochmals auf den I. Weltkrieg ab und verlangt, dass das deutsche Volk nun nicht hinter dem zurückbleiben dürfe, was das Deutsche Rote Kreuz in eben diesem Krieg an Opfern dargebracht habe. Damals seien bei den Sammlungen für Verwundete und an der Ruhr Erkrankte eine Milliarde Mark zusammengekommen.

Die Aufwendungen des Deutschen Roten Kreuzes seien bestimmt für Pflegekosten für Verwundete, die Verpflegung von Wehrmachtsangehörigen, den Unterhalt von Soldatenheimen, Aus- und Fortbildung, Einsatz im Luftschutz sowie Betreuung von Kriegsgefangenen. Das Deutsche Rote Kreuz stand demzufolge fast ausschließlich im Dienste der Kriegsführung.

Um die Mittel herbeizuschaffen, setzte Goebbels ausschließlich auf freiwillige Spenden und betonte, dass das nationalsozialistische Deutschland es sich verbitten würde, dazu durch Gesetz gezwungen zu werden. Dies wäre der Dank der Heimat an die Front. Davon könnten sich die Soldaten, die diese Rede im Rundfunk verfolgen, ein Bild machen.

Hier verknüpft Goebbels wiederum sehr geschickt den patriotischen Appell an die Spendenbereitschaft der Deutschen in der Heimat mit dem Durchhaltewillen der Soldaten an der Front. Dabei behilflich und unerlässlich: der Rundfunk als Transmissionsriemen.

Front und Heimat im Gleichschritt

Die Verbindung zwischen Front und Heimat aufrechtzuerhalten, war eine vordringliche Aufgabe. Sie geschah auf mehreren Ebenen; zunächst war es wichtig, den Soldaten an der Front den Kontakt zu ihren Angehörigen zu ermöglichen. Dafür war die Feldpost ein Mittel. In einer Rundfunksendung im Dezember 1941 wurde der Brief eines Soldaten an seine Mutter verlesen. Darin bedauert der Soldat, keinen Urlaub bekommen zu haben und Weihnachten nicht mit der Familie feiern zu können. Der Kameradschaftsdienst des Großdeutschen Rundfunks brachte solcherlei Nachrichten:

Unter der Feldpost-Nummer 35/550 wurden dem Gefreiten Helmut Damm Grüße ausgerichtet und die schlechte Nachricht überbracht, dass es dem Kind nicht gut gehe. Den Soldaten Wilhelm Frenzen erreichten über die Feldpostnummer 35/851 liebe Grüße der Familie. Auch die Suche nach vermissten Soldaten lief über den Rundfunk; die Luftwaffe suchte auf diesem Wege den Kameraden Feldwebel Heinrich Betzner, der zuletzt am 28. August 1940 gesehen worden war.[102]

In der Sendung „Feldpostnummer 12 000", die am 9.2.1944 ausgestrahlt wurde, sprachen der Kriegsberichter Wolfgang Brobeil und Prof. Dietrich vom Reichsministerium für Rüstung und Kriegsproduktion über die Möglichkeiten, Verbesserungsvorschläge anzubringen. Es sei ein einfacher Weg, über die Feldpostnummer 12 000 diese schriftlich einzureichen. Gewünscht seien Hinweise auf Mängel an Waffen und Geräten; je zahlreicher die Einsendungen, desto wahrscheinlicher sei es, dass die Front-erfahrenen Ingenieure im Ministerium sich damit befassten. Sollte es sich sogar um Erfindungen neuer Waffen handeln, sollten diese zunächst dem Erfinderbetreuer, den jede Division habe, vorgestellt werden. Fahrzeuge, Ausrüstung und Bekleidung seien ebenfalls ein Thema; z.B. wenn es um Materialersparnis oder zweckmäßige Tarnung ginge. Einsendungen aus der Heimat seien ebenfalls erwünscht. Brauchbare Einreichungen erhielten ein Dankesschreiben von Rüstungsminister Speer, eventuell auch eine Geldprämie oder Sonderurlaub.[103]

Kriegsberichter Wolfgang Brobeil war ab 1937 beim Reichssender Saarbrücken Zeitfunk-Reporter. Ab 1940 wurde er für den Reichs-

---

[102] DRA, Sammelband vom Dezember 1941
[103] DRA, Sendung vom 9.2.1944

sender Berlin als Kriegsberichter eingesetzt. 1945 geriet er in französische Kriegsgefangenschaft, aus der er drei Jahre später entlassen wurde. So konnte er ab dem 1. September 1948 den Aufbau der Zeitfunk-Abteilung des Südwestfunks betreuen. Vom 1. April 1949 an war er dort Leiter der Abteilung Aktuelles. 1962 wechselte er auf Betreiben von Karl Holzamer zum ZDF. Es ist anzunehmen, dass die beiden sich aus der gemeinsamen Zeit in der Propagandakompanie kannten. Er stieg zum Hauptabteilungsleiter Kultur und zum stellvertretenden Programmdirektor auf und hatte diese Funktionen bis zu seiner Pensionierung im Jahre 1975 inne.

Interessant an der Sendung "Feldpostnummer 12 000" ist zum einen der Zeitpunkt. In dieser Phase des Krieges, die mit einer Winteroffensive der Sowjettruppen am 24. Dezember 1943 gegen die deutsche Heeresgruppe Süd unter General Erich von Manstein bei Kiew begonnen und sich gegen den gesamten Südabschnitt der Ostfront ausgedehnt hatte, hatte die Wehrmacht wenig entgegenzusetzen. Vielmehr konnte sie nur kurzfristig einzelne Stellungen gegen die vorrückenden sowjetischen Panzerverbände verteidigen. Insofern ist es erstaunlich, dass dem Landser an der Front vorgegaukelt wurde, Vorschläge, deren Umsetzung mit Bestimmtheit eine Weile dauern würden, könnten die Situation an der Front zum Positiven wenden. Aus Erinnerungen von Kriegsberichtern wie Georg Schmidt-Scheeder geht hervor, dass der Mangel insbesondere an geeigneter Bekleidung für den harten Winter immens war: „Die Front war zum Stehen gekommen. Alles war zu Eis erstarrt, die Gräben, das Wasser in den Deckungslöchern, in denen unsere Landser mit ihren dünnen Tuchmänteln lagen und sich notdürftig mit weißen Stofffetzen zu tarnen versuchten, als der erste Schnee fiel."[104] Hingegen waren die Sowjetsoldaten, die an kalte Winter gewöhnt waren, entsprechend ausgerüstet. Sie verfügten über dicke wattierte Mäntel und Filzstiefel. Im Februar 1944 hätte es großer Anstrengungen bedurft, die teils schon im Stellungskrieg befindlichen Truppen noch mit funktioneller Kleidung zu versorgen.

Was die Aufforderung anbelangt, waffentechnische Verbesserungsvorschläge einzureichen, so erreichte die Rüstungsproduktion unter Albert Speer 1944 zwar nochmals einen Aufschwung, sie war aber an

---

[104] Georg Schmidt-Scheeder, Reporter der Hölle, Motorbuch Verlag 1990, S. 242

Produktionskapazitäten gebunden und konnte mit Sicherheit nicht jeden noch so gut gemeinten Vorschlag eines Landsers in die Tat umsetzen. Hier scheint also die Einbindung der Front sowie der Heimat eine eher psychologische Rolle gespielt zu haben. An der Front und in der Heimat hoffte man zu diesem Zeitpunkt noch auf eine „Wunderwaffe", die das Kriegsgeschehen zugunsten der Wehrmacht hätte wenden können.

Ein weiteres wichtiges Bindeglied der Front zur Heimat war das Wunschkonzert. Im Wunschkonzert für die Wehrmacht, wie es am 27.10.1940 ausgestrahlt wurde, wurde das Lied „Ein treuer Husar" zum Besten gegeben.[105] Am 18.5.1941 gab es, ebenfalls unter dem Titel „Wunschkonzert für die Wehrmacht", eine etwas anders geartete Sendung. Nach der launigen Einführung durch den Reporter, der reimte: „Soldaten wünschen sich eine Extra-Wurst – das Wunschkonzert tut ihnen den Willen und wird die Wünsche gleich erfüllen", erklingt zunächst das Läuten der Olympia-Glocke. 500 Reichsmark waren hierfür gespendet worden. Das Kartoffelsuppen-Signal wurde für eine Spende von 60 RM eingespielt. Sodann war ein brüllender Bär zu hören. Für dieses Geräusch des Wappentiers der Bären-Division waren 1113 RM beim Sender eingegangen. Dann folgte noch ein Hühner-Gezeter für 405,30 RM und ein Löwen-Gebrüll, welches eine Batterie ihrem Spieß widmete.[106]

Eine weitere Institution war das „Deutsche Volkskonzert". Goebbels hatte den Auftrag gegeben, eine musikalische Sendung zu entwickeln, die nicht nur für die Wehrmacht, sondern für das ganze deutsche Volk bestimmt sein sollte. Ebenso wie das „Wunschkonzert" sollte es eine Verbindung zwischen Front und Heimat herstellen. Die erste Sendung lief am 19. Mai 1940. Es war erfolgversprechend, die Ausstrahlung am Sonntag Mittag zu platzieren, wenn die ganze Familie vor dem Rundfunkempfänger saß und an der Front womöglich gerade Feuerpause war. Das Angebot bestand aus leichter Unterhaltungsmusik und immer wieder eingestreuten militärischen Erfolgsmeldungen. Eine vollständige Sendung ist im Deutschen Rundfunkarchiv nicht erhalten, lediglich die Absage der Rundfunksendung „Deutsches Volkskonzert" vom August 1940.

---

[105] DRA, Sendung vom 27.10.1940
[106] DRA, Sendung vom 18.05.1941

Nach einem kurzen Musikstück – ein fröhlich intoniertes „Bomben auf Engeland" – verabschiedete sich der Sprecher von den Zuhörern im Deutschen Reich, in Norwegen, Flandern und den Sendern in den besetzten französischen Gebieten. Er dankte den Mitwirkenden, der Rundfunkspielschar der Hitlerjugend Berlin, den Chören mit Orchester unter der Leitung von Hans Steinhoff, dem Co-Direktor Prof. Hermann Lödicke, dem Solisten, Kammersänger Georg Kramm, und dem Toningenieur Heinrich Keilholz.[107] Heinrich Keilholz war ursprünglich Aufnahmeleiter bei der Deutschen Grammophon. Nach dem Kriege machte er sich als Raumakustiker und Bühnentechniker einen Namen und gestaltete als solcher unter anderem den Zuschauerraum des Großen Festspielhauses in Salzburg.

Ein weiterer wichtiger Faktor der Verbindung zwischen Front und Heimat waren die Nachrichten. Die Nachrichten die militärische Lage betreffend wurden vom Oberkommando der Wehrmacht herausgegeben und entsprechend von propagandistischen Maßnahmen aus dem Propaganda-Ministerium flankiert. Exemplarisch sind hier die Veröffentlichungen zur Niederlage von Stalingrad zu nennen.

Der OKW-Bericht zum Kampf um Stalingrad wurde mit der Russland-Fanfare der Deutschen Wochenschau eröffnet. Dann verlas der Sprecher folgenden Text: „Aus dem Führerhauptquartier, 3. Februar 1943. Das Oberkommando der Wehrmacht gibt bekannt: Der Kampf um Stalingrad ist zu Ende. Ihrem Fahneneid getreu ist die 6. Armee unter der vorbildlichen Führung des Generalfeldmarschalls Paulus der Übermacht des Feindes und der Ungunst der Verhältnisse erlegen. Ihr Schicksal wird von einer Flak-Division der deutschen Luftwaffe, zwei rumänischen Divisionen und einem kroatischen Regiment geteilt, die in treuer Waffenbrüderschaft mit den Kameraden des deutschen Heeres ihre Pflicht bis zum Äußersten getan haben. Unter der Hakenkreuzflagge, die auf der höchsten Ruine von Stalingrad weithin sichtbar gehisst wurde, vollzog sich der letzte Kampf. Generale, Offiziere, Unteroffiziere und Mannschaften fochten Schulter an Schulter bis zur letzten Patrone. Das Opfer der Armee war nicht umsonst – sie starben, damit Deutschland lebe!"[108]

---

[107] DRA, Absage der Rundfunksendung "Deutsches Volkskonzert, August 1940
[108] DRA, OKW-Bericht zum Kampf um Stalingrad, 3.2.1943

Vier Tage Nationaltrauer wurden angeordnet, Zeitungen erschienen mit schwarzem Trauerrand, Kinos und Vergnügungsstätten wurden geschlossen.

Am 18. Februar 1943 reagierte das Propaganda-Ministerium auf die Niederlage mit einer Durchhalte-Rede von Joseph Goebbels im Berliner Sportpalast. Diese Rede, die im Rundfunk übertragen wurde, hatte zum Ziel, die Moral der noch kämpfenden Truppen zu stärken und sie der Unterstützung aus der Heimat zu versichern. Das deutsche Volk sollte trotz der Niederlage zuversichtlich gestimmt und zu weiteren Opfern bewegt werden.

Die 76 Minuten lange Rede war ein demagogisches Meisterstück.[109] Es war ein Risiko, das erste Mal eine militärische Niederlage weder zu verheimlichen noch zu beschönigen, sondern sie in aller Dramatik zu schildern und daraus die Konsequenz zu ziehen, dass der Kampf jetzt erst recht geführt werden müsse. Dieser Krieg, nunmehr ein „totaler und radikalerer, als wir alle uns vorstellen können", sollte zeigen, dass das deutsche Volk den Glauben an den Sieg nicht verloren habe. Die Rede endete mit der Parole „Nun Volk, steh' auf, und Sturm, brich los!"

Unter den Zehntausend Zuhörern im Sportpalast brach in der Tat ein Sturm der Begeisterung und Akklamation aus. Für die Soldaten an der Front bedeutete dies zwar eine moralische Unterstützung, aber keine Wendung im Kriegsverlauf, der weitere militärische Niederlagen mit sich brachte. Am 13. Mai 1943 musste das Afrika-Korps in Tunesien kapitulieren. Am 24. Mai endete die Schlacht im Atlantik, Admiral Karl Dönitz beendete die Kämpfe aufgrund hoher Verluste. Die größte Panzerschlacht des Krieges, das Unternehmen „Zitadelle", das zum Ziel hatte, Teile der Roten Armee am Kursker Bogen einzuschließen, endete am 13. Juli 1943 erfolglos. Am 17. Juli 1943 begann die Sommeroffensive der Roten Armee. Am selben Tage hielt Joseph Goebbels eine Rede zur Nachrichtenpolitik, die ebenfalls im Rundfunk übertragen wurde. Hier versuchte er, die militärischen Niederlagen zu verschleiern. Die reine, klare Wahrheit über das Geschehen wisse niemand, weil niemand in die Kriegsmaschinerie hineinschauen könne. Jahrzehnte nach dem Kriege würde man es erst erfahren. Führende aus dem militärischen, wirtschaftlichen oder politischen Bereich

---

[109] DRA, "Wollt Ihr den totalen Krieg?", 18.02.1943

wüssten mehr als die breiten Massen. Goebbels zog einen Vergleich zu den Motorrennen auf der AVUS. Die Massen auf der Tribüne könnten nicht in das technische Werk der Konstrukteure und Ingenieure hineinschauen, nur sie wüssten Bescheid, und dies sei bei der Kriegsmaschinerie genauso.[110]

Parallelität von Kriegsverlauf und Propaganda

Der Beginn des Bombenkriegs auf deutsche Städte und andere zivile Ziele brachte nochmals einen Kurswechsel in der Propaganda mit sich. Die Jahre 1943 bis 1945 waren von militärischen und ideologischen Rückzugsgefechten geprägt. Die wenigen erhaltenen Nachrichtensendungen aus dieser Zeit, herausgegeben vom Oberkommando der Wehrmacht, verschwiegen oder beschönigten den Verlauf des Krieges.

In der Nacht vom 24. zum 25.7.1943 wurde Hamburg von den Alliierten bombardiert; in den Nachrichten des OKW an diesen Tagen wurde allerdings nur über Kämpfe in Italien berichtet. Auf Sizilien seien die Nordamerikaner in die Verteidigungslinie eingebrochen, wären aber zurückgedrängt worden. Der Feind hätte vergeblich versucht, Kreta anzugreifen. Der Sprecher gab seiner Empörung über den Luftangriff auf den Vatikan zum Ausdruck. Am 19. Juli 1943 hatten die Alliierten Rom bombardiert.[111]

Auch die Kriegsberichter waren angehalten, nur Erfolgsmeldungen zu verbreiten. So vermerkte Georg Schmidt-Scheeder in seinen Erinnerungen zu einem Zeitpunkt, als es den Sowjets gelang, die Front an der Wolchow (Offensive der Roten Armee vom 7. Januar bis 30. April 1942, Anm.d.Verf.) aufzubrechen: „Aber Berichte von Rückzügen sind unerwünscht! So bildet sich aus der Situation heraus ein neuer Stil der Berichterstattung: Die Wortberichter verlegen sich auf Schilderungen hervorragender Taten von Einzelkämpfern. Die Bildberichter entdecken die Großaufnahmen von Landsergesichtern: Bärtig, verdreckt, grimmig, verbissen zeigen sie das Antlitz des Frontkämpfers, in dem sich die Härte des Kampfes spiegelt. Mit dem Teleobjektiv, das den Hintergrund unscharf werden läßt, entstehen an vorderster Front ‚Porträts', die in ihrer schonungslosen Realität von ergrei-

---

[110] Goebbels zur Nachrichtenpolitik, DRA vom 17.07.1943
[111] DRA, Nachrichten vom 24. und 25.7.1943

fender Dringlichkeit sind... . Wie eine Welle erfaßte die neue Darstellungsart bald alle Bildberichter im Osten. Man fotografierte ‚indirekt‘. Man bemühte sich, Begriffe sichtbar zu machen: Wachsamkeit – Durchhalten – Siegeswille – Erschöpfung."[112]

Je schwieriger die Situation an der Ostfront und nach der Invasion der Alliierten im Westen wurde, desto wichtiger war es, in den Rundfunkmeldungen keinen Zweifel an den Erfolgschancen der Wehrmacht aufkommen zu lassen.

Am 6. November 1943 meldete das OKW in den Nachrichten, dass Angriffe des Feindes auf der Krim abgewiesen worden seien. Auch hätten die deutschen Truppen am unteren Dnjepr bei Cherson feindliche Vorstöße gegen Brückenköpfe abwehren können. Im großen Dnjepr-Bogen hätte es nur örtliche Einbrüche gegeben. Ein eigener Gegenangriff bei Dnjepropetrowsk gewänne trotz erbitterten feindlichen Gegenangriffs an Boden. Bei Kiew wären die deutschen Truppen auf weiter westliche Stellungen zurückgenommen worden, um einen drohenden Durchbruch zu vermeiden. Die SS-Panzergrenadierdivision „Das Reich" habe seit Jahresbeginn 2000 sowjetische Panzer zerstört. Tatsächlich war die militärische Lage eine andere: zu diesem Zeitpunkt waren die sowjetischen Truppen mit der Rückeroberung von Kiew erfolgreich.

Nach einem Bericht über die Zerstörungen in der Vatikanstadt kam man auf den Luftkrieg, der Deutschland erreicht hatte, zu sprechen. Etwas lapidar verkündete das OKW: „Feindliche Fliegerverbände drangen in den Mittagsstunden des 5. November nach Westdeutschland ein und warfen an mehreren Orten Spreng- und Brandbomben, durch die besonders in Essen, Gelsenkirchen und Münster Verluste unter der Bevölkerung und einige Schäden entstanden. 19 Flugzeuge wurden abgeschossen."[113]

Am 4. Juni 1944 meldete sich wieder Joseph Goebbels im Rundfunk zu Wort. Es sei vorgekommen, dass in einigen Dörfern und Städten die Bevölkerung zur Selbsthilfe gegriffen und Gewalt gegen terroristische Jagdflieger ausgeübt hätte. Darüber solle man keine Krokodilstränen vergießen. Man verstünde die Wut der Bevölkerung. Englische

---

[112] Georg Schmidt-Scheeder, Reporter der Hölle, Motorbuch-Verlag 1990, S. 109
[113] DRA, Nachrichten vom 6. 11.1943

und amerikanische Piloten würden, wenn sie so weiter verführen wie bisher, die Antwort des deutschen Volkes zu spüren bekommen.[114]

Am 6.6.1944, dem Tag der Landung der Alliierten in der Normandie, sendeten die Nachrichten des Drahtlosen Dienstes folgende Meldung: „In der vergangenen Nacht hat der Feind seinen seit langem vorbereiteten und von uns erwarteten Angriff auf Westeuropa begonnen. Schon bald nach Beginn des Unternehmens war zu erkennen, dass die Briten und Amerikaner ihre Hauptstöße zunächst gegen die Räume von Caen, Carentan und Cherbourg richteten. Unter dem Schutz massiver Bombenabwürfe und schweren Feuers der Schiffsartillerie führte der Feind seinen aus der Luft und von der See her gelandeten Kräften laufend Verstärkungen und an einigen Stellen auch Panzer hinzu. Rasch kamen überall die deutschen Gegenschläge. Beiderseits Cherbourg waren die feindlichen Luftlandetruppen bereits zerschlagen, bevor sie sich noch zum Kampf formieren konnten. Hohe blutige Verluste hatte der Gegner vor allem im Raum von Caen, wo die Briten große Mengen von Sturmbooten einsetzten und die vernebelte Steilküste mit Hilfe von Enterleitern zu überwinden versuchten. Durch die Panzersperren und das Abwehrfeuer wurden zahlreiche Boote vernichtet. Und nur unter schweren Verlusten konnte der Feind einen Teil seiner Panzer an Land bringen. Der große Waffengang an der nordfranzösischen Küste hat also begonnen. Er fand die deutschen Truppen überall bereit."[115]

Am 12.6.1944 waren auch in der Normandie stationierte Kriegsberichter, namentlich Lutz Koch, Eberhard Hübner und Toni Schelkopf, im Rundfunk auf Sendung. In einer Bilanz der ersten Woche der Invasion schätzten sie die Lage als schwierig, aber vom Widerstand der tapfer kämpfenden deutschen Truppen geprägt ein, die dem Feind erhebliche Verluste zufügten. Von den feindlichen Luftlandeverbänden hätte der größte Teil der Soldaten den Tod gefunden. Der Gegner hätte am ersten Tag seine weit gesteckten Ziele nicht erreichen können. Die amerikanische Luftlandedivision sei nahezu zerschlagen worden.

---

[114] DRA, Goebbels: Verständnis für Fliegermorde, 4.6.1944
[115] DRA, Nachrichten des Drahtlosen Dienstes zum Beginn der Invasion an der nordfranzösischen Küste, 6.6.1944

Toni Schelkopf war im Dritten Reich Mitglied der Reichstheater-kammer; nach dem Krieg gründete er die Filmproduktionsfirma Oska und arbeitete als Produktionschef u.a. für die Bavaria Film, schließlich als Präsidial- und Vorstandsmitglied des Verbandes Deutscher Film-produzenten.

Ebenfalls vom 12.6.1944 datiert ein Bericht über den Erfolg des SS-Obersturmführers der Waffen-SS, Michael Wittmann, über die Briten. Er lockte die britische Panzerabteilung in einen Hinterhalt, indem er mit einem „Tiger" in die Panzerreihen des Gegners hineinfuhr und von dort das Feuer eröffnete. 21 Feindpanzer seien dabei erledigt worden.[116] Michael Wittmann schilderte in dieser Sendung selbst, wie er den britischen Panzerkommandanten überlistete. Wittmann war mit 138 Abschüssen einer der erfolgreichsten Panzerkommandanten des Zweiten Weltkriegs und fand am 8. August 1944 im Kessel von Falaise den Tod.

Am 14.6.1944 verfasste Toni Schelkopf einen weiteren Durchhalte-Bericht für Front und Heimat. Cherbourg, Caen und Le Havre seien immer noch in deutscher Hand. Montgomery, der Befehlshaber der Invasionstruppen, rüste nun für den Großangriff. Bei Caen würde der Schwerpunkt der Kämpfe erwartet. Es sei den Deutschen gelungen, eine bei Caen abgesetzte Fallschirmjäger-Einheit zu vernichten. Nun solle auch Cherbourg in die Kämpfe einbezogen werden. Insgesamt gäbe es keine wesentlichen Änderungen an der Atlantik-Front.[117]

Am 15.6.1944 war dann wieder Unterhaltung Trumpf: eine öffentli-che Veranstaltung mit dem Titel „Lachen und lachen lassen" wurde im Rundfunk übertragen. Die Kabarettistin und Sängerin Marina Ney trug u.a. eine Komposition von Ludwig Schmidseder vor: „Komm doch in meine Arme" hieß das Lied, das vermutlich den Wunsch vie-ler Frauen in der Heimat zum Ausdruck brachte, ihren Geliebten wieder zu sehen.

---

[116] 113 A, PK-Bericht vom 14.6.1944, Tagesbericht von den Kämpfen an der Invasionsfront

[117] Tagesbericht vom Einsatz der neuen deutschen Vergeltungswaffe V1 gegen Großbritannien, DRA vom 14.6.1944

Hoffnungen in die V1

Der 16. Juni 1944 und die darauffolgenden Tage standen ganz im Zeichen des Einsatzes einer „Wunderwaffe", der V1 (Vergeltungswaffe 1). Die Fieseler Fi 103, ab Mitte 1942 auf Befehl des Luftfahrtministeriums entwickelt, war der erste militärisch eingesetzte Marschflugkörper. Sie war mit fast einer Tonne Sprengstoff beladen. Die Nachrichten des drahtlosen Dienstes meldeten den Auftakt der Vergeltung durch Angriffe auf Südengland und London.

Das deutsche Volk verfolge in tiefster Spannung die Wirkung der ungeduldig erwarteten Waffe. Die neuartigen Sprengkörper explodierten im Sturzflug und erzeugten am Boden Flächenbrände.[118]

Am 18. Juni meldete sich mit einem Tagesbericht vom Einsatz der neuen deutschen Vergeltungswaffe V1 der Kriegsberichter Dr. Karl Holzamer zu Wort. Er schildert die furchtbare Wirkung der Waffe. Das neue Kampfmittel habe sich verselbständigt. Mit einem gewaltigen Brausen suchten sich die Sprengmittel ihren Weg. Die Briten wüssten, dass damit die erste Phase der Vergeltung begonnen habe. Dann lässt Holzamer Soldaten zu Wort kommen, die von der gewaltigen Explosionskraft der auf dem Weg nach England befindlichen Marschflugkörper berichten. Man wolle dabei sein, wenn es losginge. Nun begänne die Rache für das, was ihren Liebsten angetan wurde. Ein nicht genannter belgischer Berichterstatter sagt, nicht nur Deutschland leide unter dem Bombenterror, die Anglo-Amerikaner hätten sich den Hass der belgischen Bevölkerung zugezogen. England solle büßen![119]

Der Vergeltungsakt gegen Großbritannien war die eine Seite, in der Normandie galt es, die Invasion der alliierten Truppen abzuwehren. Dazu meldete der Luftwaffenkriegsberichter Heinz Riek, der an Bord eines Fliegers unterwegs war, ebenfalls am 18. Juni Folgendes: Im Gebiet der Halbinsel Cotentin und der Städte Caen und Bayeux versuchten deutsche Jäger und Kampfflugzeuge, den Luftschirm des Feindes zu durchbrechen. Die deutschen Abwehrkämpfe würden ins-

---

[118] DRA, An Bord eines Vorpostenbootes im Kanal während des Einsatzes der V1". 18.6.1944
[119] DRA, PK-Bericht vom 18.6.1944, Tagesbericht vom Einsatz der neuen deutschen Vergeltungswaffe V1 gegen Großbritannien

besondere an den Mündungen der Flüsse erschwert. Dennoch habe der Gegner hohe Verluste an Soldaten und Kriegsmaterial.[120]

An diesem Bericht fällt auf, dass sich aus propagandistischen Gründen Verluste und Niederlagen, die zu diesem Zeitpunkt unbestreitbar waren, die Waage halten mussten mit Erfolgsmeldungen. So wurde die Betonung eher auf die Verluste des Feindes als auf die eigenen gelegt.

Heinz Riek geriet 1945 in amerikanische Kriegsgefangenschaft, wurde aber schon im selben Jahr wieder entlassen und konnte sich als Journalist in Berlin betätigen, zunächst kurzzeitig beim DIAS (Drahtfunk im amerikanischen Sektor), dem Vorläufer des RIAS. 1946 erhielt er dann ein Engagement als Chefreporter beim NWDR, der seinen Berliner Sitz am Heidelberger Platz hatte. Dort leitete er die Redaktion „Zeitfunk", die Sendungen wie „Rund um die Berolina" im Programm hatte. 1954 wechselte er als Sendeleiter Fernsehen zu einer neuen Sendeanstalt, dem am 1. Juni 1954 gegründeten Sender Freies Berlin. Ab 1959 war er für den NWDR in Hamburg und bis zu seiner Pensionierung 1983 in verschiedenen Funktionen für den NDR tätig. 1978 erhielt er die Hans-Bredow-Medaille für seine „Verdienste um den deutschen Rundfunk".

Auch der Bericht von Karl-Heinz Schulz von Bord eines Vorpostenbootes im Kanal während des Einsatzes der V1 ist von Stolz auf die neue Wunderwaffe, auch „Höllenhund" genannt, geprägt: „Die Funker strecken die Köpfe aus dem Bulleye raus, die Brücke reckt die Ohren raus, was darüber hinweg orgelt, trägt auch ihren Grimm, trägt die Wünsche nach Vernichtung des Feindes, der uns nicht nur hier draußen auf unseren Booten, sondern auch in der Heimat schonungslos zerbrechen wollte". Dies belege die Einstellung der Soldaten zum Einsatz der V1 als Vergeltung für die Bombardierung deutscher Städte. Man sei stolz, an dieser Front dabei zu sein.[121]

Der Bericht des OKW am selbigen Tag konstatierte sachlich, dass die Vergeltung mit dem Einsatz der V1 gegen Großbritannien begonnen habe. In der Normandie hätten die Alliierten nur geringe Geländegewinne erzielt. Einzelne britische Flugzeuge hätten in der Nacht zum

---

[120] DRA, PK-Bericht vom 18.6.1944
[121] DRA, An Bord eines Vorpostenbootes im Kanal während des Einsatzes der V1". 18.6.1944

18. Juni Bomben im Berliner Raum und in Nordrhein-Westfalen abgeworfen.[122]

Am 19. Juni wurde in den Nachrichten gesagt, dass der englische Nachrichtendienst Schäden und Verluste gemeldet habe. Die Briten gäben offen zu, dass es gegen die neue Gespensterwaffe vorläufig kein Gegenmittel gäbe.[123] Die Berichte in den Rundfunksendungen dieser Tage spiegeln gut den Wunsch und den Glauben an eine Wendung des Krieges durch die neue Waffe wider. Der Glaube sollte gleichermaßen von Front und Heimat geteilt werden.

Parallel zur Bombardierung englischer Städte gingen die Kämpfe in der Normandie um die Halbinsel Cotentin und Cherbourg weiter. Die Kriegsberichter erfüllten ihre Pflicht: nach ihren Darstellungen hatte die Wehrmacht den Feind im Griff. Man machte sich in einem PK-Bericht vom 22. Juni sogar über die Engländer lustig. Man habe bei englischen Gefangenen zwischen Schallplatten ein blaues Heftchen gefunden. Dieses enthielt eine Anleitung für die Soldaten, wie sie sich in Frankreich zu benehmen hätten – mit einer Widmung von Winston Churchill, geschrieben am 31. August 1943. Darin heißt es, die Deutschen seien die Feinde, die Franzosen seien die Freunde der Briten und als solche zu behandeln. Die deutschen Soldaten hätten sich gut benommen, die englischen sollten sich noch besser benehmen. Wein solle nur in Maßen getrunken werden, man solle sich nicht so betrinken wie 1939/40 in Frankreich. Ausrüstung und Verpflegung sollen weder verkauft noch weggeben werden. Der Berichter endet mit den Worten: „Wir wünschen guten Erfolg den anglo-amerikanischen Invasionstruppen!"

Als PK-Berichter werden Dieter Menninger und Karl Ebert genannt.[124] Über Karl Ebert, den jüngsten Sohn des Reichspräsidenten Friedrich Ebert, ist nur bekannt, dass er im Zweiten Weltkrieg zur Wehrmacht einberufen wurde und nach dem Krieg in amerikanische Kriegsgefangenschaft geriet. Ob diese Person mit dem PK-Berichter identisch ist, ist nicht zu klären.

---

[122] DRA, OK-Bericht vom 18.6.1944 mit Nachrichten
[123] DRA, Nachrichten vom 19.6.1944
[124] DRA, PK-Bericht vom 22.6.1944: Feindpropaganda und Abwehrkämpfe an der Invasionsfront in der Normandie

Der OKW-Bericht vom 23.6.1944 befasste sich mit der Offensive im Osten. Im mittleren Frontabschnitt hätten die Bolschewisten mit den erwarteten Angriffen begonnen. Der auf breiter Front mit Panzer- und Schlachtfliegerunterstützung kämpfende Feind wäre in heftigen Kämpfen abgewiesen worden.[125]

Im OKW-Bericht vom 25. Juni kam zunächst Dr. Werner Naumann, Staatssekretär im Reichsministerium für Propaganda und Volksaufklärung und engster Vertrauter Goebbels, zu Wort. Er erklärte, dass die V1 ihre Wirkung täte und dass weitere wirksame Waffen folgen würden. Man sei erst am Anfang.[126]

Am 27.6.1944 gab es nochmals einen PK-Bericht von Dr. Karl Holzamer. Der Ohrenzeugenbericht begann mit dem Röhren und Dröhnen der V1. Dann sprach er über die gegen die britische Insel und London gerichtete Racheaktion: „Da orgelt es über uns hinweg nach drüben... . Die Insel zittert, und über London steht die Glut... . Wir gedenken der Heimat, die den Bombenterror des Feindes durchgestanden und nicht vergeblich gehofft hat.“[127]

Getreu der Anordnung von OKW und RMVP, nur den Kampfeswillen der deutschen Truppen in Wort und Bild zu würdigen, berichtete Toni Schelkopf am 29. Juni 1944 von den Kampfereignissen in der Normandie. Trotz hohen Einsatzes des Feindes an Menschen und Material sei es dem Feind nicht gelungen, den Widerstand der deutschen Truppen in Cherbourg zu brechen. Die überragenden Leistungen aller, die oben kämpften, seien im Blickpunkt der Heimat und der ganzen Welt. Mit Maschinengewehren und Handgranaten werde die Landzunge von Cherbourg verteidigt. Der Feind würde mit offenen Gewehren erwartet. Beim Nahkampf der Panzerkompanien bewähre sich die überlegene Ausbildung der deutschen Soldaten. Die Angriffe der Briten würden in blutigen Kämpfen abgewiesen. Trotz starker Panzerkräfte und dem Abwurf von Phosphorgranaten hielte die deutsche Front.

Vom gleichen Tag datiert der PK-Bericht von Dieter Menninger vom Kampf der 12. SS-Panzerdivision „Hitlerjugend“. Eine Panzerdivision habe 53 feindliche Panzer vernichtet. Unter dem Kommando des

---

[125] DRA, OKW-Bericht vom 23.6.1944
[126] DRA, OKW-Bericht vom 25.6.1944 mit Nachrichten
[127] DRA, PK-Bericht vom Einsatz der neuen Waffe V1 gegen England, 27.6.1944

Standartenführers Kurt Meyer, Oberst der Waffen-SS, hätten die deutschen Grenadiere die anrückende britische Infanterie niederge-mäht.[128]

Dieter Menninger gehörte nach dem Krieg zum Autorenteam des Südwestrundfunks (SWR). Nunmehr CDU-Mitglied, wurde Dr. Karl Holzamer im Jahre 1962 zum Intendanten des Zweiten Deutschen Fernsehens gewählt und war in dieser Funktion bis 1977 tätig.

In dieser Phase der drohenden Niederlage und der verzweifelten Situ-ation an der Front und in der Heimat – de Gaulle hatte in einer Rund-funkansprache auf Englisch am 5.7.1944 bereits die Niederlage Deutschlands, des „Feindes Europas", erklärt – trat Joseph Goebbels am 8.7.1944 nochmals vor die Öffentlichkeit. Auf einer Kundgebung in der Breslauer Jahrhunderthalle, die im Rundfunk ausgestrahlt und in Berlin sogar über Lautsprecher übertragen wurde, schwor er die Deutschen in einer neunzig minütigen Rede auf den letzten Kampf ein. Dabei dozierte er zunächst über die „allgemeine Kriegsführung", ohne auf aktuelle militärische Entwicklungen einzugehen. Erst in fünfzig oder hundert Jahren würde die Geschichte den Krieg beurtei-len können. Helden würden nicht daran gemessen, wie viele Siege sie errungen, sondern wie viele Niederlagen sie überstanden hätten. Er vergleicht den Krieg mit einem Gemälde, welches man mit Abstand betrachten müsse.

Der Feind sei materiell überlegen, die Deutschen aber in puncto Mo-ral und Fanatismus. Das Deutsche Volk solle mit Stumpf und Stiel ausgerottet werden. „Lebt die Nation oder stirbt sie?" – um diese Frage gehe es jetzt. Sie müsse die ganze Kraft der Waffen und der Herzen aufbieten, um den Untergang abzuwenden. Dann kommt Goebbels doch noch auf die aktuelle Lage zu sprechen. Die Lage sei günstiger als 1933, als der Feind vor den Reichsgrenzen stand. Im Verlauf der Invasion der Alliierten im Westen hätten die feindlichen Armeen einen Aderlass zu erleiden; der Invasionsversuch sei als miss-lungen anzusehen. An der Ostfront gelte es, den Feind aufzuhalten. Die zerstörten deutschen Städte könnten in acht bis zehn Jahren wie-der aufgebaut werden. Die Rüstungsproduktion laufe auf Hochtou-ren, es käme eine neue Vergeltungswaffe. Die Engländer würden in diesem Krieg zur Einsicht kommen oder durch diesen Krieg vernich-

---

[128] DRA, PK-Berichte vom 29.6.1944

tet werden. Die Standhaftigkeit würde am Ende die Tugend sein, die zum Siege führt – Ausdauer sei das Wichtigste. Unter dem Beifall und den „Sieg Heil"-Rufen der Zuhörerschaft wurde zum Abschluss die Nationalhymne gespielt.[129]

Auch hier erweist sich Goebbels als ein Meister der Rhetorik. Die Beschreibung der militärischen Lage ist vage und von der Hervorhebung des Heldentums der kämpfenden Truppen gekennzeichnet. Dies korrespondierte, wie erwähnt, damit, was das Volk im Rundfunk und in der Deutschen Wochenschau von den Kriegsberichtern der Propagandakompanien vermittelt bekam. Auch die Kriegsschäden in den zerbombten Städten erwähnt er nur am Rande. Wenn der Krieg denn nun bald durch den Kampf und den Durchhaltewillen des deutschen Volkes gewonnen sein würde, ginge es an den Wiederaufbau. Ein weiteres Versprechen gibt Goebbels noch mit der Entwicklung einer weiteren Wunderwaffe ab. Obschon England durch die V1 nicht entscheidend getroffen wurde, sollten sowohl die Soldaten an der Front als auch die Bevölkerung in der Heimat und in den besetzten Gebieten den Glauben an diese und an weitere kriegsentscheidende Waffen behalten.

Mit Breslau fand die Veranstaltung in einer bis dato noch nicht bombardierten Stadt des Deutschen Reiches statt. Erst am 7. Oktober 1944 kam es zu den ersten Luftangriffen der Alliierten auf Breslau.

Der 20. Juli 1944

Die Nachrichtenlage am 20. Juli war bestimmt vom Attentat auf Adolf Hitler. In einer Rundfunkansprache, die 6 Minuten und 37 Sekunden währte, wandte dieser sich an das deutsche Volk: „Deutsche Volksgenossinnen und Genossen! Ich weiß nicht, zum wievielten Male ein Attentat auf mich geplant und zur Ausführung gekommen ist. Wenn ich heute zu Ihnen spreche, so geschieht dies aus zwei Gründen: Erstens, damit Sie meine Stimme hören und wissen, dass ich unverletzt und gesund bin. Zweitens: Damit Sie auch das Nähere erfahren über ein Verbrechen, das in der deutschen Geschichte seinesgleichen sucht. Eine ganz kleine Clique ehrgeiziger, gewissenloser, dum-

---

[129] DRA, Ansprache von Joseph Goebbels auf einer Kundgebung in der Breslauer Jahrhunderthalle, 8.7.1944

mer und verbrecherischer Offiziere, hat ein Komplott geschmiedet, um mich zu beseitigen und damit praktisch den Stab der deutschen Wehrmacht auszurotten... . Ein kleiner Klüngel verbrecherischer Elemente, die jetzt unbarmherzig ausgerottet werden."[130] Dass er dieses Attentat überlebt habe, sei ein Fingerzeig der Vorsehung, dass er sein Werk fortsetzen müsse und fortsetzen werde.

Am folgenden Tag war der Kommentar von Hans Fritzsche, Reichsministerium für Volksaufklärung und Propaganda, in der Reihe „Hier spricht Hans Fritzsche" dazu bestimmt, die Geschehnisse einzuordnen. Fritzsche hebt insbesondere auf die Reaktion der Auslandspropaganda auf das Attentat ab. Es würden Meldungen verbreitet, in denen von Aufständen der deutschen Bevölkerung die Rede sei. Es seien 5000 Offiziere verhaftet worden, Straßenkämpfe und Erschießungen seien an der Tagesordnung. Das deutsche Propagandaministerium befände sich im Zustand vollständiger Verwirrung. Der Feind behaupte weiterhin, es handele sich nicht nur um einen kleinen Kreis von Attentätern, sondern vielmehr um sämtliche adelige Generäle und ganze Wehrmachtsteile.[131]

Hans Fritzsche, ein Gefolgsmann Goebbels, unterzeichnete am 2. Mai 1945 als ranghöchster Beamter die Kapitulationserklärung für Berlin. Anschließend wurde er von den Sowjets nach Moskau verbracht und von dort zum Kriegsverbrechertribunal nach Nürnberg überstellt. Aus Mangel an Beweisen wurde er am 30. September 1946 freigesprochen.

Wie der Krieg durch die Luftangriffe in der Heimat spürbar wurde, wurde nur in den lokalen Nachrichten thematisiert. Der Drahtfunksender Stuttgart rief die Bevölkerung am 24. Juli 1944 dazu auf, die Suche nach Blindgängern aufzunehmen und die Straßen von Trümmern und Scherben freizumachen. Alle Besitzer von Lastkraftwagen sollten sich beim Straßenverkehrsamt melden. Vorgefundene Flugblätter seien an der nächsten Polizeiwache abzugeben.[132]

Die überregionalen Nachrichten mit den PK-Berichten waren weiterhin bestrebt, die Kampfmoral der Truppen an der Front und den

---

130 DRA, Rede von Adolf Hitler nach dem Attentat, 20.7.1944
131 DRA, Kommentar vom 22.7.1944 zum Attentat gegen Adolf Hitler
132 DRA, Örtliche Nachrichten des Drahtfunksenders Stuttgart am 24.7.1944

Glauben in der Heimat, es würde sich noch zum Guten wenden, aufrecht zu erhalten.

Am 25. Juli berichtete Heinz Riek über den Versuch eines Einbruchs amerikanischer Soldaten an der italienischen Front, deutsche Grenadiere zu täuschen, indem sie eine deutsche Tropenuniform trugen. Der Einbruch sei gescheitert, der Gegner niedergemacht worden. Es hätte einen Großangriff der Anglo-Amerikaner auf deutsche Truppen im normannischen[133] Raum gegeben. Das Warten auf Feuerschläge zehre an den Nerven der Soldaten. Im Raum Cotentin hätte der Gegner starke Verluste erlitten, obwohl er mit einem unglaublichen Artilleriefeuer trommelte. Auch nach feindlichen Feuer- und Sprengstofforkanen kämpfe der deutsche Soldat heldenhaft oft mit der blanken Waffe in der Hand und täte das ihm Selbstverständliche, ohne groß darüber zu sprechen. Der Feind sei überlegen und im Zuge der Materialschlacht sei die Sprache des Soldaten schweigsam geworden. Es sei aber eine große Anzahl feindlicher Panzer vernichtet worden.[134] Hier deutet Riek immerhin an, dass die Wehrmacht in puncto Waffen unterlegen war und den Feind mit unzulänglichen Mitteln bekämpfen musste.

Am 27.7.1944 meldete sich Joseph Goebbels in einer 36-minütigen Rede zum Attentat auf Adolf Hitler zu Wort. In einem Rechenschaftsbericht zu den Vorgängen vom 20. Juli erläutert er zunächst, warum er eine Woche gewartet habe, bis er sich äußerte. Der Grund hierfür liege darin, dass zunächst eine gründliche Aufklärung erfolgen sollte. Sicher sei jedenfalls, dass nun eine verstärkte Gewissheit über den Sieg der gerechten Sache herrsche. Es gebe kein Unglück, welches am Ende nicht zugunsten des deutschen Volkes ausschlage. Ihm habe die Nachricht vom Attentat, als er sie über den Rundfunk erfuhr, den Boden unter den Füßen weggezogen. Die Vorstellung, dass mit dem Tode des Führers und seiner Gefolgschaft Millionen Bürger durch eine gewissenlose Clique ins Unglück gestürzt worden wären, sei furchtbar. Nun sage ein göttliches Schicksal, dass das Werk des Führers vollendet werden müsse und würde. Es sei ihm klar gewesen, dass keiner der im Führerhauptquartier tätigen Bauarbeiter dieses Attentat begangen hätte; kein anständiger Deutscher hätte die Hand er-

---

[133] Gemeint ist das Gebiet der Normandie, Anm.d.Verf.
[134] DRA, PK-Berichte von der Invasionsfront, 25.7.1944

hoben. Der hinterlistige Anschlag hätte nur von einem abgrundtief bösen Menschen begangen werden können. Der Attentäter, ein Graf Stauffenberg, war mittlerweile mit einem Kurierflugzeug nach Berlin gekommen und hatte die Falschnachricht verbreitet, der Führer sei seinen Verletzungen erlegen. Er und seine Clique hatten den Plan, die Wehrmacht eidfrei zu stellen. Er hätte allerdings vergessen, dass das Wachbataillon des Bendlerblocks wie alle Verbände der deutschen Wehrmacht aus fanatischen Nationalsozialisten bestehe. Nach einer Stunde sei der Schurkenstreich vorbei gewesen. Major Rehmer, der Vorgesetzte des Bataillons, habe ihm, Goebbels, in seinem Büro Bericht erstattet und sodann mit dem Führer telefoniert, um Befehle entgegen zu nehmen. Dann hätte das Wachbataillon den Bendlerblock besetzt; die Aufständischen hätten auf einem Zimmer zusammengepfercht gesessen. Unter ihnen seien Generäle gewesen, die aufgrund von Unfähigkeit, beispielsweise einem feigen Rückzug an der Ostfront, aus der Wehrmacht ausgeschlossen worden seien. Ein Standgericht hätte die Verräter zum Tode verurteilt, die dann im Hofe des Bendlerblocks hingerichtet worden seien. Weitere Verschwörer würden noch ihrer gerechten Strafe zugeführt werden, denn sie wären den kämpfenden Truppen in den Rücken gefallen und hätten das Blut der gefallenen Kameraden besudelt. Er, Goebbels, habe sich davon überzeugt, dass kein Truppenteil, weder an der Front noch in der Heimat, in seiner Treue zum Führer, zum Regime oder zum deutschen Volk wanken würde. Das deutsche Volk und das deutsche Heer verlangten die Bestrafung der am Attentat beteiligten Generäle, die dem Führer nicht verziehen hätten, dass er auch dem Sohn des Volkes den Weg in die Offizierslaufbahn geebnet habe. Der einfache Soldat erhielte jetzt dieselben Auszeichnungen wie der Offizier. Es würde nur nach Leistung beurteilt. Die Front erfülle seit fünf Jahren brav und tapfer ihre Pflicht und hätte ein Anrecht, von der Gesamtheit des Volkes gedeckt zu werden.

London, Washington und Moskau wären von der Opposition in der Generalität in die Attentatspläne eingeweiht worden. Ein Beweis für die Konspiration mit dem Feind sei die Tatsache, dass englischer Sprengstoff verwendet worden sei. Stauffenberg sei auch mit den Engländern versippt.

Dann beschreibt Goebbels nochmals die Geschehnisse des 20. Juli. Die Aktentasche sei direkt unter dem Führer abgestellt worden. Als sie explodierte, sei der Kartentisch, an dem Hitler stand, durch die Luft geflogen und Hitler sei wie durch ein Wunder fast unversehrt geblieben und habe nur Prellungen, Brandwunden und einen Kratzer an der Stirn davongetragen. Diese Tatsache habe bewiesen, dass das Schicksal den Führer in Schutz genommen habe für eine große Zukunft. Der Allmächtige hätte sich nicht deutlicher offenbaren können. Das sähe das deutsche Volk genauso. Ihn, Goebbels, hätten Tausende von Briefen erreicht, in denen die Menschen schilderten, wie sie sich auf der Straße vor Freude darüber, dass Hitler überlebt hätte, umarmt hätten. Dann erhebt er Forderungen an das deutsche Volk: gegen eine Welt von hasserfüllten Feinden dürfte die Nation ihre Kräfte in diesem Schicksalskrieg nicht schonen. Das Volk wolle das Allerletzte geben, die Regierung müsse aber dafür sorgen, dass die Lasten gerecht verteilt würden. Reichsinnenminister Heinrich Himmler sei bevollmächtigt, neue Divisionen zur Ausbildung zu bringen, um die Mannschaftsbestände an der Front aufzufüllen. Himmler sei auch Führer des Ersatzheeres in der Heimat.

Rüstungsminister Albert Speer hätte durch einen Vereinfachungsprozess die Rüstungsproduktion gesteigert. In Bezug auf das Personal sei Ersatz für die jungen Männer, die an die Front gingen, geschaffen worden.

Der totale Krieg sei das Gebot der Stunde. Der Führer hätte befohlen, den ganzen Staatsapparat zu überprüfen und weniger kriegswichtige Aufgaben einzuschränken. Es gelte, das ganze öffentliche Leben den Erfordernissen der Kriegsführung anzupassen. Er, Goebbels, sei der Reichsbevollmächtigte für den totalen Krieg.

In der Reichshauptstadt herrsche nach den Angriffen ein wesentlich geringerer Lebensstandard, aber dennoch habe keiner gehungert oder gefroren, wenn es auch manchmal durchgeregnet hätte. Jeder solle jetzt zu kriegswichtigen Arbeiten angehalten werden. Die Kriegsmoral würde gewaltig steigen. Er, Goebbels, habe für seinen Auftrag die Unterstützung der Parteileitung in Gestalt von Martin Bormann.

Die Lage an der Ostfront würde sich zugunsten des Deutschen Reichs wenden. Man überhole den Feind in der Kriegstechnik. Die V1 sei erst die Einleitung. Diese unbemannte Waffe werfe das Abwehrsystem des Gegners über den Haufen. Weitere Waffen seien in der Erprobung. Der Krieg sei ein geschichtliches Ereignis, Waffen,

Hände und Herzen müssten zum Einsatz gebracht werden. Die Tugenden des deutschen Volkes im Bunde mit dessen Waffen würden der Nation den Sieg bringen. Abschließend erklärt Goebbels noch mal, dass dies die Bilanz des 20. Juli wäre.[135]

Diese Rede fand nicht vor Publikum statt. Sowohl die Sportpalast-Rede, bei der es schon um den „Totalen Krieg" ging, als auch die Rede in der Jahrhunderthalle hatten eine große Zuhörerschaft vor Ort, die durch Applaus und „Heil Hitler!"-Rufe ihre Zustimmung zum Ausdruck brachte. Dies wiederum sollte den Zuhörern an den Volksempfängern, ob an der Front oder in der Heimat, als Beweis der Unterstützung der Goebbelschen Thesen dienen. Hier nun gab es keine Massen vor Ort; es steht zu vermuten, dass mit Missfallensbekundungen zu rechnen gewesen wäre. Die Lage im Land war desaströs, die Städte in großen Teilen zerstört; den Satz Goebbels, dass es zwar hin und wieder durchregnen würde, das aber nicht weiter schlimm sei, weil ja nicht gehungert oder gefroren werden müsse, kann man schon als zynisch bezeichnen. Schon seit 1942 war die Lebensmittelversorgung streng rationiert worden, das Angebot an Grundnahrungsmitteln war knapp.

Der Bezug auf den „Totalen Krieg", wie ihn Goebbels in seiner Rede im Berliner Sportpalast am 18. Februar 1943 proklamiert hatte, wirkt ohne die Akklamation des Publikums und in diesem Stadium des Krieges, das mit großen Verlusten einherging, nicht. Auch der Hinweis auf weitere Wunderwaffen, von den Kriegsberichtern in diversen Nachrichten schon besprochen, wirkt wie ein leeres Versprechen. Und als Drohung muss der deutsche Bürger empfunden haben, dass jeder und jede zu kriegswichtigen Arbeiten herangezogen würden.

Das von Himmler aufgestellte Ersatzheer sowie die Unterstützung durch die Parteileitung in Person von Bormann dürften ebenfalls kein Vertrauen in der Bevölkerung hervorgerufen haben.

Die Rüstungsproduktion unter Minister Albert Speer wurde „vereinfacht", ihr mangelte es aber an Arbeitskräften, da die deutschen Männer an der Front gebraucht wurden. Ohne es deutlich zu machen, lässt Goebbels hier erkennen, dass als Ersatz Zwangsarbeiter, Kriegsgefangene und KZ-Häftlinge rekrutiert wurden.

---

[135] DRA, 27.7.1944, Rede von Joseph Goebbels zu den Ereignissen des 20.7.1944

Der „Abwehrkrieg"

In den folgenden Tagen und Wochen bestand das Rundfunkprogramm, soweit im Deutschen Rundfunk-Archiv erhalten, aus OKW-Nachrichten und PK-Berichten, jeweils mit beschwichtigenden Nachrichten von der Front.

Am 30. Juli ging es um die Kämpfe in Italien und das von den Deutschen besetzte Florenz. Generalleutnant Walter Fries von der 29. Panzergrenadierdivision schilderte, dass die Kämpfe südlich von Florenz zu seinen Gunsten verliefen, da auf italienischer Seite Marokkaner und Algerier eingesetzt worden wären, die undiszipliniert und leicht zu besiegen seien. In Florenz hingegen gebe es harte Kämpfe, der Gegner habe sich aber bei einem Großangriff blutige Köpfe geholt.[136]

Am 31. Juli, einem Montag, wurde die Frontübersicht zum Wochenanfang gesendet. Karl Holzamer berichtete abermals über den Einsatz der V1. Als weitere Kriegsberichter wurden genannt: Friedrich Hartau, Hugo Morero, Karl-Heinz Richter, Heinz Grieg und Heinz Laubenthal.

Heinz Laubenthal war Autor des 1942 erschienenen Buches „Mit dem Mikrofon am Feind – Erlebnisse an drei Fronten eines Kriegsberichters". Bei Friedrich Hartau steht zu vermuten, dass es sich um den am 7. Oktober 1911 in Dresden geborenen Schauspieler, Drehbuchautor und Regisseur handelt. Über seine Tätigkeit im II. Weltkrieg ist nichts zu erfahren. Hugo Morero, ehemaliger Oberstleutnant in einer Propagandakompanie, wurde nach dem Krieg Sportchef des WDR und war federführend bei der 1965 von Robert Lembke, dem damaligen Sportkoordinator der ARD, ins Leben gerufenen Sportschau.

Am gleichen Tag gab es im Rundfunk einen von Karl Scharping, dem stellvertretenden Leiter der Rundfunkabteilung im RMVP, erstellten Vortrag zum Thema „Unser Abwehrkrieg gegen das Weltjudentum". Das deutsche Volk sei festen Willens, nicht noch einmal wie 1918 einen Krieg zu verlieren. Es führe einen reinen Defensivkrieg trotz offensiver Feldzüge. Bereits 1932 sei im englischen Unterhaus geäußert worden, im kommenden Krieg müsse man alle Deutschen töten. Churchill habe 1936 gesagt, Deutschland würde zu stark, man müsse

---

[136] PK-Bericht von der Italien-Front, DRA 30.7.1944

es vernichten. Und der Druck auf den amerikanischen Präsidenten Theodor Roosevelt, Deutschland zu vernichten, nehme durch die Jüdische Liga (American League for the Defense of Jewish Rights, Anm. d.Verf.) in den USA zu. Hitler habe bereits 1936 versucht, einen Nichtangriffspakt zu schmieden, der Angriff wäre also nur von den Alliierten ausgegangen.[137] In dieser Rede versucht Scharping nochmals darzulegen, dass der Krieg von Juden und Deutschlandhassern in England, den USA und der Sowjetunion angezettelt worden sei. Zu diesem späten Zeitpunkt dient dies einerseits als Rechtfertigung für den Krieg aus deutscher Sicht („Defensivkrieg"), zum anderen der moralischen Verpflichtung des Volkes auf den „totalen Krieg".

Karl Scharping fungierte nach 1945 als Herausgeber von Heftromanen, geriet aber 1952/53 wegen seines Engagements im „Naumann-Kreis" in den Focus der Öffentlichkeit. Dieser Gruppe wurde vorgeworfen, nationalsozialistisch gesinnt zu sein und die FDP unterwandern zu wollen.

Wie die Soldaten an der Front mit Päckchen versorgt wurden, war Thema der Rundfunksendung „Socken mit Birnen" vom 2. August 1944. Die Schauspieler Käthe Haack und Albert Florath spielten einen Sketch, in dem ein Päckchen mit Socken und Birnen gepackt und durch die Feldpost verschickt wurde. Die Pointe war, dass das Päckchen erst nach acht Wochen ankam und der Empfänger den „Pflaumenkuchen" nicht mehr essen konnte.[138] Es wird nicht ganz klar, ob dies nun ein Aufruf sein sollte, weiterhin Päckchen für die Front zu packen oder eher eine Satire auf die Tatsache, dass viele Sendungen den Adressaten an der Front erst erreichten, wenn er bereits gefallen war.

In der Reihe „Zeitgeschehen" wurde die Frage gestellt, warum es im Flugzeug kein Schwindelgefühl gebe. Die Antwort sei, dass die Verbindung mit dem Erdboden fehle. Man wisse zwar, die Wälder und Landschaften seien unter einem, aber man wisse nicht, wie hoch man sei. Er, der Kriegsberichter, sei einmal als Artilleriebeobachter im Fesselballon eingesetzt gewesen. Da hätte er festgestellt, dass er auf der einen Seite die 800 Meter Höhe nicht bemerkt hätte, wohl aber auf

---

[137] DRA, Volkgerichtshof-Prozesse zum 20.7.1944
[138] Socken mit Birnen, DRA vom 2.8.1944

der anderen Seite, als er die ganze Länge der Fessel erblickte. Schwindelgefühl in großer Höhe sei eine geistige und keine körperliche Angelegenheit.[139] Hier wird eine neue Rolle der Kriegsberichter deutlich. Es gibt eine Verknüpfung von Sachthemen, in diesem Fall einer Frage, die die Zuhörer möglicherweise interessieren könnte, und den Erlebnissen des Berichters selbst – somit wird indirekt vom Kriegsgeschehen berichtet.

Ab dem 4. August 1944 war das nachrichtliche Programm bestimmt vom Volksgerichtshofprozess zum 20. Juli 1944. Den Auftakt machte das durch Roland Freisler durchgeführte Verhör des Oberstleutnants Joachim Sadrozinski. Am 7. August folgte die Vernehmung von Generaloberst a.D. Erich von Witzleben, Generaloberst a.D. Erich Hoepner, Generalleutnant Paul von Hase, Peter Graf Yorck von Wartenburg, Oberstleutnant Bernhardis und Generalmajor Stieff, Gottfried Graf von Bismarck, Carl Friedrich Goerdeler, Oberstleutnant Hans Otto Erdmann, Theodor Hans Friedrich Stelzer, Dr. Theodor Haubach, Erwin Planck, Korsch, Reinhold Frank, Richter, Baurat Albrecht Fischer, Jürgen Jung, Eugen Karl Albrecht Gerstenmaier, Ernst Schön von Wilneck, Oswald Rössler, der Textil-Unternehmer Wilhelm Bernardo Walter Cramer, der Gewerkschafter Nikolaus Groß, Major Egbert Hayessen, Polizeipräsident Wolf-Heinrich Graf von Helldorf, der Industrielle Paul Reusch, Oberstleutnant Robert Bernardis, Oberleutnant der Reserve von Hagen und Else Bergenthal, die ehemalige Haushälterin des Generals Ludwig von Beck. Die Befragung hatte verschiedene Schwerpunkte; u.a. ging es bei Hans Otto Erdmann um die Frage, ob der „Führer" ein Feldherr gewesen sei.

Die in der Länge von ca. 1'15 bis 10 Minuten im Deutschen Rundfunkarchiv erhaltenen Redeausschnitte lassen vermuten, dass der Rundfunk an diesem Tag fast ausschließlich über den Prozess berichtete.

Die Personen Korsch, Richter und Jürgen Jung konnten nicht recherchiert werden; die Tonaufnahmen waren schwer verständlich.[140] Am 9. August fand wieder eine unterhaltsame Sendung den Weg ins Programm: „Vögel als Komponisten", ein kurzes Feature über die mögliche Anleihe von Komponisten von den Melodien der Vögel. Ein

---

[139] DRA, Volkgerichtshof-Prozesse zum 20.7.1944
[140] DRA, Volkgerichtshof-Prozesse zum 20.7.1944

Vergleich des „S-Dur" der Amsel mit der Apassionata von Beethoven wird hier herangezogen.

An diesem Tag sendete die BBC erstmalig aus Florenz; ein Hinweis darauf, dass die deutschen Truppen die Stadt nicht verteidigen konnten.

Am 12. August war wieder Karl Holzamer zum Thema V1 zu hören. Er berichtet neuerlich mit Original-Tönen von Soldaten, die an den Abschussstellen der V1 Dienst tun. Diese schildern, dass sie ihre Arbeit verrichteten, indem sie Vergeltungsangriffe durchführten. Es gebe ein Dauerfeuer, welches ein Fünftel der britischen Bevölkerung dazu zwänge, Bunker aufzusuchen und in Trümmern zu leben. Die V1-Raketen werden von Holzamer als „feurige Fabeltiere der Luft" bezeichnet. Den Abschluss des Berichts bildet die Instrumental-Version von „Wir fahren gen Engeland."

Ab diesem Tage hatte auch eine neue Serie Premiere: „Der Spruch des Tages". „Die Zukunft liegt in der Hand derer, die strenger dienen und von sich mehr fordern als andere von ihnen fordern dürfen" oder „Wer andere führen will, muß sein Herz gut in der Hand haben" – mit diesen Sprüchen sollte der Volksgenosse täglich zur Disziplin ermahnt werden.[141]

Am 15. August wurden weitere Vernehmungen beim Volksgerichtshof gesendet. Der Vorsitzende, Roland Freisler, fragte u.a. Major Hans-Georg Klamroth, ob ihm klar gewesen sei, dass er Verrat begangen habe. Als dieser verneinte, wurde die Antwort als unwahr und abartig bezeichnet. Adam Trott zu Solz musste seinen beruflichen Werdegang schildern. Die Befragung schloss ohne einen konkreten Tatvorwurf.

Die Frontberichte des deutschen Rundfunks an diesem Tage mit der Schilderung eines Nachtangriffs auf den Feind stammten vom Kriegsberichter Karl-Heinz Schulz, der zugleich Sturmbannführer der SS-Abteilung Nordland war. Die darauffolgenden OKW-Berichte bildeten die Kämpfe in Südfrankreich ab.

Am 21. August wurden weitere Verhöre durch den Volksgerichtshof gesendet. Außerdem ein Frontbericht des deutschen Rundfunks, in dem Karl-Heinz Schulz die Lage in der Normandie schilderte. Er lob-

---

[141] DRA, 12.8.1944, Frontbericht zum Angriff der V1-Waffen auf London und Südengland; "Der Spruch des Tages"

te die unbeirrbare Kampfmoral der Soldaten, die sich auch nicht durch die feindlichen Tiefflieger beirren ließen. [142]

Ab dem 20.8. setzte die Reichsrundfunkgesellschaft nochmals auf leichte Unterhaltung. Es wurden Sketche mit beliebten Schauspielern gesendet. Käthe Haack und Hannelore Schroth wirkten in der Reihe „Platonisch" mit, Rudolf Platte und Kurt Seifert waren in den „Humoristischen Szenen" mit der Frage „Was ist eine Eisenbahn?" zu hören.[143]

Die schwerwiegenden militärischen Niederlagen wurden immer noch nicht eingestanden, als am 25. August Paris nicht mehr gehalten werden konnte. Am Tag darauf meldete das OKW Straßenkämpfe in Paris. Die Übergabe der Stadt durch den deutschen Stadtkommandanten Dietrich von Choltitz fand keine Erwähnung. Erst am 29. August wurde der Rückzug der deutschen Truppen im OKW-Bericht vermeldet. Die Stützpunkte der Wehrmacht seien nach tagelangen Kämpfen der Übermacht der Feinde erlegen.[144] Die Nachrichten der folgenden Tage hatten eine bestimmte Vorgabe von Seiten des Leiters der Rundfunkabteilung im Ministerium für Propaganda und Volksaufklärung, Hans Fritzsche, zu beachten. Es sollte gemeldet werden, dass die Sowjets Kinder zur Zwangsarbeit in Lagern verbrächten. Die Gewaltherrschaft der Bolschewisten sollte hervorgehoben werden ebenso wie die Übereinkunft zwischen Amerika und der Sowjetunion, Deutschland zu liquidieren. Falls sich die Front an einigen Stellen stabilisieren sollte, sollte dies nicht als abgeschlossen betrachtet werden. Andererseits sollte ein Sieg der Engländer als unmöglich dargestellt werden. Unangenehme Nachrichten sollten in den Nachrichtendiensten versteckt werden.[145]

In den PK-Berichten der letzten Kriegsmonate des Jahres 1944 rückte das Hervorheben einzelner Heldentaten in den Vordergrund. So interviewte PK-Berichter Heinz Maegerlein am 3. September den General Hermann Balck, der kurze Zeit vorher vom Führer und Oberbefehlshaber der Wehrmacht, Adolf Hitler, mit dem Eichenlaub mit Schwertern und Brillanten ausgezeichnet worden war. Er schildert,

---

[142] DRA-Sammelband: Rundfunkarbeitsbesprechung, 30.8.1944
[143] DRA 22.8.1944, "Was ist eine Eisenbahn?", "Platonisch"
[144] DRA, Kämpfe an der Westfront, Aufgabe Paris am 29.8.1944
[145] DRA-Sammelband: Rundfunkarbeitsbesprechung, 30.8.1944

wie seine Kompanie die „rote Flut im Weichselbogen" gestoppt habe. Dies sei nur unseren tapfer kämpfenden Truppen zu verdanken. Wer diese Kämpfe mitgemacht und überstanden hätte, wisse: „Deutschland kann nie besiegt werden!"[146] Der Interviewer Heinz Maegerlein hatte im Nachkriegsdeutschland noch eine Karriere als Journalist vor sich. Zunächst als Redakteur beim Münchner Merkur beschäftigt, wechselte er dann als Leiter der Abteilung Sport zum Bayerischen Rundfunk. Außerdem wurde er als Moderator der Sendung „Hätten Sie's gewußt?", die von 1958 bis 1969 im Fernsehprogramm der ARD lief, einer größeren Zuschauerschaft bekannt.

Eine Kundgebung in Linz anlässlich des 5. Jahrestages des Kriegsbeginns sollte, im Großdeutschen Rundfunk übertragen, den ideologischen Gleichschritt mit Deutschland wahren. Der Gauleiter von Oberdonau, August Eigruber, schwor seine Landsleute auf harte Kämpfe und Entbehrungen ein.[147]

Am 12. September hatte der Reichsrundfunk wieder eine Sendung im Programm, die die Verbindung zwischen Front und Heimat belegen sollte. Der Soldat Lukas Gradl aus Hofgeismar erzählte, dass das Deutsche Rote Kreuz ihm ermöglicht habe, eine Schallplatte aufzunehmen, um Grüße an seine Familie in Landshut zu richten. Die Feldpost sei ja doch sehr lange unterwegs, und so habe man den Weg der „Sprechenden Feldpost" gewählt. Er hoffe, dass es allen gut gehe und dass seine Frau Luise ihn besuchen möge, da er keinen Heimaturlaub mehr habe. Dann entspann sich noch ein Frage-Antwort-Spiel zwischen dem Moderator und Gradl, in dem er nach seinen Kindern befragt wurde. Jedes einzelne der sieben Kinder sollte nach Alter und Fähigkeiten beschrieben werden. Dann durfte Gradl noch das Soldatenlied „Das Lied vom Jockele" anstimmen[148]. Hier ist festzuhalten, dass es nicht jedem Soldaten möglich war, Nachrichten in die Heimat, aufgenommen auf Schallplatte, im Rundfunk zu senden. Wie in dem Beitrag erwähnt, war die normale Feldpost oft ewig lang unterwegs und ließ sowohl die Angehörigen in der Heimat als auch die Kämp-

---

[146] DRA, Sondersendung PK-Bericht vom 3.9.1944
[147] DRA, 2.9.1944, Kundgebung in Linz anläßlich des 5. Jahrestags des Kriegsbeginns
[148] Stabsfeldwebels Lukas Gradl aus Hofgeismar an seine Frau L DRA vom 12.9.1944, Sprechender Feldpostbrief des Stabsfeldwebels Lukas Gradl aus Hofgeismar an seine Frau Luise in Landshut

fenden an der Front im Ungewissen, was mit ihren Liebsten geschehen war. Die erwähnte Sendung sollte exemplarisch darstellen, dass das System der Nachrichtenübermittlung zwischen Front und Heimat noch funktionierte. Nur noch in Auszügen erhalten ist die Urteilsverkündung im Volksgerichtshofprozess zum 20. Juli 1944 durch Roland Freisler. Die Todesurteile betrafen Nikolaus Graf von Üxküll, Heinrich Graf von Dohna-Schlobitten, und Michael Graf Matuschka, denen Mitwisserschaft vorgeworfen wurde.[149] In den folgenden Tagen war das Rundfunkprogramm wieder von humoristischen Einlagen geprägt. Mal war es der Sketch „Kaktus contra Käberlein", u.a. mit Rudolf Platte, mal Sketche wie „Junggesellen" oder „Der Kragenknopf". In „Junggesellen", gesprochen von Karl John und Gudrun Genest, treffen sich ein Mann und eine Frau am Bahnhof in Berlin. Sie weint, weil sie nicht abgeholt wird, er spricht sie an und versucht, sie zu trösten. Er hätte 14 Tage Heimaturlaub und niemand würde auf ihn warten. Die Pointe ist, dass er sie zu ihrem Hotel bringt. Die Botschaft soll wohl sein, dass sowohl der Soldat, dessen Liebste sich aufgrund seiner langen Abwesenheit einem anderen zugewandt hat, als auch das Mädel, dessen Verlobter nicht aus dem Krieg heimkehrt, die Hoffnung auf eine neue Beziehung nicht aufgeben sollen.

In „Der Kragenknopf", gesprochen von Herbert Klatt und Marianne Simson, geht es um einen Ehestreit aus nichtigem Grunde. Der Gatte will wissen, wo sein Kragenknopf ist. Er verliere seinen Job, wenn er ohne ihn zur Arbeit käme. Die Gattin gibt keine befriedigende Antwort, sodass die Auseinandersetzung eskaliert.[150] Diese Parabel könnte bedeuten, dass es in diesen schweren Zeiten keinen Sinn habe, sich wegen Kleinigkeiten zu streiten.

Herbert Klatt wirkte in nationalsozialistischen Propagandafilmen mit und war Sprecher für den Deutschen Soldatendienst des Großdeutschen Rundfunks. Er wurde in der Gottbegnadeten-Liste des Reichsministeriums für Volksaufklärung und Propaganda geführt. Er verstarb am 18. Januar 1945 in Berlin infolge einer erlittenen Verwundung.

---

[149] DRA vom 14.9.1944, Urteil im Volksgerichtshofprozeß nach dem 20. Juli 1944
[150] DRA vom 16.9.44, "Kaktus contra Käberlein", DRA vom 19.9.1944, "Junggesellen" und "Der Kragenknopf"

Marianne Simson hatte ebenfalls eine interessante Vita vorzuweisen. 1935 bereits dem Bund Deutscher Mädel (BDM) beigetreten, war sie zunächst Tänzerin am Deutschen Opernhaus in Berlin und Schauspielerin am Staatstheater unter Gustaf Gründgens. Sie wirkte in diversen Filmen, ihr bekanntester war „Münchhausen" aus dem Jahre 1943. 1944 wurde sie in die Gottbegnadeten-Liste des RMVP aufgenommen.

Der Bühnen- und Filmschauspieler Karl John soll laut Wikipedia-Eintrag 1943 bei Goebbels in Ungnade gefallen sein und hätte Kriegsdienst leisten müssen. Dies steht in gewissem Widerspruch zu seiner Sprechertätigkeit im Großdeutschen Rundfunk im Jahre 1944.

Von Gudrun Genest ist nur bekannt, dass sie von 1933 bis 1942 an den Städtischen Bühnen Köln engagiert war und von 1943 bis 1944 an der Berliner Soldatenbühne auftrat.

Am 22. September fand erneut eine Rundfunkarbeitsbesprechung durch Hans Fritzsche statt. Die Mitarbeiter der Rundfunkhäuser wurden auf die offizielle Version der Nachrichten eingeschworen. Schwerpunktmäßig sollte über Unstimmigkeiten unter den Alliierten und ein brutales Vorgehen insbesondere der sowjetischen Besatzungstruppen in Bulgarien und Rumänien berichtet werden. Auch Finnland solle von den Bolschewisten geschluckt werden.[151]

In den folgenden Tagen wurden mit dem „Spruch des Tages" Durchhalteparolen gesendet. Die noch im Kampf befindlichen Soldaten sollten darauf vorbereitet werden, dass sie im Kampf fallen könnten. Ihnen würde Ehre zuteil, denn die Glocken des Sieges würden die heimkehrenden Regimenter feiern. Die Kameradschaft sei das Höchste. Die Taten des germanisch-deutschen Kriegertums würden weiterleben als die größte Sage der Welt.[152]

Auch ein Zitat Goebbels wurde bemüht: „Noch stehen wir im Dunkel der Nacht, nur vereinzelte Sterne zeigen uns den Weg. Es wird beschwerlich und lang sein und uns keine Mühe ersparen. Aber wir wissen, dass eine kühle Stunde kommt, da der Morgen sie ablöst. Unsere Toten stehen auf der anderen Seite des Lebens schon in seinem strahlenden Licht. Wir sind die Suchenden, sie die Vollendeten. Sie haben früh ihre Zeit erfüllt, die vor uns noch mit tausend Rätseln und

---

[151] DRA vom 22.9.1944, Rundfunkarbeitsbesprechung
[152] DRA vom 23.9.1944, "Der Spruch des Tages"

Aufgaben liegt. Wenn wir durch den Nebel gehen, dann verspüren wir die segnende und begleitende Kraft der toten Soldaten in uns und um uns. Mit tausend Händen ziehen sie uns aus der Besorgnis des Dunkels und führen uns in das Licht des kommenden Tages, der auf uns wartet."[153] Nun schien der Zeitpunkt gekommen, dass die deutsche Nation sich mit der Niederlage und dem Verlust von über fünf Millionen gefallenen Soldaten abfinden musste. Nur vereinzelt konnten noch Erfolge von der Front gemeldet werden.

Am 29. September ging es im OKW-Bericht um die Kämpfe in Arnheim in den Niederlanden. Am 28. September sei der letzte Widerstand der eingeschlossenen ersten englischen Luftlandedivision gebrochen worden. In zehntägigen erbitterten Kämpfen sei es damit gelungen, diese restlos zu vernichten. Es seien 6450 Gefangene gemacht worden, und es sei Kriegsmaterial erbeutet worden.

Die Operation Market Garden sollte nach Vorstellung der Briten durch die Landung von Fallschirmjägern den Westwall umgehen und den Rhein bei Arnheim überschreiten, um die deutschen Verteidigungslinien zu umgehen. Die Einnahme der Rheinbrücke wurde in der Tat von den deutschen Truppen vereitelt. Dies führte offenbar dazu, dass sich der Reichsminister für Volksaufklärung und Propaganda wieder in einer öffentlichen Veranstaltung zum Kriegsgeschehen äußerte. Auf einer Kundgebung des Gaus Köln-Aachen der NSDAP in einem Kölner Industriebetrieb hob der Vorredner unter Bezug auf die Herkunft des Reichsministers Goebbels darauf ab, dass gerade die durch den Bombenterror der Alliierten in Mitleidenschaft gezogene Bevölkerung dieses Gaus willens und in der Lage sei, dem Feind weiterhin Widerstand zu leisten. Das Reich Adolf Hitlers sei ein Reich der Verteidigungsbereitschaft. Es ginge nicht nur um den Rhein, sondern um ganz Deutschland.

Dann ergriff Joseph Goebbels das Wort. Der Ton war im Vergleich zum Defätismus der letzten Rede, als er die Volksgemeinschaft auf das nahende Ende mit zahlreichen Verlusten einschwor, wieder geprägt vom Durchhaltewillen und der Parole vom Endsieg.

Als Sohn seiner rheinischen Heimat wolle er dieser in den kritischen Wochen Zuspruch geben und Rat erteilen. Die augenblickliche militärische Lage stimme nicht mit der wahren Kräftelage überein. Die

---

[153] DRA vom 24.9.1944, „Der Spruch des Tages"

Wehrmacht habe die Möglichkeit, sowohl im Westen als auch im Osten wieder offensiv zu werden. Die deutsche Bevölkerung sähe den Eroberer als Unterdrücker. Köln und Königsberg stünden nicht schlechter da als zu Kriegsbeginn im September 1939. Diese Städte ließen sich nicht besetzen (Beifall aus dem Auditorium, Anm. d. Verf.) Das Deutsche Reich kämpfe nicht um Absatzmärkte oder um die Erweiterung seiner territorialen Grenzen, vielmehr wurde es bedroht. Die Reiche mit der besseren Staatsidee hätten am Ende gesiegt: Sparta, Athen, Rom und Preußen. Diese seien als Vorbild anzusehen. Die Störung der Verbindung zwischen kämpfender Front und arbeitender Heimat würde jetzt durch politische Erziehungsarbeit beseitigt. Wichtig sei hierbei die Verkürzung der materiellen und ideellen Nachschubwege.

Churchill habe den kriegsmüden Briten den Sieg bis Mitte Oktober versprochen. Das würde er nicht schaffen, weil es falsch wäre, etwas überstürzen zu wollen. Das hätte er, Goebbels, aus der Niederlage bei Stalingrad gelernt. Diese hätte auf einer falschen Einschätzung beruht, er selbst sei dagegen gewesen. Man müsse jetzt jede Chance nutzen und mit den Volksgrenadierdivisionen alles in den Kampf werfen. So hätte man die doppelte Menge an Soldaten gemessen an dem, was die Engländer und Amerikaner aufbrächten. Die Schließung von Theatern wäre eine gute Maßnahme, Personal für die Kriegswirtschaft zu gewinnen. Frauen würden die Männer dort ersetzen, damit diese an die Front könnten. Der Sieg sei eine Frage des Durchhaltens und des Zeitgewinns. Das Überschreiten der Grenze bei Aachen machte Roosevelt bereits an den Sieg glauben. Man müsse den Widerstandswillen fanatisieren, dass er bis an die Front reiche. Jeder Soldat müsse sich bewusst sein, dass er für die Frauen und Kinder in der Heimat standhalte. Arnheim sei jetzt der Wendepunkt; bislang hatte sich das Wetter immer wie ein Teufel gegen die Deutschen verschworen.

Manchmal bedürfe es nur eines kleinen Anstoßes, bis die Geschichte im positiven Sinne ins Rollen gebracht würde. In Deutschland hätte es mit dem Sieg der NSDAP in der 70 000 Einwohner zählenden Stadt Lippe begonnen.

Goebbels vergleicht die aktuelle Situation mit der eines Boxers – so viele Schläge man auch einstecke, man müsse immer wieder aufstehen, dürfe sich nicht auszählen lassen. Ausgezählt seien bereits Italien, Frankreich, Finnland, Rumänien und Bulgarien. Der Krieg würde so ausgehen, dass die, die auf den Beinen stehen, diejenigen ausplündern würden, die auf dem Boden liegen. Es sei nicht besser, unter den Anglo-Amerikanern als unter den Sowjets zu leben.

Italien stünde jetzt unter der Knute des Anglo-Amerikanismus. Es herrsche dort Typhus, Cholera und Hunger; die Kunstschätze seien geplündert worden. Es gebe Massendeportationen durch das NKWD (Volkskommisariat für Innere Angelegenheiten, Anm. d. Verf.) nach Sibirien. Es dürfe kein Paktieren mit der Feindseite geben. Die Engländer wollten Deutschland zu einem Kartoffelacker machen.

Goebbels: „Wir, die Deutschen, gehorchen nur Adolf Hitler!" Man dürfe sich nicht auf schimpfliche und ehrlose Bedingungen einlassen. Es gebe geheime Pläne. In Stalingrad seien die Deutschen übermütig geworden, aber nun würden sie mit neuen Waffen und Divisionen auf dem Schlachtfeld erscheinen. „Der Sieg ist unser!"[154]

Diese Rede ist in mehrerlei Hinsicht bemerkenswert. Der militärische Erfolg gegen die Briten bei Arnheim war Voraussetzung dafür, dass Goebbels sich nochmals zu einer Rede vor Arbeitern in seinem Heimatland aufschwang. So hatte er einen Anlass, über eine mögliche Wende im Kriegsglück zu philosophieren.

Das Eingeständnis, dass es falsch war, Stalingrad einnehmen zu wollen, wäre als Kritik an Hitler als Oberstem Befehlshaber der Wehrmacht zu werten. Geschickt verknüpft Goebbels diese Selbstkritik mit der These, dass auch Churchill im Übermut einen Fehler begehen würde, indem er einen raschen Sieg erzwingen wolle. Dass es dem Deutschen Reich nicht um die Erweiterung seiner territorialen Grenzen gegangen sei, mutet seltsam an. Immerhin hatte das NS-Regime zu Beginn des Krieges die Forderung nach „Eroberung von Lebensraum im Osten" erhoben.

Das Vorrücken der Alliierten auf das Deutsche Reich hatte in der Bevölkerung Ängste ausgelöst, die Goebbels noch schürte, indem er auf die Lage in Italien verwies. Gleichzeitig sprach er damit die Warnung aus, sich nicht mit den anrückenden Soldaten zu verbrüdern. Die Moral in der Heimat und an der Front hatte in einem solchen Maße gelitten, dass neue ideologische und materielle Anstrengungen vorge-

---

[154] DRA vom 3.10.1944, Rede von Joseph Goebbels, Reichsminister für Volksaufklärung und Propaganda, auf einer Kundgebung des Gaus Köln-Aachen der NSDAP in einem Kölner Industriebetrieb

nommen werden mussten. Den Soldaten an der Front sollte nochmals klar gemacht werden, für wen sie ihr Leben aufs Spiel setzten; der Heimat, dass diese ihren Teil dazu beitragen müsse, indem sie die Kriegswirtschaft voranbringt und die Soldaten moralisch unterstützt.

Die Schließung von Theatern, die 1943 in der Sportpalast-Rede noch kein Thema war (wohl aber die Schließung von Luxusrestaurants und Modesalons), schien nun eine Selbstverständlichkeit zu sein, obwohl der Stellenwert der Kultur zur NS-ideologischen Grundlage gehört hatte. Am 27. November 1939 hatte Goebbels noch über Engländer und Franzosen gespottet, die sofort Kinos und Theater geschlossen hielten.

Man kann diese Rede noch als letzten Verzweiflungsakt sehen – im Angesicht der Niederlage von geheimen Plänen zu sprechen, von neuen Waffen und Divisionen, von einem möglichen Sieg, verlangte auch einem Meister der Demagogie, wie Goebbels einer war, alles ab. Der Beifall des mit Sicherheit handverlesenen Publikums war ihm gewiss und sollte dazu führen, dass der Funke auch auf die Hörer am Volksempfänger übersprang.

Nachrichten für die Front

Eine wichtige Funktion hatte der Kameradschaftsdienst mit Anfragen nach dem Verbleib von Soldaten sowie der Übermittlung von Grüßen und Todesnachrichten. Abwechselnd verlasen eine Sprecherin und ein Sprecher, nach Feldpostbereichen geordnet, die Briefe von Angehörigen, die auf der Suche nach Soldaten waren, die sich lange Zeit nicht gemeldet hatten. Kameraden werden gebeten, Auskunft über den letzten Aufenthaltsort zu geben. In den meisten Fällen war der Kontakt schon über Monate abgebrochen, sodass anzunehmen war, dass die Gesuchten nicht mehr am Leben waren.

In der „Kinderliste" wurden Geburten aus der Heimat vermeldet.

In die Suchmeldungen mischten sich auch Todesnachrichten. Dem Obergefreiten Paul Martin wurde mitgeteilt, dass sein Sohn Kurt am 10. September für Großdeutschland gefallen sei. [155]

---

[155] DRA vom 5.10.1944, Kameradschaftsdienst: Anfrage nach dem Verbleib von Soldaten sowie Übermittlung von Grüßen und Todesnachrichten

Unter anderen wurde der SS-Rottenführer Heinrich Drost gesucht. Ob es sich um den Verfasser der Werke „Die Vertragshilfe des Richters aus Anlaß des Krieges" aus dem Jahre 1930 und „Grundlagen des Völkerrechts" aus dem Jahre 1956 handelt und ob er dem Aufruf, sich zu melden, gefolgt ist, ist nicht verbrieft.

In der Sendung „Kameradschaftsdienst" vom 9.10.1944 wurde neben den Suchmeldungen auch bekannt gegeben, dass die Vermittlung von Uhrenreparaturen für die Soldaten eingestellt worden sei.[156]

Diese nun fast täglich ins Programm aufgenommene Sendereihe spiegelt sehr gut die Lage an der Front und in der Heimat wider.

Die Angehörigen in der Heimat hatten teils seit dem Januar keine Nachrichten mehr erhalten und befanden sich in größter Sorge, vermutlich gemischt mit der Hoffnung, dass dies nur einem Versagen der Feldpost geschuldet sei. An der Front wird es den im Kampf befindlichen Kameraden kein Leichtes gewesen sein, einen Brief mit Informationen über vermisste Kameraden aufzusetzen. Es fehlte an allem, vornehmlich Waffen, Munition, Bekleidung, Lebensmitteln, aber auch an funktionierenden Uhren – da rückte das Schicksal der Vermissten bzw. Gefallenen in den Hintergrund.

Das letzte Aufgebot

Am 18. Oktober 1944 standen in der Rundfunkarbeitsbesprechung die Proklamation Hitlers zur Bildung des Volkssturms und die erläuternden Ausführungen des Oberbefehlshabers des Ersatzheeres, Heinrich Himmler, im Mittelpunkt. Hans Fritzsche betonte, es solle darauf geachtet werden, dass im Volk nicht die Stimmung „So weit ist es nun gekommen" vorherrsche. Vielmehr sei der Volkssturm ein Faktor und ein Beweis für den Wehrwillen des Volkes. In diesen Tagen müsse es die Aufgabe des Rundfunks und oberstes Gesetz sein, die Begeisterung für diese Maßnahme zum Ausdruck zu bringen. Der Vorwurf der Einseitigkeit in der Berichterstattung dürfe nicht gescheut werden. Die Berichterstattung im In- und Ausland müsse über die Aufstellung des Volkssturms in Übereinstimmung mit der Größe und Würde dieses einmaligen Entschlusses befinden.

---

[156] DRA vom 9.10.1944, Kameradschaftsdienst: Suche nach vermißten Soldaten

Ohne auf die feindliche Polemik einzugehen, solle ruhig und sachlich berichtet werden. Herausgearbeitet werden solle der in den PK-Berichten festgestellte starke Eindruck des Führeraufrufs an den Fronten. Die neuerdings positiven Berichte in neutralen Zeitungen, die vor kurzem noch das Ende der deutschen Kampfkraft geschildert hatten, sollten nicht erwähnt werden.

Das Vorbild der Volksgrenadierbataillone solle dargestellt werden, die durch Kampfmoral überzeugt und sich im Totalen Krieg bewährt hätten. Der militärische Charakter des Volkssturms solle betont werden. Nach einer Ausbildung mit praktischen Gefechtsübungen müsse jeder Mann in der Lage sein, sich in den nächsten Wochen und Monaten seiner Haut zu erwehren.[157]

Seit dem 20. Juli 1944 waren Volksgrenadier-Divisionen aufgestellt worden, die aus regulären Einheiten des Ersatzheeres bestanden. Dies war die Reaktion auf die Verluste, die in der Normandie erlitten worden waren. Zudem waren durch die Niederlage der Heeresgruppe Mitte bei Minsk im Sommer 1944 28 Divisionen der Wehrmacht zusammengebrochen. Der Volkssturm sollte nun wiederum die Truppen der Volksgrenadiere auffrischen.

In den folgenden Tagen war in den Rundfunkarbeitsbesprechungen immer wieder der Volkssturm Thema. Nun sollte der Bezug auf die historischen Vergleiche wie z.B. die Freiheitskriege entfallen, stattdessen sollte die Bezeichnung „Volkserhebung mit modernen Waffen" Eingang in die Berichterstattung finden. Es hatten sich in Berlin an einem einzigen Tage 68.000 Freiwillige gemeldet. Fritzsche machte die Rechnung auf, dass wenn auch nur 50.000 davon einsatzfähig seien, man auf einem guten Weg sei. Die Ausrüstung des Volkssturms mit Panzerabwehrkanonen und Maschinengewehren würde Fortschritte machen. Dazu äußerte sich am 27. Oktober ein Mitglied des Volkssturms an der Front in einem Gespräch mit einem PK-Mann. Er sei am 19.Oktober einberufen worden und einen Tag später ohne militärische Ausbildung bereits eingesetzt worden. Der Befehl lautete, eine Stellung gegen die Sowjets zu halten. Dem Artilleriefeuer und den Kampffliegern des Gegners konnten sie nur Maschinengewehre entgegensetzen.[158]

---

[157] DRA vom 18. und 19.10.1944, Rundfunkarbeitsbesprechung
[158] DRA vom 27.10.1944, PK-Bericht

Am 26. Oktober hielt Goebbels eine Rundfunkansprache über das Kriegsgeschehen. Das Kriegsziel habe sich verändert, teils zu Ungunsten, teils zu Gunsten der Deutschen. Der Freiheits- und Lebenswille der Deutschen sei unzerstörbar. Der Krieg, der Deutschland von seinen Feinden aufgezwungen wurde, sei ein Wettlauf mit der Zeit, den man gewinnen würde. Es ginge um das Überleben, die Pläne der westlichen Alliierten wären, Deutschland zum Kartoffelacker zu machen. Die Bolschewisten wollten das deutsche Volk durch Deportationen dezimieren. Die bereits eroberten bzw. kapituliert habenden Völker des Westens würden dies teuer mit Hungersnöten und Anarchie bezahlen.

Es hätte schwere Rückschläge im Frühjahr gegeben, aber kein Erlahmen der deutschen Widerstandskraft. Im Westen mussten Gebiete wieder abgetreten werden. Das militärische Ziel sei nun, die Linie von 1939 wiederherzustellen. Die Front im Westen sei nun stabilisiert. Wichtig sei weiterhin die Ablehnung der Übergabeersuchen des Feindes. Im Osten habe er sich bereits über die deutschen Grenzen hinweg geschoben. Es drohe eine Bolschewisierung des Kontinents. Dagegen wolle man feste Verteidigungslinien errichten. Das Kräftepotential der Sowjetunion habe ein Ende, die Nachschubwege seien anfällig. Er, Goebbels, sei kürzlich in seiner rheinischen Heimat gewesen und habe sich davon überzeugt, dass das Volk nicht die weiße Fahne der Kapitulation hissen würde. Der Führer selbst stehe wie ein Held im Meer und habe nie zuvor so fest an den Sieg geglaubt wie jetzt.[159]

In den Rundfunkarbeitsbesprechungen der nächsten Tage sollte die „richtungsweisende" Rede Goebbels kommentiert werden. Hervorgehoben wurde, dass es keine Friedensangebote von seiner Seite gegeben habe. Zu den Auflösungserscheinungen an der Front hatte sich auch Heinrich Himmler im August 1944 geäußert. Insbesondere der Zusammenbruch der Heeresgruppe Mitte wurde als Defätismus gebrandmarkt. Die Generalität sei unfähig und falle der SS in den Rücken. Dies sei spätestens durch das Attentat vom 20. Juli bewiesen

---

[159] DRA vom 26.10.1944, Rundfunkansprache über die Kriegssituation

worden. Er, Himmler, wolle eine Volksarmee aufbauen. Die verlorenen Gebiete im Osten würden zurückerobert werden.[160]

In der Rundfunkarbeitsbesprechung am 3. November teilte Hans Fritzsche den anwesenden Journalisten das Prozedere bei Luftangriffen mit. Als nachrichtliches „Gerippe" sollte es Luftlagemeldungen zu jeder vollen Stunde geben. Nur bei Verschärfung der Situation, insbesondere beim Einflug stärkerer Kampfverbände, sollte das Programm unterbrochen werden. Wenn dies kurz vor der vollen Stunde der Fall sei, solle man die wenigen Minuten noch abwarten. Der „Kuckucksruf" sei nach wie vor das Zeichen zur Abschaltung des Senders und zur Umstellung auf Drahtfunk. Dies beträfe die großen Städte; die Leute vom Lande würden bei Luftangriffen sowieso nicht in den Keller gehen. Entwarnung solle ebenfalls über den Drahtfunk gegeben werden. Wichtig sei, dass die Zusammenarbeit zwischen dem Offizier, der die Luftlagemeldung herausgibt, und dem Chef vom Dienst funktioniere. Dieser müsse dann entscheiden, wann er das Programm unterbricht bzw. beendet.[161] Am 12. November fand die öffentliche Vereidigung von Männern des Berliner Volkssturms statt. Aus diesem Anlass hielt Reichsminister Goebbels eine Ansprache, die schon von der Tonlage her außerordentlich war. Waren die Reden üblicherweise ein Crescendo, d.h. sie steigerten sich zum Ende hin, so war hier von Anfang an Lautstärke und Dynamik zu verzeichnen. Es begann mit der Erfolgsmeldung, dass in drei Monaten 100 neue Divisionen aufgestellt worden wären. Hunderttausende von Männern hätten sich in der Reichshauptstadt für den Volkssturm gemeldet. Es sei kein Hellebarden-Aufgebot, vielmehr läge jetzt sein, Goebbels, Ehrgeiz darin, diese Männer so auszubilden und auszurüsten, dass sie im Ernstfall bestehen könnten. Er schloss mit der Forderung, dass diese Truppen niemals die Heimat und den Führer preisgeben dürften.

Diese Rede, in Berlin gehalten, wurde in alle Teile des Deutschen Reichs übertragen, in denen weitere Vereidigungen stattfanden.[162]

---

[160] DRA vom 1.11.1944, Redeausschnitte Heinrich Himmlers von Oktober 1943 bis November 1944

[161] DRA vom 3.11.1944, Rundfunkarbeitsbesprechung

[162] DRA vom 12.11.1944, Ansprache von Reichspropagandaminister Joseph Goebbels auf einer Kundgebung zur Vereidigung von Männern des Berliner Volkssturms

Die Ardennenoffensive

Sporadisch drangen noch Nachrichten des Deutschen Soldatendienstes durch. Diese beinhalteten u.a. die erfolgreiche Verteidigung einer Bunkeranlage im Saargebiet und die Vereitelung amerikanischer Durchbruchsversuche bei Düren.

Am 18. Dezember konnte der OKW-Bericht nochmals einen militärischen Erfolg vermelden. Deutsche Soldaten hätten aus dem Westwall heraus den Feind angegriffen, amerikanische Stellungen im Norden Luxemburgs seien im ersten Ansturm überrannt worden.

Die Ardennenoffensive, die letzte Großoffensive der deutschen Wehrmacht, hatte zum Ziel, den Hafen von Antwerpen zurückzuerobern, um den Alliierten die Nachschubwege abzuschneiden. Deutsche Angriffsspitzen kamen zunächst bis fast an die Maas heran, wurden aber in langwierige Kämpfe verwickelt, die den Amerikanern die Zeit gaben, Soldaten und Material nachzurüsten. Aufgrund dieser numerischen Überlegenheit konnte die Front aus deutscher Sicht nicht korrigiert werden.

In den Tagen vor Weihnachten gab es indessen Sendungen wie das „Blinkfeuer Heimat", die an die Adresse der Seeleute in allen Teilen der Welt gerichtet waren. Mit Liedern und Gedichten sollte die „deutsche Weihnacht" in Erinnerung gerufen werden. Gleichzeitig wurde an die Opferbereitschaft appelliert.

Die Maßgaben der Rundfunkarbeitsbesprechungen sahen vor, bei Berichterstattungen über die Westfront keine überschwänglichen Hoffnungen zu wecken. Die Erfolgsmeldungen der Alliierten seien erlogen. Es solle von den Gräueltaten der alliierten Soldaten berichtet werden.

An Heiligabend wandte sich wieder einmal Reichsminister Goebbels im Rundfunk an die Deutschen. Die in Ausschnitten erhaltene Rede sollte Zuversicht wecken, indem von Erfolgen an der Westfront die Rede war. Man gedenke der Soldaten in der Westoffensive und ihrer durch nichts zu zerbrechende Angriffskraft. Das deutsche Volk marschiere mit ihnen in eine Winterangriffsschlacht. Er, Goebbels, lasse über die OKW-Berichte hinaus nichts über die militärische Lage verlauten. Dem Feind sei das Lachen vergangen. Er habe des Führers Wünsche an das deutsche Volk zu übermitteln. Dessen Gedanken kreisten nur um sein Volk. Die Feinde würden ihn als krank schildern, in Wahrheit erfreue er sich bester Gesundheit. Er sei „unser Ein und Alles, unser Stolz und unsere Hoffnung". Das Volk stünde wie eine Mauer vor dem Führer. „Über Gräber voraus" würde er eingedenk der Toten seinen Weg fortsetzen.[163] Die Geheimniskrämerei um die militärische Lage war auffällig; Goebbels tat so, als müsse man sie positiv deuten und annehmen, dass an der Front wichtige Erfolge erzielt würden. Eigentlich wäre ja eine Ansprache des Führers selbst an sein Volk zu erwarten gewesen; offenbar lag aber der „Feind" richtig mit seiner Vermutung, dass Adolf Hitler erkrankt sei. Dies beeilte sich Goebbels zu dementieren. Dass das Volk „wie eine Mauer vor dem Führer" stünde, ist eine Umkehrung der eigentlichen Forderung, dass das Volk hinter dem Führer stehe. So erweckt es den Anschein, dass das Volk den Führer beschützen müsse.

Der Führer wandte sich erst wieder am 1. Januar 1945 an sein Volk. Er erklärte, er würde weniger sprechen, weil er sich auf seine Aufgaben konzentrieren müsse, welche da wären der Aufbau der Armee, neuer Verbände und der Beschaffung besserer Waffen. Sein Glaube an die Zukunft des deutschen Volkes sei unerschütterlich. Er danke dem Herrgott für die Kraft, die er ihm verleihe und vor allem für seine Rettung am 20. Juli 1944.[164]

In dieser kurzen, eher verhaltenen Rede versucht Hitler, seinem Volk eine Begründung für seine nicht mehr vorhandene Präsenz zu liefern. Der Aufbau der Armee, die Aufstellung neuer Divisionen und die Beschaffung von Waffen hatte er ja in die Hände von Himmler, Goebbels und Speer gelegt. Von daher wird eher sein gesundheitlicher Zustand der Grund gewesen sein, warum er sich so gut wie gar nicht mehr selbst zu Wort meldete, sondern sich meist zitieren ließ.

Die täglichen Rundfunkarbeitsbesprechungen im Januar 1945 zeugen von der Bedeutung der Propaganda gerade in dieser für das nationalsozialistische Regime höchst kritischen Zeit. Es wurde nochmals betont, dass eventuelle militärische Erfolge nur im Rahmen der OKW-Meldungen kommentiert werden dürften. Es solle außerdem herausgestellt werden, dass die englische und amerikanische Befreiung Europas die Auslieferung an das Judentum bedeute. Eine israelitische

---

[163] DRA vom 24.12.1944, Ausschnitte aus der Weihnachtsansprache von Joseph Goebbels
[164] DRA vom 1.1.1945, Neujahrsansprache

Wochenzeitung und Führer des Judentums hätten sich über das Zunehmen der Judenfeindschaft in allen angeblich befreiten Ländern beklagt. Man könne schildern, wie es zu dieser antijüdischen Auffassung gekommen sei: durch Auspressung und Erzeugung von Armut und Not. Die ständige Nachgiebigkeit der Amerikaner gegenüber den Bolschewisten sei zu erwähnen.

Man solle den amerikanischen und britischen Soldaten klar machen, dass der Jude der Nutznießer des Krieges sei. Die Sowjets hätten sogar verfügt, dass antijüdische Einstellung mit dem Tode bestraft werden solle. Der Führer habe vorausgesagt, dass am Ende des Krieges der Hass aller Völker gegen das Judentum stehe.[165] Am 10. Januar erfolgte im Rundfunk der Aufruf an die Hitlerjungen zum Eintritt in die Kriegsmarine durch Großadmiral Karl Dönitz. Am selben Tag meldete der Tagesfrontbericht aus den Ardennen, dass es trotz der Überlegenheit des Gegners einer Gruppe von acht Soldaten gelungen sei, in heldenmütiger Standhaftigkeit die Stellung zu halten, fünf Sherman-Panzer zu vernichten und den Durchbruch der Amerikaner zu verhindern.

Von diesem Tag datiert auch ein PK-Bericht über zwei Briefe aus der Heimat für die „Soldatenstunde". Es wurde zunächst aus einem Brief der 61-jährigen Mutter eines deutschen Soldaten an ihren Sohn zitiert. Sie fühle sich in der Heimat gut versorgt und sei in einer Halbtagsarbeit damit beschäftigt, 10.000 Brotbeutel und Pferdeschutzkissen für die Front herzustellen. Sie freue sich jeden Tag auf die Arbeit, weil sie wisse, dass sie etwas produziere, was die Soldaten bräuchten. Der zweite Brief soll in den Taschen eines englischen Kriegsgefangenen gefunden worden sein und beinhaltet die Klagen seiner Ehefrau in London. Es gäbe wenig zu essen, keine Kleidung für die Kinder und ständig Bombenalarm. Dies sei ein Hundeleben.[166]

Am 20. Januar erging ein Aufruf an das deutsche Volk, die Heimatorte nicht zu verlassen. Ein unbekannter Sprecher ermahnte die Volksgenossen und Volksgenossinnen, in der Heimat auszuharren, auch wenn der Feind in Gestalt der Bolschewiken immer näher rücke. Die

---

[165] DRA vom 6.1.1945, Rundfunkarbeitsbesprechung
[166] DRA vom 10.1.1945, Rundfunkaufruf an die Hitlerjungen zum Eintritt in die Kriegsmarine, PK-Bericht über zwei Briefe aus der Heimat an die Front, Tagesfrontbericht aus den Ardennen

jüdische Sowjetregierung versuche mit allen Mitteln, das deutsche Volk zu vergewaltigen und zu vernichten. Deshalb hieße es Sieg oder Untergang, es dürfe kein Zurückfluten in die Mitte des Landes geben. Die deutsche Armee könne nur siegreich vorwärts dringen, wenn die Heimat nicht verlassen, sondern verteidigt wird.[167]

Die letzte Rundfunkrede Adolf Hitlers am 30. Januar 1945 war im Gegensatz zur Neujahrsansprache sehr dynamisch und eindringlich.

„Ich appelliere in dieser Stunde an das ganze deutsche Volk, an meine alten Mitkämpfer, an alle Soldaten, sich mit noch einem größeren Widerstandsgeist zu wappnen, bis wir den Kranz mit der Schleife auf das Grab legen dürfen: „Und Ihr habt doch gesiegt". Ich erwarte von jedem Deutschen, dass er seine Pflicht aufs Äußerste erfüllt, dass er jedes Opfer, das von ihm gefordert wird und gefordert werden muß, auf sich nimmt. Ich erwarte von jedem Gesunden, dass er sich mit Leib und Leben einsetzt im Kampf, ich erwarte von jedem Gebrechlichen oder sonst Unentbehrlichen, dass er bis zum Aufgebot seiner letzten Kraft arbeitet. Ich erwarte von den Bewohnern der Städte, dass sie die Waffen führen in diesem Kampf, ich erwarte vom Bauern, dass er unter höchstmöglicher eigener Einschränkung das Brot gibt für die Soldaten und Arbeiter. Ich erwarte von allen Frauen und Mädchen, dass sie diese im Kampf mit äußerstem Fanatismus unterstützen. Ich wende mich im Vertrauen dabei an die deutsche Jugend, und wenn wir so eine verschworene Gemeinschaft bilden, können wir mit Recht vor den Allmächtigen und ihn um seine Gnade und seinen Segen bitten. Und mehr kann ein Volk nicht tun, als dass jeder, der kämpfen kann, kämpft und jeder, der arbeiten kann, arbeitet und alle gemeinsam die Freiheit und die nationale Ehre des Lebens sicherstellen. So schwer auch die Krise im Augenblick sein mag, sie wird durch unseren unabänderlichen Willen und unsere Opferbereitschaft...[168] Wir werden auch diese Not überstehen, es wird auch in diesem Krieg nicht Asien siegen, sondern Europa als Vormacht gegen den Osten vortreten und an der Spitze diese Nation, die Europa seit anderthalb tausend Jahren vertreten hat und in aller Zukunft vertreten wird – unser Großdeutsches Reich und Deutsche Nation."[169]

---

[167] DRA vom 20.1.1945, Rundfunkansprache N.N.
[168] Letztes Wort nicht verständlich, Anm.d.Verf.
[169] DRA vom 30. Januar 1945, Ansprache Adolf Hitlers

Ab Mitte Januar fanden sich unterhaltende Sendungen im Programm wieder. Meistens handelte es sich um Sketche, gesprochen von bekannten und beliebten Schauspielern. So z.B. die Humoreske „Der Pantoffelheld" mit Günther Lüders und Walter Gross. Günther Lüders im Hamburger Idiom, Walter Gross als Berliner – so unterhielten sie sich über die Empfehlungen von Gattin Emilia, welche Teesorte gegen Erkältungen einzusetzen sei.

„Das Fotoalbum", gesprochen von Winnie Markus und Erik Frey, stellte eine Szene eines Ehepaares nach, welches sich trennen will und in Streit darüber gerät, wer welches Foto aus dem gemeinsamen Fotoalbum behalten darf. Letzten Endes verträgt es sich dann wieder.

Auch Ratgeber-Sendungen wie die „Große Wäsche" waren noch vertreten; hier wurden der Hausfrau Empfehlungen gegeben, wie sie Wäsche, sei es in der Waschmaschine oder im Kessel, richtig behandelt.[170] Es war auch wichtig, Kinder in die unterhaltende Propaganda einzubeziehen. So wurde am 4. Februar 1945 in der Reihe „Gruß an Familie Fröhlichs Kinderstube" noch ein Sketch aufgeführt, in dem Kinder mit Begeisterung Soldat spielten.[171] Die Autorin und Sprecherin dieser Reihe war Ilse Obrig, die nach dem Krieg zunächst beim Berliner Rundfunk, dann beim RIAS und schließlich von 1954 bis 1973 beim Sender Freies Berlin als leitende Redakteurin des Kinderfunks und Kinderfernsehens beschäftigt war.

Am selben Tag meldete der OKW-Bericht, dass nordamerikanische Bomberverbände Wilhelmshaven getroffen hätten und es deutsche Luftangriffe auf London gegeben habe.[172]

In den folgenden Tagen spielten sich Abwehrschlachten im Raum Kattowitz ab, die in den PK-Berichten als Heldentaten verklärt wurden. So soll eine kleine Gruppe von Hitlerjungen mit ihren Panzerfäusten 30 sowjetische Panzer abgeschossen haben.

In der Rundfunkarbeitsbesprechung hieß es, es gebe Gefahren für das Reich aus dem Westen und Osten. Der Schwerpunkt der westlichen Offensive liege im Raum von Aachen. Man dürfe dem deutschen Volk die Wahrheit nicht vorenthalten. Dies zum Zeitpunkt der Konferenz von Jalta, die am 4. Februar begonnen hatte und bis zum 11.

---

[170] DRA vom 17.1.1945, "Große Wäsche" und 18.1.1945, "Der Pantoffelheld"
[171] DRA, 4.2.1945, Gruß an Familie Fröhlichs Kinderstube
[172] DRA, 4.2.1945, OKW-Bericht

Februar dauerte. Während Heinz Maegerlein in seinem PK-Bericht vom 11. Februar noch vom unbeugsamen Kampfgeist der Soldaten schwärmte, die 239 Panzer und 530 Fahrzeuge des Feindes vernichtet hätten, versammelten sich Roosevelt, Churchill und Stalin auf Jalta, um eine Nachkriegsordnung für Deutschland zu beschließen.

Darauf ging am 11. Februar Hans Fritzsche in der Rundfunkarbeitsbesprechung ein. Es solle über die Konferenz berichtet werden, aber ohne Einzelheiten zu erwähnen. Die Hass- und Rachepläne gegen das deutsche Volk sollten herausgestellt werden. Man müsse der Behauptung entgegentreten, das deutsche Volk würde kapitulieren und damit den Kapitulationsbedingungen den Wind aus den Segeln nehmen. Die Nichtteilnahme Frankreichs an der Konferenz sei zu erwähnen und dessen Enttäuschung darüber, nicht eingeladen worden zu sein. De Gaulle habe gesagt, dass Frankreich nur Schlachtfeld und Kanonenfutter gewesen sei. Ein deutliches Übergewicht der Sowjetunion solle beschrieben werden.

An den Ergebnissen von Jalta sei von der Weltpresse bereits Kritik geübt worden. Unter anderem würden die Beschlüsse einen Verrat an Polen bedeuten. Die Amerikaner hätten Kriegsgewinne auf Kosten der Briten erzielt. Es sei ein absoluter Sieg der Bolschewisten, Roosevelt und Churchill könnten sich gegenüber Stalin nicht durchsetzen. Jalta sei außerdem ein Sieg des Weltjudentums.[173] Der PK-Bericht aus dem Kampfraum Berlin vom 19. Februar versucht, die hoffnungslose militärische Lage nochmals zu beschönigen. Der Gefechtsstand bei Berlin sei nach anfänglichen Schwierigkeiten gut organisiert. Volkssturm, Polizei und HJ-Führer seien vor Ort, Melder gingen hier ein und aus. Das Netz der Verteidigung um Berlin herum würde dichter und haltbarer gestrickt.[174]

Statt der Eroberung neuen Lebensraums nun also das Rückzugsgefecht zur Verteidigung der deutschen Reichshauptstadt – und die Bombardierung Dresdens in der Nacht vom 13. zum 14. Februar, die weitere 25.000 Menschen das Leben kostete.

Der Rundfunkkommentar zum alliierten Luftangriff, gesprochen von Hans Fritzsche, war eine einzige Anklage der nach Aussagen britischer und amerikanischer Generäle Racheaktion gegen das deutsche

---

[173] DRA-Archiv, Rundfunkarbeitsbesprechungen vom 9.-19.2.1945
[174] DRA-Archiv, PK-Bericht aus dem Kampfraum Berlin vom 19.2.1945

Volk. Die Behauptung, das Deutsche Reich habe die westliche Hemisphäre erobern wollen, sei grundfalsch. Die Bombenangriffe auf Dresden seien organisierter Massenmord. Getroffen wurden keine militärischen Ziele, wie der Feind behauptet, sondern die Zivilbevölkerung. Insbesondere, als diese sich am 15. Februar ans Aufräumen machen wollte, erfolgte der zweite Terrorangriff.

Brendan Bracken, zu diesem Zeitpunkt britischer Informationsminister, was gleichbedeutend mit der Funktion eines Propagandaministers war, habe am 19.8.1943 gesagt, dass Völker, die für die Entfesselung dieses Krieges verantwortlich sind, auf jede erdenkliche Weise zu bombardieren, mit Feuer auszurotten und zu vernichten seien. Die Bolschewiken seien dabei gelehrige Schüler der diabolischen Dialektik des Westens. Jalta sei das Morgenrot einer neuen bolschewistischen Welt.[175] Im Deutschen Rundfunkarchiv erhalten sind verstärkt ab Mitte Februar 1945 die täglichen Sendungen des amerikanischen Soldatensenders 1212. Dass OKW- und PK-Berichte nur noch selten vorkamen, lässt auf logistische Probleme schließen. Die ebenso täglichen Rundfunkarbeitsbesprechungen waren ja intern, d.h. es waren Anweisungen für die Journalisten überwiegend der schreibenden Zunft, welche Themen sie behandeln, welche Informationen sie auswerten und welche sie zurückhalten sollten.

Die PK-Berichte, so sie denn noch gesendet wurden, appellierten an den Durchhaltewillen der deutschen Bevölkerung. Ein unbekannter PK-Mann schildert seine Eindrücke bei der Rückkehr in seine Heimatstadt: „An allen Ecken, soweit das Auge reichte, zuckten grelle Flammen. Qualm stieg über der Silhouette der schönen Barockstadt empor. Ein grauenvolles Bild der Vernichtung. Und als ich am nächsten Morgen mir durch die Trümmer der Kulturdenkmäler einen Weg bahnte, da mußte ich sehen, dass diese Stadt nicht mehr ist. Der teuflische Vernichtungswillen unserer Feinde hat ihr blühendes Leben ausgelöscht. Nichts lebt mehr in ihr – alles, was den Einheimischen, den Fremden und den meisten Ausländern, die Dresden vor dem Krieg besuchten, Sinnbild und Verkörperung der schönen alten Barockstadt war, gehört seit diesem Tag der Vergangenheit an. Die weltberühmte Kuppel der Frauenkirche, das weithin sichtbare Wahrzeichen der Stadt, ist, von Sprengbomben getroffen, in sich zusam-

---

[175] DRA-Archiv, Kommentar zur Bombardierung Dresdens vom 18.2.1945

124

mengestürzt. Der Zwinger, das barocke Schmuckstück der Stadt, ist ein Opfer der Brandbomben und Phosphorkanister der verbrecherischen Luftgangster geworden... . Schutthaufen, rauchende hohle Ruinen, leere ausgebrannte Fassaden sind die Reste dieses Steins gewachsenen Lebens. Satanischer kann sich der Ungeist eines verrohten Vernichtungswillens nicht offenbaren, der mit Sprengbomben und Phosphor jahrhundertealte Kultur auslöscht. Ich steige über Trümmer in das Innere der Stadt. Das Leben der Menschen, die diesen Geist wahrten und belebten, ist erloschen. Wohnstätten, soweit das Auge reicht, sind restlos zerstört und ausgebrannt... . Das ist die Ruhe des Grabes von Tausenden von Volksgenossen, die hier ihrer Arbeit nachgingen, die hier wohnten. Auf breiten Straßen und Plätzen liegen sie neben Frauen und Kindern, die in ihrer Todesangst sich vor der Gewalt des Feuers ins Freie retten wollten. Von Sprengbomben zerrissen, von Phosphor verbrannt und verstümmelt, erschütternde Bilder sind das. Gequälte, unschuldige Menschen mit der Gebärde der letzten qualvollen Sekunden der Todesangst... . Flüchtlinge aus den Ostgebieten, die eben erst ihr Leben noch vor den Bolschewisten gerettet hatten – die Stadt war in diesen Tagen voll von evakuierten Flüchtlingen aus den deutschen Ostgauen... . Sie ahnten es ja gar nicht, was sie zerstörten, diese Barbaren, denen jedes Verständnis für die unersetzlichen Werte europäischer Kultur fehlt – jener Kultur, für die diese Toten ihr Leben einsetzten. Ich sah noch keine Stadt, an der sich der verbrecherische Vernichtungswille unserer Feinde so satanisch austobte wie hier in Dresden. Es ist fast überflüssig zu sagen, dass der weitaus größte Teil dieser Stadt keine militärischen Ziele waren... . Weit entfernt ist diese barbarische, teuflische Kriegsführung, die Mord und Verbrechen auf ihre Fahnen geschrieben hat, von unserer Auffassung des Krieges, auch des totalen Krieges im weitesten Sinne des Wortes. Das ist himmelweit entfernt von unserem Kampf um das Leben unseres Volkes... . Das ist auch kein Kampf nur gegen den Nationalsozialismus, oder gegen die Partei, oder gegen unsere Staatsführung. Das ist der gemeine Wille zur Vernichtung unserer Lebenskraft, unseres gesamten Volkes schlechthin. Wir wissen, sie wollen uns weich machen. Sie wollen uns in die Knie zwingen, aber gerade jetzt soll ihnen das nicht gelingen... . Ich sah die aufkommende Resignation, die verzweifelte Abgestumpftheit und Gleichgültigkeit des ersten Tages und danach die einsetzende Erkenntnis der allge-

meinen Not, die gegenseitige Hilfsbereitschaft und den Widerstandswillen, der sich nun in den Herzen der Überlebenden bildet. Er formt
sich in uns allen zu unerbittlicher Härte und Festigkeit. Und aus eige-
nem Erleben und Anschauen steigt der Wille auf: Jetzt nicht weich
werden, jetzt hart sein, immer härter. Jetzt nicht nachgeben, jetzt erst
recht nicht!"[176]

Die Konferenz von Jalta

Am 27. Februar hatte Churchill eine Rede vor dem House of Commons zur Konferenz von Jalta, auch Krim-Konferenz genannt, gehalten. Dort verteidigte er u.a. die Nichteinladung Frankreichs mit der
Begründung, die drei Großmächte England, USA und Sowjetunion
hätten die Hauptlast des Krieges getragen. Die Wiederherstellung der
Curzon-Linie auf Betreiben Stalins rechtfertigte er mit dem historischen Anspruch Russlands auf dieses Gebiet. Dies bedeutete gleichzeitig die Abtretung westlicher Gebiete Deutschlands an Polen. Die
Politik der Briten und ihrer Alliierten sei keine Rache, sondern die
Sicherung von Frieden und Sicherheit für die Welt.[177]
In der Rundfunkarbeitsbesprechung vom 28. Februar gab Hans Fritzsche die Anweisung, auf die Rede Churchills nicht weiter einzugehen,
da sie keine große Bedeutung habe und für die englische Bevölkerung
uninteressant sei. Vielmehr solle man dem englischen Unterhaus Fragen nahelegen, z.B. wie die Haltung der Briten in der Polen-Frage zu
begründen sei. Erwähnt werden solle hingegen, dass Lord Halifax die
gute Versorgung der Bevölkerung in den besetzten Gebieten durch
die deutschen Truppen gelobt habe. Es solle im Übrigen auf die be-
vorstehende Rede Goebbels am selben Tage hingewiesen werden.[178]
Diese im Rundfunk übertragene Ansprache zur Kriegslage war der
letzte Versuch der NS-Führung, vertreten durch den Propagandami-
nister, die deutsche Bevölkerung zur Verteidigung des Vaterlandes
aufzurufen und den Glauben an den Sieg wachzuhalten. Goebbels
geht zunächst auf die militärische Lage ein. Diese habe sich zu Ungunsten Deutschlands entwickelt. Der Feind sei tief in den deutschen

---

[176] DRA-Archiv vom 20.2.1945, PK-Bericht: Dresden nach den alliierten Bomben-
angriffen
[177] Crimea Conference in the House of Commons am 27.2.1945
[178] DRA-Archiv, Rundfunkarbeitsbesprechung vom 28.2.1945

Ostraum eingedrungen, dies sei eine bedrückende Situation. Der OKW-Bericht und die Zeitungen machten keinen Hehl daraus. Die Lage sei aber vergleichbar mit der der Sowjetunion im Spätherbst 1941, als die deutschen Truppen vor Leningrad standen. Da habe sich die Rote Armee nicht geschlagen gegeben. Ebenso hätte England die Niederlage in Dünkirchen nicht dazu bewogen, aufzugeben. Daraus folge, dass es keine Preisgabe des Deutschen Reiches geben solle. Der Satz „So schnell schießen die Preußen nicht" wäre jetzt abgewandelt in „So schnell hören die Deutschen mit Schießen nicht auf." Im Osten würden neue Verteidigungslinien errichtet. Man verteidige sich gegen einen blutrünstigen und rachsüchtigen Feind. In der Heimat herrsche sadistischer Luftterror. Wir, die Deutschen, wollten aber lieber sterben als sich zu ergeben, das beträfe auch die NS-Führung. Goebbels zieht den Vergleich zu einem Marathon-Läufer, dem bei Kilometer 35 die Puste auszugehen droht, der aber dennoch tapfer weiterläuft. Der Luftterror sei kaum zu ertragen, aber bei einer Niederlage warte noch Schlimmeres auf die deutsche Bevölkerung. Die V-Waffen würden nun stärker und der U-Boot-Krieg werde wieder aufleben. Dann stellt er die Frage, was dieser Krieg eigentlich die USA angehe. Sie hätten mehr als doppelt so viele Verluste wie im I. Weltkrieg. Roosevelt habe vorgelogen, das Deutsche Reich bedrohe die westliche Hemisphäre. Churchill verkenne die Interessen des Empires und sei der Wurmfortsatz der USA. Die Deutschen warteten nicht auf ihr Todesurteil – für die Führung sei es selbstverständlich, im Sterben ehrenvoll voranzugehen, sollte der Krieg zu Ungunsten des Deutschen Reiches ausgehen.[179]

Hier kündigt Goebbels öffentlich schon den Suizid der NS-Führung an. Die Formulierung „Im Sterben vorangehen" mutet angesichts der Zahl bereits gefallener Soldaten und der Opfer des Bombenkriegs seltsam an. Es konnte ja nicht gemeint sein, dass das Volk geschlossen Selbstmord angesichts des Feindes begehen sollte; vielmehr wollte Goebbels durch die drastische Drohung erreichen, dass der Widerstand mit größter Härte geführt würde. Dies war allerdings angesichts der militärischen Lage aussichtslos. Der Vergleich mit Leningrad und Dünkirchen sollte suggerieren, dass Russen und Briten sich aus einer ähnlich aussichtslosen Lage befreien konnten. Der Vergleich hinkt,

---

[179] DRA-Archiv, Rundfunkrede über die Kriegslage, 28.2.1945

weil das Deutsche Reich zu diesem Zeitpunkt keine Rückzugsmöglichkeiten und keine Reserven mehr hatte. Einen Funken Hoffnung sollte der in dieser Rede angedeutete U-Boot-Krieg geben. Es sollte ein völlig neuer Typus U-Boote eingesetzt werden, die U-Boot-Klasse XXI. Dieses U-Boot wurde seit 1944 gebaut und hatte einen Elektromotor, der unter Wasser eine höhere Geschwindigkeit ermöglichte als die Dieselmotoren an der Wasseroberfläche. Durch den Einbau eines Schnorchels konnte es fast ständig unter Wasser fahren. U 2511 lief im März 1945 aus; in welche Kampfhandlungen dieses U-Boot verwickelt war, ist nicht bekannt.

In der Rundfunkarbeitsbesprechung vom 6. März wurde den anwesenden Journalisten jedenfalls der Auftrag erteilt, über Erfolge im U-Boot-Krieg zu berichten.

Am 11. März hielt Goebbels in Niederschlesien eine Ansprache vor Soldaten der Ostfront. Unter lautstarkem Beifall führte er nochmals aus, dass der Feind zu schlagen sei, dass die Übermacht der Moral über die Übermacht des Materials siegen werde. Auch Friedrich der Große habe von seinen Feinden nicht niedergeschlagen werden können. Der Führer glaube fest an die Überwindung der Krise, dass der Feind geschlagen werden würde und dass die Deutschen schlussendlich den Sieg an ihre Fahnen heften könnten. Die Übertragung dieser Rede im Rundfunk würde die Moral der Soldaten überall an der Front heben.[180] Nicht im Deutschen Rundfunk-Archiv erhalten ist die „Vormittags-Heldengedenkstunde" vom 11. März 1945, ein im Rundfunk übertragener Gottesdienst. Diese fand großes Lob von Hans Fritzsche in der Rundfunkarbeitsbesprechung. Es sei ein historisches Ereignis gewesen, nach langen Jahren wieder einen Gottesdienst im Rundfunk zu übertragen. Wenn es nach ihm ginge, solle man es zur ständigen Einrichtung machen.[181]

In der letzten Phase des Krieges besann man sich offenbar auf das Christentum. Obwohl die Konfessionen im Nationalsozialismus eher nur gelitten waren, wurden Gottesdienste als Trostspender und damit als hilfreich empfunden. Durch eine Übertragung im Rundfunk konnte man sowohl an der Front als auch in der Heimat ein großes Publikum erreichen.

---

[180] DRA-Archiv vom 11.3.1945, Goebbels-Rede vor den Soldaten der Ostfront
[181] DRA-Archiv, Rundfunkarbeitsbesprechung vom 11.3.1945

Bomben auf Goebbels Ministerium

Die Rundfunkarbeitsbesprechung vom 14. März stand ganz im Zeichen der in der vergangenen Nacht erfolgten Bombardierung des Reichspropagandaministeriums. Hans Fritzsche konstatiert nüchtern, dass es dem Feind nach einigen vergeblichen Versuchen nun gelungen sei, das Gebäude in größeren Teilen zu zerstören. Bedauerlich sei der Verlust von Gemälden wie dem „Raub der Sabinerinnen", die verbliebenen solle man besser in den Luftschutzkeller bringen. Er sei noch telefonisch erreichbar, die Telefonanlage sei nicht zerstört worden. Es könne nur sein, dass er sich nicht immer im Büro aufhalte, da es dort durch die Beschädigung des Mauerwerks zu zugig geworden sei. Über die Folgen des Bombenangriffs solle aber nicht berichtet werden, da der Feind sich sonst dessen rühmen könne. Es solle auch kein Bild der Desorganisation des deutschen Rundfunks und seiner Sprechleitung geboten werden; vielmehr solle die Berichterstattung nahtlos fortgesetzt werden, wie z.B. über die Abweisung der Angriffe auf Breslau.

Die OKW-Nachrichten aus dem Führerhauptquartier vermeldeten am folgenden Tage militärische Erfolge in Ungarn und der Slowakei. Die Festung Breslau werde erfolgreich verteidigt. Die feindlichen Angriffe bei Stettin wären liegengeblieben. Kolberg habe sich nicht ergeben. Angriffe in Danzig wären vereitelt worden. In Königsberg seien 88 feindliche Panzer vernichtet worden.

Am Niederrhein wäre bei Remagen ein Gegenangriff gestartet worden. Der Feind dringe unter Einsatz künstlichen Nebels am Ostufer der Mosel vor. Alliierte Luftangriffe auf Wohngebiete in Hannover, Hildesheim, Gütersloh und Hattingen. Bombenabwürfe über Mitteldeutschland, im Gegenzug seien 23 Bomber abgeschossen worden. Sturmwikinge und Kleinst-U-Boote hätten vier feindliche Schiffe versenkt.[182]

Diese Erfolgsmeldungen wirken angesichts der Tatsache, dass die Sowjets mit 2,5 Mio. Soldaten und über 6000 Panzern vor den Toren der Hauptstadt standen und diese von amerikanischen und britischen Luftstreitkräften bombardiert wurde, wie ein Ablenkungsmanöver. Die Anzahl feindlicher Schiffe, Bomber und Panzer, die vernichtet wurden, soll suggerieren, dass es relevante militärische Erfolge an der

---

[182] DRA-Archiv, Bericht von den Kämpfen um Danzig, 15.3.1945

Oderfront gebe, während im selben Zeitraum weitere deutsche Städte von Bomben zerstört wurden. Lediglich 800 Panzer hatte die Wehrmacht zur Verfügung, zur Verteidigung Berlins standen 100.000 Mann bereit, davon 40.000 Angehörige des Volkssturms.

Ein PK-Bericht schildert, unterlegt von Kanonendonner, hingegen eindringlich den Angriff auf Danzig. Die feindliche Artillerie schoss in die Straßen, Tiefflieger überflogen die Stadt, die Bevölkerung suchte Schutz.[183] Aus der Festung Koblenz wurde berichtet, dass sechs Amerikaner sich angeschlichen hatten, aber entdeckt wurden. Fünf seien abgeschossen, einer gefangen genommen worden. Der junge Soldat, der die Amerikaner entdeckt und die Deutschen gewarnt hatte, bekam das Eiserne Kreuz verliehen.[184] Zwei Tage später gelang in der Festung Breslau die Zerstörung einer sowjetischen Panzerabwehrkanone sowie von fünf Feindpanzern. Dies war das Werk eines aus dem Reichsarbeitsdienst verpflichteten 17-jährigen Soldaten mit seiner Flakbatterie.[185] Hier wird wieder deutlich, dass nunmehr der jugendliche Held, der mit seinen Taten ein Vorbild ist, in den Mittelpunkt der Berichterstattung rückt.

In der Rundfunkarbeitsbesprechung vom 19. März gab Hans Fritzsche die Order aus, nicht weiter auf den Luftangriff auf Berlin einzugehen. Er solle nicht anders behandelt werden als alle anderen Luftangriffe. Dann kündigt er Rundfunkansprachen von Reichsminister Herbert Backe und Rüstungsminister Albert Speer an.

In welche Bedrängnis die NS-Führung angesichts der militärischen Lage kam, zeigt eine Mitarbeiterversammlung des Reichsrundfunks in Berlin über das Programm des Rundfunks in der gegenwärtigen Kriegssituation. Hierzu ergriff Werner Naumann, Staatssekretär im Propagandaministerium und Vertrauter von Goebbels, vor den versammelten Reportern das Wort. In seiner Rede stellte er klar, dass der Rundfunk im Augenblick die wichtigste propagandistische Waffe sei. Zeitungen konnten zu diesem Zeitpunkt nicht mehr regelmäßig und im gewohnten Umfang erscheinen, Versammlungen waren kaum möglich, die Wochenschauen gab es nur in den Lichtspielhäusern und

---

183 DRA-Archiv, PK-Bericht von den Kämpfen um Danzig, 15.3.1945
184 DRA-Archiv, PK-Bericht von der Festung Koblenz, 17.3.1945
185 DRA-Archiv, Beitrag über die Leistung einer RAD-Flakbatterie von 17-jährigen Soldaten, 19.3.1945

die waren überwiegend geschlossen. So wurde auch die Deutsche Wochenschau mitunter als Tonfilm abgespielt.

Nachrichten seien nicht nach Aktualität zu senden; ihr Stellenwert bemesse sich nach ideologischen Grundsätzen. Sie sollen in das Schema passen und sollen den Anschein der Objektivität haben. Der Hörer soll erfahren, wo der Feind sich nähere, ob in Frankfurt/Oder oder in Frankfurt am Main, soll die Nachricht aber so aufnehmen, wie „wir wollen".

Es solle kein durchgehendes Musikprogramm mehr geben. Das mache keinen Sinn, wenn die Leute überlegten, wie weit der Feind noch von Berlin entfernt sei. Deshalb soll das Programm immer wieder durch Nachrichten unterbrochen werden. Die Leute überlegten, wo der Feind stehe, wie lange er brauche, welcher Feind zuerst da sei – die Russen im Osten oder Amerikaner und Engländer im Westen? Evakuierte Familien überlegten, wo befindet sich der Feind jetzt, was sagt der Führer, was ist die beste Möglichkeit, wie und wo können wir den Feind aufhalten. Am besten wäre eine Führer-Rede dazu, aber ob man sie in absehbarer Zeit bekomme, wisse man nicht. Es wäre ein Geschenk, mit dem man die Leute befriedigen könnte. Diese Rede stehe aber nicht zur Verfügung, deshalb müsse man sich andere Methoden überlegen. In den abendlichen Rundfunksendungen solle Musik gespielt werden, aber unterbrochen von PK-Berichten, wie es die Soldatensender machten. Diese Meldung könnte z.B. lauten: „Wir haben 28 Panzer abgeschossen, Offenbach ist fest in deutscher Hand".

Ein Teil des Volkes glaube nicht mehr an den deutschen Sieg, aber alle wollten ihn. Man müsse erklären, warum eine Niederlage nicht sein darf. Ein Grund seien die Hungersnöte, wie sie überall in Europa nach der Besetzung durch den Feind herrschten. Der Tagesbefehl eines Reichsführers SS an seine in Minderzahl befindliche Truppe sei zu zitieren: „Ein standhafter Mann wird auch mit einer Überzahl Russen fertig."

Das laufende Programm soll durch Erfolgsmeldungen unterbrochen werden in der Art wie: „Jetzt kommt gerade aus Frankfurt ein PK-Bericht". Mit solchen Meldungen habe man das Volk laufend an der Strippe. Der Großteil des Volkes habe den Glauben nicht mehr, aber im Unterschied zu 1918 wollten auch die Ungläubigen den Sieg. Man solle heroische Beispiele verwerten und in den Kompanien die Tapfersten herausstellen, damit sie den anderen ein Beispiel seien. Naumann: „Sie müssen den fanatischen Widerstandswillen in Ihr Programm hineintragen!"

Die anglo-amerikanische Besatzung sei nicht besser als die russische, man solle sich keinen Illusionen hingeben. Der einzige Unterschied sei, dass Frauen nicht vergewaltigt würden.

Festungen im Osten wie Breslau und Königsberg seien gehalten worden; im Gegensatz dazu sei der Widerstand in den Städten im Westen nicht so erfolgreich. Der Osten kämpfe von sich aus, im Westen wolle man sich durch Kapitulation ruhigere Wochen erkaufen, dann käme aber das böse Erwachen.

Unangenehme Nachrichten solle man der Bevölkerung in entschlossenem Ton bekannt geben. Aber es gebe ja nicht nur Negatives; man könne zwar nicht das ganze Volk aufheitern, aber die optimistischen Stimmen der Träger der öffentlichen Meinung verwerten. Man solle nichts beschönigen, man könne sogar die Lage härter schildern, als sie ist, wenn man den richtigen Ton treffe. Es seien auch keine falschen Hoffnungen zu wecken.

Die Sprecher müssten persönlich an den Sieg glauben, er wolle keine, die schon die Koffer gepackt hätten. Die Lage sei ernst, aber nicht aussichtslos.

Mittags sollten Berichte zur Lage gesendet werden. Ein Vortrag sei gut, wenn heroische Elemente dominierten. General Dittmar, Fritzsche und Scharping könnten durch propagandistische Reden im Rundfunk die militärische Lage beeinflussen.[186] Mit General Kurt Dittmar hatte Naumann allerdings auf das falsche Pferd gesetzt. Er war im April 1942 vom OKW als General zur besonderen Verwendung (z.b.V.) zum Reichssender Berlin versetzt worden. Seine Rundfunk-Kommentare zur militärischen Lage entsprachen durchaus der Vorgabe, keine falschen Hoffnungen zu wecken. Im April 1945 erschien er nicht mehr zum Dienst. Zunächst ging das Gerücht um, er habe Selbstmord begangen; stattdessen war er aus Berlin in die Nähe Magdeburgs geflüchtet. Nach gescheiterten Verhandlungen über die Evakuierung deutscher Verwundeter ergab er sich der 30. US-Infanterie-Division, die die Westseite der Elbe hielt. Als hochrangiger

---

[186] DRA-Archiv, Mitarbeiterversammlung des Reichsrundfunks in Berlin über das Programm des Rundfunks in der gegenwärtigen Kriegssituation vom 28.3.1945

deutscher Kriegsgefangener kam er zunächst in ein Speziallager der Briten, wurde dann aber im Mai 1948 freigelassen und reiste in die Bundesrepublik Deutschland aus.

Hans Fritzsche, der Leiter der Rundfunkabteilung im Propagandaministerium, gab hingegen in den Rundfunkarbeitsbesprechungen eher die Linie vor, die schwierige militärische Lage nicht besonders hervorzuheben und stattdessen auf Differenzen innerhalb der Alliierten zu verweisen. Militärische Erfolge der Alliierten wie der Vorstoß über die Ludendorff-Brücke bei Remagen, deren vollständige Sprengung der Wehrmacht nicht gelungen war, oder die Zerstörungen am Propagandaministerium sollten verschwiegen werden. Auch der Bombardierung Berlins sollte keine besondere Bedeutung beigemessen werden.

Sein Stellvertreter, Karl Scharping, setzte den Schwerpunkt in den Rundfunkarbeitsbesprechungen auf den Bolschewismus und die Gräueltaten der russischen Truppen in den besetzten Gebieten. Außerdem war für ihn Polen das ultimative Beispiel der Unterwerfung Churchills und Roosevelts unter Stalin. Polen sei den Bolschewisten restlos ausgeliefert worden. Über die Lage an der Ostfront sollte schonungslos berichtet werden, aber immer mit einem Aufruf zum Widerstand. Die Lage sei ernst, aber über kurz oder lang zu meistern.

Auf der Ebene der PK-Berichter wurden die Weisungen von Staatssekretär Werner Naumann umgesetzt. So in einem Frontbericht von Leutnant Leonhard Osnietzky von der Heeresgruppe Mitte aus Oberschlesien. Die deutsche Front sei zwar zurückgewichen, dies habe dem Feind aber den Verlust von 1.000 Panzern und 75.000 Mann eingebracht. Die Mährische Pforte sei für die angreifenden Truppen verschlossen. „Unsere Oberschlesien-Front" könne durch Waffen und Material nicht zerschlagen werden; man lasse sich nicht erschüttern, sondern schlage zurück. Die Sturmgeschützkommandanten hätten ganze Rudel von T34-Panzern abgeschossen. Besonders hervorgehoben wurde Rudolf Höflein, der in 40 Minuten fünf Panzer abschoss, sowie Unteroffizier Kowalik, der in 25 Minuten fünf Panzer in Brand gesetzt habe. Dies beweise, dass Einzelkämpfer mit unerschrockenem Draufgängertum eine Schlacht entscheiden könnten. Er, Osnietzky, habe nur einige wenige herausgegriffen, die solche Eigenschaften vereinten. Mit Soldaten wie diesen sei der Bestand der Front gesichert.[187] Leonhard Osnietzky hatte nach dem Krieg eine Karriere in der Werbung begonnen, zunächst als Werbeleiter bei der Firma Philips, anschließend bei der Agentur William Wilkens in Hamburg.

Der entscheidende Monat

Am 1. April 1945 leistete sich die BBC einen Aprilscherz und meldete den Tod Adolf Hitlers. Einen Tag später trat erstmals Martin Bormann, als Leiter der Parteizentrale der NSDAP und engster Vertrauter Hitlers indirekter Nachfolger von Rudolf Heß, mit einem Aufruf an die Mitglieder der NSDAP vor das Rundfunkmikrofon: „Jetzt ist die höchste Stunde der Bewährung gekommen: die Gefahr erneuter Versklavung, vor der unser Volk steht, erfordert unseren letzten und höchsten Einsatz. Von jetzt ab gilt: der Kampf gegen den ins Reich eingedrungenen Gegner ist überall mit aller Unnachgiebigkeit und Unerbittlichkeit zu führen. Gauleiter und Kreisleiter, sonstige politische Leiter und Gliederungsführer kämpfen in ihrem Raum und Kreis, siegen oder fallen. Ein Hundsfott, wer seinen vom Feind angegriffenen Gau ohne ausdrücklichen Befehl des Führers verläßt, wer nicht bis zum letzten Atemzug kämpft; er wird als Fahnenflüchtiger geächtet und behandelt. Reißt hoch die Herzen und überwindet alle Schwächen! Jetzt gilt nur noch eine Parole: Siegen oder fallen. Es lebe Deutschland! Es lebe Adolf Hitler!"[188] Bemerkenswert ist, dass es offenbar nötig war, auch die Parteigenossen auf den Endkampf einzuschwören. Inwieweit die Autorität Bormanns, der kein großer Redner war, ausreichte, um Moral und Disziplin in die Reihen der immerhin noch 8,5 Millionen NSDAP-Mitglieder zu bringen, kann nicht nachvollzogen werden.

Die Aufgabe, das Volk propagandistisch bei der Stange zu halten, oblag abermals Joseph Goebbels. Am 19. April 1945, dem Vorabend des 56. Geburtstags Adolf Hitlers, hielt er eine Rundfunkansprache mit dem Titel „Unser Hitler". Er begann mit einer dramatischen Schilderung der Lage. Die Feinde versuchten, dem Deutschen Reich den Todesstoß zu versetzen. Noch niemals hätte der Krieg so auf Messers Schneide gestanden. Deshalb sei es nicht die Zeit für eine traditionelle

---

[187] DRA-Archiv vom 4.4.1945, Frontbericht in Oberschlesien
[188] DRA-Archiv, Aufruf von Martin Bormann an die Mitglieder der NSDAP vom 2.4.1945

134

Gratulation. Er, Goebbels, sei der Sprecher der Stunde, der seit über 20 Jahre an der Seite des Führers stehe und mit ihm Freud und Leid geteilt habe. Schicksale von Völkern könnten an einem außerordentlichen Menschen hängen. Der Nebel der Ereignisse müsse sich verziehen, damit die Größe des Führers sichtbar würde. Was hätten die feindlichen Staatsmänner entgegen zu setzen? Nur stupiden Zerstörungswahnsinn. Ehemals blühende Städte seien in Kraterlandschaften verwandelt worden. Völker würden von Krisen erschüttert. Die sogenannten Befreier brächten nur Hunger und Arbeitslosigkeit. Im Gegensatz dazu hätten die Soldaten des Führers Wohlstand und Glück verbreitet. Zeiten wie diese erforderten Zähigkeit und Ausdauer. Der Kampf würde im Rahmen einer göttlichen Vorsehung geführt; man ertrage alles Leid, aber müsse den geschichtlichen Auftrag erfüllen und dem Führer bedingungslos folgen. Man solle Gott danken, dass er „uns" einen wahren Führer schenkte.

Der Wahnsinn der Feindmächte habe seinen Höhepunkt überschritten. Das Haupt der feindlichen Verschwörung sei zerschmettert. Das deutsche Volk habe Hitler zu seinem Führer erkoren und wolle sein Werk vollenden. Deutschland würde nach dem Krieg aufblühen wie nie zuvor. Ordnung, Frieden und Wohlstand war und sei das Ziel. Gäbe es keinen Adolf Hitler, würde es eine Beute des Bolschewismus. „Wir" werden nicht wanken und den Führer nicht im Stich lassen. „Führer befiehl, wir folgen!"[189] Dies war ein letzter Versuch, das deutsche Volk ungeachtet der katastrophalen Lage davon zu überzeugen, dass der Weg, den Deutschland unter Hitler und den Nationalsozialisten eingeschlagen hatte, der richtige war. Noch einmal bemüht Goebbels die Glorifizierung des Führers, der das Beste für sein Volk wolle. Von seinem segensreichen Schaffen hätten aber auch die eroberten Länder profitiert. Es gebe immer noch die Möglichkeit, die Ziele des Nationalsozialismus – „Ordnung, Frieden, Wohlstand" – zu erreichen. Mit dem Haupt der feindlichen Verschwörung könnte Goebbels den amerikanischen Präsidenten Franklin D. Roosevelt gemeint haben, der am 12. April verstorben war. Es ist aber nicht anzunehmen, dass Goebbels mit einer veränderten Politik der Alliierten unter Harry S. Truman, dessen Nachfolger, rechnete. Er hatte ja immer

---

[189] DRA-Archiv, Unser Hitler, Rede Goebbels am 19.4.1945

wieder betont, dass der Hauptfeind der Bolschewismus sei, und der war in der Person von Stalin sehr lebendig.

Der Geburtstag Hitlers wurde dann am 20. April mit einem Empfang in der Neuen Reichskanzlei begangen, an dem Goebbels, Göring, Himmler, Speer, Bormann, Ribbentrop und einige Generäle wie Wilhelm Burgdorf und Hans Krebs teilnahmen. Am folgenden Tag stand die Reichskanzlei unter starkem Artilleriebeschuss.

An die Bevölkerung Berlins erging am 26. April ein Aufruf, wiederum aus dem Propagandaministerium. Werner Naumann spricht vom Kampf um Berlin, der mit äußerster Härte tobe. Der Bolschewismus sähe in der Eroberung Berlins den Schlüssel zur Beherrschung Europas und zur Diktatur über das Abendland. An der Spitze der Verteidigung Berlins stehe der Führer. Wie in der Kampfzeit, wie in seinem ganzen Leben weiche der Führer nicht aus, sondern stelle sich unter Einsatz seiner ganzen Person an die Spitze des Kampfes. Er sei ein anspruchsvolles Vorbild eines sich selber in jeder Lage treu bleibenden Kämpfers. Nie habe er seinen Soldaten so nahe gestanden wie in dieser schweren Stunde. Sein Ausharren in Berlin habe ihre Kampfkraft gestärkt, sie haben miterlebt, dass der Führer unter ihnen weile. Sie wüssten, dass in seiner Umgebung fanatische Kämpfer seine Pläne unterstützten, wie der Mann, der die Reichshauptstadt schon einmal vor dem Ertrinken in den bolschewistischen Fluten gerettet habe, Gauleiter Dr. Joseph Goebbels. Berlin bleibe deutsch und Europa würde nicht russisch. Es dürfe nicht sein, dass 2000 Jahre europäischer und deutscher Geschichte ausgelöscht würden. Naumann schließt mit den Worten: „Voran, voran, das Reich bleibt unverloren!"[190]

Aus der Tatsache, dass Hitler in Berlin geblieben war, wurde nun ein Heldenbild gezeichnet. Noch am Vorabend seines Geburtstags hatte Hitler erwogen, zum Obersalzberg zurückzukehren, war aber von Goebbels eines Besseren belehrt worden. Die Entscheidung, in der Reichshauptstadt zu bleiben, verkündete er dann an seinem Geburtstag den versammelten Gratulanten. Diese rieten hingegen zum Verlassen der Reichshauptstadt, so lange es noch möglich war. Was sich nun im Bunker der Reichskanzlei abspielte, blieb der Öffentlichkeit

---

[190] DRA-Archiv, 26.4.1945, Werner Naumann: Aufruf an die Bevölkerung von Berlin

und offenbar auch den verbliebenen ranghöchsten Mitarbeitern des Propagandaministeriums verborgen. Bereits am 22. April hatte Hitler den Krieg für verloren erklärt, und seine Entourage ging davon aus, dass er seinem Leben ein Ende setzen würde.

Die „fanatischen Kämpfer" hatten schon in großer Zahl das sinkende Schiff verlassen, denn Hitler hatte allen Ministern und Beamten zugesagt, sie nicht am Weggehen zu hindern.[191] Die militärische Lage in Berlin war Gegenstand eines Lageberichts des Journalisten Otto Hermann Kriegk am 28. April: Die Bolschewisten stünden im Norden und Süden der Reichshauptstadt. Die Front habe gehalten. Der Führer sei in Berlin und bliebe in Berlin. Der Nationalsozialismus müsse Europa retten.[192]

In dieser Situation war es für die Bevölkerung Berlins wenig hilfreich, dass sich am 30. April noch Karl Hermann Frank, der Staatsminister für Böhmen und Mähren, zu Wort meldete und verkündete, dass Böhmen und Mähren durch deutsche Armeen vor dem Bolschewismus geschützt würden.[193]

Otto Hermann Kriegk war ein dem Nationalsozialismus verpflichteter Journalist, der auch operativ an der Front tätig wurde. Eigentlich von Goebbels geschätzt, zog er sich dessen Zorn zu, als er im Juni 1944 einen zu euphorischen Artikel über die V1 in der „Berliner Nachtausgabe" veröffentlichte – dies allerdings auf Weisung von Staatssekretär Otto Dietrich, sodass die Geschichte für ihn ohne Folgen blieb. Kriegk wurde am 10. August 1945 durch ein Militärtribunal zum Tode verurteilt. Ob das Urteil vollstreckt wurde, ist nicht bekannt.

Im Führerbunker überschlugen sich indes die Ereignisse. Als bekannt wurde, dass der Entsatz durch die Armee Wenck nicht geglückt war und der Vormarsch gestoppt wurde, verdüsterte sich die Stimmung weiter. Dann entpuppte sich auch noch Himmler als „Verräter", indem er Engländern und Amerikanern die Kapitulation anbot. Ohne Einbeziehung der Sowjets wollten diese aber darauf nicht eingehen. Am 29. April erschien dann ein Standesbeamter im Bunker, um die

---

[191] DRA-Archiv, 30.4.1945, Rundfunkansprache des Staatsministers für Böhmen und Mähren
[192] DRA-Archiv, 28.4.1945, Die Stunde aus Berlin: Militärische Lage in Berlin
[193] DRA-Archiv, 30.4.1945, Rundfunkansprache des Staatsministers für Böhmen und Mähren

Trauung Hitlers mit Eva Braun vorzunehmen. Am selben Abend wurden im fernen Italien Mussolini und seine Geliebte Clara Petacci von Partisanen erhängt. Am 30. April kam gegen Mittag die Meldung, dass die Russen schon kurz vor dem Regierungsviertel stünden. Kurz darauf zogen sich Hitler und seine Angetraute in ihr Zimmer zurück, um ihrem Leben ein Ende zu setzen.[194]

Offenbar dauerte es aber noch, bis dem Volk der Tod des Führers über den Rundfunk verkündet wurde. Am 1. Mai meldete der Großdeutsche Rundfunk, dass Adolf Hitler in der Reichskanzlei kämpfend gefallen sei und Karl Dönitz zu seinem Nachfolger bestimmt habe. Am selben Tag folgte Joseph Goebbels seinem Herrn in den Tod.

Laut Wikipedia soll das Reichsministerium für Propaganda und Volksaufklärung noch bis zum 5. Juni 1945 existiert haben. Inwieweit das der Fall war, lässt sich zumindest aufgrund von Verlautbarungen nicht mehr nachvollziehen. Nach dem Tode Goebbels wurden jedenfalls so gut wie keine Sendungen mit propagandistischem Charakter mehr verzeichnet. Am 2. Mai meldete sich lediglich nochmals der Reichssender Böhmen mit Ansprachen zum Tode Adolf Hitlers. Karl Hanke, Gauleiter von Niederschlesien, betonte, dass der Führer als Soldat sein Leben mit dem Heldentod abgeschlossen habe. Alle seien entsetzt gewesen, dass Hitler sich weiterhin in der umkämpften Reichshauptstadt aufgehalten habe.

Oberst Hans-Ulrich Rudel, zu diesem Zeitpunkt mit dem Sturzkampfgeschwader „Immelmann" noch an der Front, bezeugte tiefe Verehrung und bedingungslose Treue zu Hitler. Der Kampf solle im Sinne Hitlers weitergeführt werden.

Karl Hanke war bis zuletzt Verteidiger der Festung Breslau und war von Hitler in dessen politischem Testament vom 29. April 1945 zum Nachfolger von Heinrich Himmler als Reichsführer SS bestimmt worden.[195]

Einen anderen Charakter hatte eine Rundfunkansprache von Reichsminister Albert Speer über den Sender Flensburg vom 3. Mai. Er schwor das deutsche Volk darauf ein, die Niederlage mit Fassung zu

---

[194] DRA-Archiv vom 2.5.1945, Reichssender Böhmen, Ansprachen zum Tode Adolf Hitlers
[195] DRA-Archiv vom 2.5.1945, Reichssender Böhmen, Ansprachen zum Tode Adolf Hitlers

tragen. Großadmiral Dönitz habe noch nicht zum Niederlegen der Waffen aufgerufen. Wichtig sei jetzt die Instandsetzung der Reichsbahnanlagen, um den Transport von Gütern und damit die Ernährung zu sichern. Jeder deutsche Bauer müsse möglichst viel Ernte einfahren und zur Verfügung stellen. Ernährungsbetriebe hätten Vorrang vor allen anderen. Er schloss damit, dass das deutsche Volk fleißig seiner Arbeit nachgehen und dem Gegner selbstbewusst begegnen, aber zugleich innerlich bescheidener werden und Selbstkritik üben solle. Es müsse unerschütterlich an seine Zukunft glauben.[196]

Am 9. Mai ging die Kapitulationsmeldung des OKW über den Äther: „Das Oberkommando der Wehrmacht gibt bekannt: Seit Mitternacht schweigen nun an allen Fronten die Waffen. Auf Befehl des Großadmirals hat die Wehrmacht den aussichtslos gewordenen Kampf eingestellt. Damit ist das fast sechsjährige heldenhafte Ringen zu Ende. Es hat uns große Siege, aber auch schwere Niederlagen gebracht. Die deutsche Wehrmacht ist am Ende einer gewaltigen Übermacht ehrenvoll erlegen. Der deutsche Soldat hat getreu seinem Eid im höchsten Einsatz für sein Volk für immer Unvergeßliches geleistet. Die Heimat hat ihn bis zuletzt mit allen Kräften unter schwersten Opfern unterstützt. Die einmalige Leistung von Front und Heimat wird in einem späteren gerechten Urteil der Geschichte ihre endgültige Würdigung finden. Den Leistungen und Opfern der deutschen Soldaten zu Lande, zu Wasser und in der Luft wird auch der Gegner die Achtung nicht versagen. Jeder Soldat kann deshalb die Waffe aufrecht und stolz aus der Hand legen und in den schwersten Stunden unserer Geschichte tapfer und zuversichtlich an die Arbeit gehen für das ewige Leben unseres Volkes. Die Wehrmacht gedenkt in dieser schweren Stunde ihrer vor dem Feind gebliebenen Kameraden. Die Toten verpflichten zu bedingungsloser Treue, Gehorsam und Disziplin gegenüber dem aus zahllosen Wunden blutenden Vaterland."[197]

Diese Bekanntmachung, unterlegt mit der deutschen Nationalhymne, fand für das Ende deutscher Ambitionen wohlgesetzte Worte. Die Hoffnung einer Würdigung der Leistungen von Front und Heimat, wie sie sich das OKW wünschte, blieb angesichts der Kriegsverbrechen allerdings unerfüllt.

---

[196] DRA-Archiv vom 9.5.1945, Kapitulationsmeldung des OKW
[197] DRA-Archiv vom 9.5.1945, Kapitulationsmeldung des OKW

Am 13. Mai 1945 nahm der Berliner Rundfunk im von den Sowjets besetzten Haus an der Masurenallee seine Arbeit auf. Damit war die die Reichs-Rundfunk-Gesellschaft abgewickelt.

Der Soldatensender Belgrad

Im Mai 1941 hatte das Auswärtige Amt im besetzten Serbien den Mittelwellensender Belgrad erworben, der anschließend von der Wehrmacht betrieben wurde. Bei der Einnahme von Belgrad am 17. April 1941 war Karl Holzamer, Berichter der Luftwaffe, der Erste, der die Meldung auf dem Luftweg nach Deutschland schicken konnte. Die erste Rundfunkreportage aus dem eroberten Gebiet berichtete von der Zerschlagung der königlich-jugoslawischen Armee, der Unterzeichnung der Kapitulationsurkunde und von den über 224.000 jugoslawischen Soldaten, die in deutsche Gefangenschaft gerieten. Die Sondermeldungen vom Balkan wurden mit einer Volksweise aus dem 6. Österreichischen Krieg gegen die Türken, „Prinz Eugen, der edle Ritter", eingeleitet. Zum Start des Senders verfügte PK-Leutnant Karl-Heinz Reintgen nur über 16 Schallplatten. Daher wurde ein Sonderführer (Z) nach Wien gesandt, um weitere Platten zu beschaffen. Er kehrte mit mehreren Titeln zurück, darunter einem, der sofort bei den Soldaten Furore machte: Lili Marleen. Da der Sender sich im Belgrader Vorort Makisch in einem Überschwemmungsgebiet des Flusses Save befand, hatte er in dem Sumpfgebiet eine große Reichweite. Man konnte ihn in England, Frankreich, Nordafrika, Persien der Türkei und bis nach Russland hören.[198]

Das bis dahin unbekannte Lied lief drei Mal, und schon gab es begeisterte Hörerbriefe. So wurde die Platte immer öfter gespielt, bis es Redaktionsleiter Reintgen zu viel wurde und er sie wieder aus dem Programm nahm. Das hatte einen Sturm der Empörung zur Folge. Feldpostbriefe aus allen Teilen Europas trafen ein, sodass Reintgen sich gezwungen sah, die Entscheidung rückgängig zu machen. Hinfort wurde „Lili Marleen" jeden Abend um 22 Uhr zum Sendeschluss ge-

---

[198] Zitiert nach Georg Schmidt-Scheeder, Reporter der Hölle, Motorbuch-Verlag 1990, S. 194: "Die Sendetürme im Belgrader Vorort Makisch stehen mitten im Überschwemmungsgebiet der Save, und Sumpfboden ist erfahrungsgemäß die denkbar günstigste Voraussetzung für die Reichweite eines Senders."

spielt. Dankbare Hörer schickten auch Sachspenden wie Cognac aus Frankreich, Tokayer aus Ungarn oder Slivovitz aus Kroatien.

Goebbels allerdings fand keinen Gefallen an dem „sentimentalen Liedchen". Wenn sich nicht höhere Offiziere des OKW dafür eingesetzt hätten, hätte er es einfach verboten.

Im Verlauf des Krieges musste der Sender infolge der militärischen Absetzbewegungen mehrfach seinen Standort wechseln. Zum Schluss sendete er von einem Übertragungswagen aus auf der Mittelwelle des Landessenders Salzburg. Inzwischen hatten sich die Mitarbeiter nach und nach verabschiedet, und so waren es nur noch zwölf Mann, die mit einem fahrbaren Sender in den Alpen herumirrten. So kam es auch, dass man erst am 9. Mai von der Kapitulation erfuhr. Kein deutscher Soldat konnte den Sender mehr hören, aber um 16 Uhr legte Leutnant Ferger zum Abschied nochmals „Lili Marleen" auf den Plattenteller.[199]

Die Sendergruppe Ostland

Ende 1941 gab es eine Verfügung Hitlers, wonach ein Reichsministerium für die Ostgebiete mit Reichsminister Alfred Rosenberg besetzt und ein Reichskommissariat Ostland mit dem Gauleiter von Schleswig Holstein, Hinrich Lohse, als Reichskommissar geschaffen werden sollte. In diesen von der Wehrmacht besetzten Gebieten bedurfte es aus Sicht des Propagandaministeriums einer Agitation in die Bevölkerung durch den Rundfunk. Also war es nur folgerichtig, dass der Großdeutsche Rundfunk Ende des Jahres 1941 um eine weitere Sendegruppe ergänzt wurde. Der frühere Intendant des Reichssenders Breslau, Hans Kriegler, der bis zum Kriegsausbruch Leiter der Rundfunkabteilung im Reichspropagandaministerium und Präsident der Reichsrundfunkkammer war, wurde nach längerem Fronteinsatz zum Leiter der Sendergruppe Ostland bestellt.

Die Grenzen des Sendegebietes der Sendergruppe Ostland waren identisch mit denen des Reichskommissariats Ostland. Dieses war mit ca. 485.000 qkm das größte Teil-Sendegebiet überhaupt. Dazu gehörten im Einzelnen: Litauen mit 59.800 qkm und 2.879000 Einwohnern,

---

[199] Vgl. Georg Schmidt-Scheeder, Reporter der Hölle, Motorbuch Verlag 1990, S. 194ff.

Lettland mit 65.792 qkm und 2.000000 Einwohnern, Estland mit 47.550 qkm und 1.130000 Einwohnern sowie Weißruthenien (mit dem ehemals polnischen Gebiet um Barowitschini und dem Smolensker Bezirk) mit 311.000 qkm und ca. 12.000000 Einwohnern.

Zur Verfügung standen zwölf Sender in den Städten Riga, Modohn, Goldingen, Libau, Kauen, Wilna, Minsk, Barowitschini, Smolensk, Reval, Dornat und Turgel. Reval, Dornat, Libau und Kauen hatten geringe kW-Leistungen, starke Sender waren Wilna, Modahn, Goldingen, Barowitschini mit 50 kW und Smolensk und Turgel mit 20 kW. Kauen, Minsk, Riga und Reval hatten als Hauptstädte der Generalkommissariate die Bedeutung von Landessendern; Riga fungierte am Sitz des Reichskommissars als Hauptsender der gesamten Gruppe Ostland. Nur der Sender Wilna über Kauen und die Sender Libau und Goldingen hatten über Riga eine Leitungsverbindung für Rundfunkübertragungen nach dem Reich.

Durch das Vorrücken der russischen Truppen in den besetzten Gebieten im Jahre 1942 waren die Strahlungsanlagen zeitweise außer Betrieb und mussten wieder instandgesetzt werden: „Mit der vordersten Spitze der angreifenden Truppen sicherten Rundfunkberichter und Rundfunktechniker der Propagandakompanien die Rundfunkanlagen vor der Verwüstung. Sie hielten die Stellung bis zum Eintreffen der Senderbetreuungstrupps. Diese waren der Propagandaabteilung Ostland beim Wehrmachtsbefehlshaber Ostland unterstellt. Mit dem Übergang der unter Wehrmachtverwaltung stehenden Gebiete in die Zivilverwaltung wurden auch die Rundfunksender in den zivilen Bereich der Reichsrundfunkgesellschaft überführt."[200] Dies betraf Kauen, Riga und Modohn am 1. September 1941, Goldingen und Libau am 22. Oktober 1941, Wilna am 1. November 1941, Minsk am 9. November 1941 Baranowitschi am 11. November 1941 sowie Riga und Dorpat am 14. Januar 1942.

Die Direktiven für den Sendebetrieb lauteten folgendermaßen: „Das Programm nimmt in erster Linie auf die kämpfende Truppe Rücksicht, wobei der Kameradschaftsdienst des Deutschen Rundfunks, die Nachrichten des Drahtlosen Dienstes, die langsame Wiederholung des Wehrmachtsberichts, die politische Zeitungs- und Rundfunk-

---

[200] Hans Kriegler, "Sendergruppe Ostland", Welt-Rundfunk Heft 1, 1942, https://www.zilionis.lt/history/ostland

schau, die Frontberichte usw. infolge der ... derzeitigen Leitungs-schwierigkeiten durch Ballempfang von Reichssendern übernommen werden. Die Ansage erfolgt zweisprachig, in deutsch und der betreffenden Landessprache. Soldaten, Rundfunkmänner aus der Heimat und einheimische Kräfte sind die Programmgestalter. Unter den widrigsten räumlichen, verkehrstechnischen, gesundheitlichen und materialmäßigen Umständen wird von diesen in den Rundfunkhäusern weit im Osten eine Kulturarbeit geleistet, die mit dazu beitragen wird, die eroberten Gebiet wieder zu europäischem Kulturboden zu machen.''[201]

Hans Kriegler, geb. am 3.5.1905 in Breslau, war Mitglied zahlreicher NS-Organisationen: ab 1926 als Parteimitglied der NSDAP, ab 1929 als Angehöriger des Kampfbundes Deutscher Kultur und ab 1930 als SA-Truppenführer. 1931 wurde er zum Gaufunkwart für Schlesien ernannt. Im April 1933 wurde zum Sendeleiter berufen und am 1. November desselben Jahres zum Intendanten des Reichssenders Breslau. Bei den Olympischen Winterspielen 1936 in Garmisch-Partenkirchen hatte er die Sprecherleitung inne. Vom 19. März 1937 bis zum 29. August 1939 war er Leiter der Abteilung Rundfunk im Reichsministerium für Volksaufklärung und Propaganda. Mit Kriegsausbruch erfolgte sein Einsatz bei einer Propagandakompanie der Luftwaffe. Die Leitung der Sendergruppe Ostland hatte er von 1941 bis 1944 inne. Nach Ende des II. Weltkrieges war er von Juni 1945 bis Februar 1948 interniert. Bis zu seinem Tod im Jahre 1978 war er als Architekt und Bauleiter in Duisburg und Dortmund tätig.

Der Soldatensender Ursula

Der Soldatensender Ursula war ab dem 18. Juni 1942 in Pleskau in Nordwestrussland stationiert. Er gehörte zur Propagandaabteilung der Heeresgruppe Nord. Sendeleiter war Sonderführer (Z) Hans-Herbert Fischer, der seit 1936 beim Reichssender Saarbrücken als Hauptsachbearbeiter in der Abteilung „Kunst und Unterhaltung" tätig war. Er war zudem Autor von Hörspielen und zeichnete für kulturelle Sendungen verantwortlich.

---

[201] Ebd.

„Ursula" verfügte über eine 20 kW-Sendeleistung und sendete auf der Frequenz 668 kHz/449,1m. Bei den potentiellen Hörern wurde der Sender mit einem Flugblatt wie folgt beworben: „Alle Soldaten der Nordostfront haben ‚Ursula' in ihr Herz geschlossen, denn ‚sie' bringt ihnen frohe Stunden der Unterhaltung, vermittelt ihnen künstlerische Erlebnisse und die neuesten Nachrichten. ‚Ursula' kennt die Wünsche aller Landser und erfüllt sie nach bestem Können im Rahmen der vorhandenen Möglichkeiten. Um ‚Ursulas' Mikrophon schart sich ein höchst lebendiges Künstlervölkchen, Künstler aus der Heimat, aus den Reihen der Wehrmacht sind fast täglich bei ‚Ursula' zu Gast: besonders an den Bunten Abenden sprühen Witz, Humor und beschwingte Weisen."

Wie beliebt „Ursula" bei ihren Soldaten ist, beweisen die Ergebnisse der allmittäglichen Wunschkonzerte. Dreieinhalb Millionen Reichsmark an Spenden aus den Reihen der Soldaten hat „Ursula" in kurzer Zeit dem großen sozialen Hilfswerk, davon 1,1 Millionen für bombengeschädigte Städte, zugeführt – ein beredtes Zeichen dafür, wie nahe „Ursula" dem Soldatenherzen steht.

Abgebildet sind zudem die Mitwirkenden vor und hinter dem Mikrofon. Das Personal: Sendeleiter Fischer und sein Rundfunktechniker, Unteroffizier Selmke, besprechen das Programm. Der Gefreite Kaprionik, im Zivilberuf Elektroingenieur, fungiert als Toningenieur. Unteroffizier Kirsch, eigentlich Werbekaufmann, ist für die Ansagen zuständig. Ein Damen-Gesangstrio, bestehend aus Edith Bock, Valerie Borstel und Marianne Neubert, ist bei Studio-Aufnahmen zu sehen. Valerie Borstel war in den Jahren 1937 bis 1939 durch Filme wie „Liebe auf den ersten Blick" bekannt geworden. Die „Sumpfhühner vom Ilmensee", eine „zünftige Landserkapelle", gehörte zum beliebten Künstlerstamm des Senders Ursula.

Erhalten sind vornehmlich Dokumente aus dem Jahre 1944.[202] Das einjährige Bestehen des Senders wurde in diversen soldatischen Publikationen gewürdigt. So veröffentliche das Nachrichtenblatt der Feldzeitung „Von der Maas bis an die Memel" am 18. Juni 1943 diesen Artikel: „Ein Jahr Soldatensender Ursula – Über 1 ¼ Millionen Reichsmark wurden gespendet. Am Pfingstsonntag feierte der Solda-

---

[202] Nachlass des Unteroffiziers Franz Kröger in "Nachlass Walter Hilpert, Material zum Soldatensender Ursula", Flugblatt "Wir hören Ursula…!".

tensender Ursula sein einjähriges Bestehen. Der Sendeleiter teilte in einem kurzen Rechenschaftsbericht mit, dass der Soldatensender vor einigen Wochen Reichsminister Dr. Goebbels den Betrag von einer Million Reichsmark als Spendenertrag seiner Wunschkonzerte zur Verfügung stellen konnte. Inzwischen sind bereits weitere 270.000 Reichsmark an Spenden eingegangen. Als Anerkennung für dieses schöne Ergebnis wurde von Berlin eine Reihe bekannter Künstler für die Ausgestaltung des Festprogramms entsandt. Die Grüße und Glückwünsche von Dr. Goebbels überbrachte der bekannte Komponist des Liedes ‚Wovon kann der Landser denn schon träumen?', Werner Plücker. Einer der zahlreichen Höhepunkte war der mit großem Beifall aufgenommene Vortrag von Herbert Jäger, der allen aus der früheren Sendung des Deutschlandsenders ‚Allerlei von zwei bis drei' bekannt ist."[203] Werner Plücker hatte zu diesem beliebten Lied den Text verfasst, die Melodie stammte von Willy Richartz.

Herbert Jäger war ein deutscher Pianist. Mitglied der NSDAP seit 1931, moderierte er ab 1936 im Deutschlandsender „Allerlei von zwei bis drei", eine Sendung, bei der er bekannte Musiker vorstellte. Beim Wunschkonzert für das Winterhilfswerk und den Wunschkonzerten für die Wehrmacht saß er begleitend am Klavier. Willy Richartz war 1933 in die Partei eingetreten und war eine Zeitlang Leiter des Reichssenders Berlin.

Am Donnerstag, dem 17. Juni 1943, erschien in der Feldzeitung „Von der Maas bis an die Memel" ebenfalls ein Artikel über „Ursula". „Brücke zwischen Heimat und Front" hieß die Überschrift, und der Untertitel „Ein Jahr Soldatensender Ursula – Von jetzt an täglich bis 23 Uhr".[204] Und weiter: „In einer kleinen russischen Stadt, in der die Sowjets bei ihrem Rückzug ganze Viertel in Brand steckten, richtete im Frühjahr vorigen Jahres ein Trupp deutscher Soldaten jene Rundfunkstation ein, die heute unter dem Namen ‚Soldatensender Ursula' an der ganzen Nordfront und darüber hinaus bekannt geworden ist. Am Abend des 13. Juni 1942 ging die erste Versuchssendung zwei Stunden lang durch den Aether. Schwierigkeiten der Stromversorgung gestatteten auch in der Folge zunächst nur kurze Sendezeiten; erst allmählich konnten sie auf zuletzt neun Stunden erweitert werden. Zu

[203] Feldzeitung "Von der Maas bis an die Memel" vom 18. Juni 1943.
[204] Feldzeitung "Von der Maas bis an die Memel" vom 17. Juni 1943.

Pfingsten hat der Sender Ursula sein ,Einjähriges' festlich begangen, und es war wohl das schönste Geschenk, das er den Kameraden bereiten konnte, dass er nunmehr seine Sendungen täglich bis 23 Uhr ausdehnen will. ,Front und Heimat' heisst eine der Sendereihen, die die Brücke vom kämpfenden Soldaten zum fernen Vaterland schlagen und ihn informieren will über all das, was daheim für ihn und in seinem Sinne geschieht. Musikalische Sendungen der verschiedensten Arten ergänzen diesen Brückenschlag und nehmen bei einem Soldatensender naturgemäss den grössten Teil des Programms ein. Es wird nicht allein aus dem Schallplattenarchiv bestritten. Immer wieder stehen neben den Angehörigen von KdF-Gruppen begabte Kameraden selbst am Mikrophon und bringen Frohsinn und Zerstreuung in den letzten Bunker, der sich nur irgendwie dem Wunder des Rundfunks erschliessen kann. Im Nachrichtendienst und in Kurzsendungen wird der Soldatensender auch den Wünschen der spanischen Freiwilligen gerecht, die hier im Norden mit in der grossen europäischen Kampffront gegen den Bolschewismus stehen. Neben immer wieder gern gehörten Wunschkonzerten hat sich in letzter Zeit das musikalische Rätselraten sowie die tönende Bunkerzeitung ... viele Freunde erworben. Die Tatsache, dass der Sender Ursula monatlich 4000 Zuschriften aus Kameradenkreisen, aber auch aus der Heimat erhält, zeigt deutlich genug, wie schnell er sich die Herzen seiner Hörer gewonnen hat. Ob es der junge unbekannte Kamerad ist, den sein Ruf an das Lager des schwerverwundet im Lazarett liegenden Bruders holte, ob der rührende Brief des kleinen Mädels aus dem Dorf in Oberfranken, das dem Soldatensender einen besonders herzlichen Glückwunsch sandte (,ich heiße nämlich auch Ursula!') — fast jeder Tag bringt den 12 Kameraden, die als Programmgestalter, Künstler, Techniker usw. ihren Dienst tun, die freudige Genugtuung, Mittler und Künder zu sein, Helfer am großen Brückenschlag zwischen Front und Heimat."[205]

Die hier erwähnten spanischen Freiwilligen gehörten zur „Blauen Division", die fünf Regimenter und bis zu 18.000 Mann umfasste und die durch ihre zur Wehrmachtsuniform getragenen blauen Tücher gekennzeichnet war.

---

[205] Feldzeitung "Von der Maas bis an die Memel" vom 17. Juni 1943.

Auch in diesem Text wird die Feier zum einjährigen Jubiläum ausführlich beschrieben. Erwähnt wird noch die Beteiligung von Künstlern wie Nina Konsta, Ingrid Larssen, Ilse Risske, Ruth Herell, Gerda Wachtendorf sowie Johannes Schocke und des Obergefreiten Franz Schier.

Nina Konsta war eine griechisch-österreichische Schlagersängerin, Ingrid Larssen eine Saxophonistin, die in vielen Rundfunksendungen auftrat und bei der Reihe „Allerlei von zwei bis drei" mitwirkte. Seit 1938 war sie mit dem Pianisten Herber Jäger verheiratet.

Ruth Herell war eine deutsche Schauspielerin, bekannt aus der Fernsehshow „Endstation Berlin", die während der Funkausstellung 1938 lief, Johannes Schocke ein deutscher Tenor und Gesangslehrer.

Franz Rudolf Schier war ein österreichischer Schlager- und Wienerliedsänger, der es 1944 in die Gottbegnadeten-Liste des Reichsministeriums für Volksaufklärung und Propaganda geschafft hatte.

Der Text fährt fort: „Unteroffizier Kistenmacher, bekannt als einer der Ersten vom Belgrader Rundfunk überbrachte die Grüße der übrigen Soldatensender mit dem Wunsch, dem sich alle innerhalb und außerhalb des Saales gern und freudig anschlossen: Macht weiter so zu unserer Freude und Erholung! Mit zwei neuen einschmeichelnden Liedern stellte sich Erdmut Dauter vor, der Stimme nach den Hörern des Senders Ursula längst vertraut. Von Herbert Jägers musikalischer Conference bestens eingeführt zeigten zum Schluss die Mitwirkenden noch einmal glänzende Leistungen ihres Könnens und ernteten dafür den dankbaren Beifall all derer, die das Glück hatten, dieser Veranstaltung an Ort und Stelle beiwohnen zu können. Uns aber, denen der Soldatensender Ursula schon so oft Stunden herzlicher Freude und willkommener Entspannung brachte, bleibt nichts anderes übrig als der aufrichtige Wunsch: Macht weiter so, Kameraden, an Dank wird es nicht fehlen".[206] Erdmut Dauter, geb. am 17. Mai 1922 in Graudenz, ist eine deutsche Schauspielerin und Kabarettistin.

Auch der „Völkische Beobachter" würdigte am 28. September 1943 das Wirken des Soldatensenders:[207] Unter der Überschrift „Liebeserklärung an Ursula" mit dem Untertitel „Was Landserherzen zwischen Ladoga- und Ilmensee bewegt" schrieb Kriegsberichter Dr. Werner

---

[206] "Völkischer Beobachter" vom 28. September 1943"
[207] Edd.

Lahne, dass es wohl keinen kritischeren Rundfunkhörer als den Soldaten gebe: „Was das Rundfunkgerät im Bunker, in der Panjehütte, im Lazarett, auf der Schreibstube der Kompanie, im einsamen Stützpunkt mitten im Bandengebiet für ihn bedeutet, das kann nur der ermessen, der selber einmal fern von allen Errungenschaften mitteleuropäischer Zivilisation auf den kleinen unscheinbaren Kasten angewiesen war, aus dessen Lautsprecher mehr oder weniger quarrend heimatliche Klänge in Wort und Ton an das Ohr drangen...".[208]

"Wer einmal einen Bruchteil der vielen Hörerbriefe durchstöbern konnte, die ein solcher Soldatensender Tag für Tag bekommt, der erhält ein anschauliches – und sagen wir es gleich vorweg – recht erfreuliches Bild von der Geisteshaltung eines Soldatentums, das an der Schwelle des fünften Kriegsjahres alles andere als gleichgültig ist, sondern mit offenen Sinnen und dem gesunden Optimismus des echten Kämpfers die Dinge so sieht, wie sie sind und am allerwenigsten das missen will, was ihm als höchster Schatz seiner volkhaften Kultur gilt. Das schließt nicht aus, dass der Soldat seinen rechten Spaß an jenen Klängen hat, die man heute mit einem billigen Schlagwort als ‚schräge' Musik zu bezeichnen pflegt. Warum soll er auch nicht! Die Geschmäcker sind verschieden, und es sind nicht die schlechtesten, die frisch und wohlgemut die kecke Melodie irgendeines gerade in Mode gekommenen Schlagers vor sich hinträllern und sich begeistert auf die Schenkel schlagen, wenn aus dem Lautsprecher wieder einmal die neugierige Frage ertönt: ‚Haben Sie schon mal im Dunkeln geküsst'? Es sind ja schließlich keine Philosophieprofessoren und Musikpädagogen, die in den Bunkern und Unterkünften gemeinhin das Gesprächsthema angeben. Aber auch für sie wird gesorgt, und das mag wohl das höchste Lob sein, dass die Truppe den Kameraden vom Soldatensender spendet, dass keiner sich ausgeschlossen fühlt aus der großen Hörergemeinschaft, dass sie alle sich angesprochen fühlen von der herzhaften Kost, die ihnen das vielseitige Programm bietet."[209]In diesem Artikel wird nochmals deutlich, worin die Funktion eines Soldatensenders bestand. Parallel zur Sommeroffensive der deutschen Wehrmacht an der Ostfront, die mit Erfolgen auf der Krim und mit der Einkesselung von vier sowjetischen Armeen begann, wurde am

---

[208] Ebd.
[209] Ebd.

18. Juni 1942 der Soldatensender Ursula gegründet, nachdem zuvor ein Trupp deutscher Soldaten eine Rundfunkstation eingerichtet hatte. Allerdings hatten die deutschen Divisionen im Winter 1941/42 so große Verluste erlitten, dass ein Angriff auf Moskau nicht mehr möglich erschien. So blieb als besetztes und damit auch Rückzugsgebiet das Gebiet zwischen dem Ilmensee und dem Ladogasee. Von hier aus konnte ungefährdet nach Lettland und in die Ukrainische Sowjetrepublik hinein gesendet werden. Der Ladogasee, nordöstlich von Leningrad gelegen, diente während der Belagerung der Stadt durch die Wehrmacht als einzige Route, um Lebensmittel zu transportieren. Die Belagerung hatte im September 1942, also kurz nach Inbetriebnahme des Soldatensenders Ursula, begonnen. Sie dauerte bis Januar 1944 und somit bis zu dem Zeitpunkt, als der Sender aufgrund des Rückzugs der deutschen Truppen seine Anlagen von Pleskau nach Turgel verlagern musste.

Weihnachten 1943, Grosser Sendesaal des „Soldatensenders „Ursula", Musikkorps unter Musikmeister Schneider

Das Ziel des Soldatensenders war es, die Soldaten an den Frontabschnitten, die oft in Bunkern und Hütten ausharren mussten, bei der Stange zu halten und ihre Kampfmoral zu stützen. Sie vermissten ihre

Familie – Eltern, Brüder, Schwestern – oder auch die Verlobte. Deshalb waren romantische Lieder wie Evelyn Künnekes „Haben Sie schon mal im Dunkeln geküsst?" so erfolgreich – jeder Landser konnte sich vorstellen, seine Verlobte oder auch ein Mädel, welches er noch kennenlernen würde, zu küssen. Und Evelyn Künneke selbst wurde zum Gegenstand von Männerphantasien. Der Brief eines Obergefreiten drückte aus, was viele seiner Kameraden bewegte: „Vor Wochen war es das erste Mal, dass ihre Stimme durch den Äther fragte: ‚Haben Sie schon mal im Dunkeln geküsst?' Seitdem warte ich bei jeder Sendung auf sie. Ich kann sie nicht vergessen."[210]

Weihnachtskaspertafel 25.12.1943

Auch die Namenswahl „Ursula" für den Sender kam nicht von Ungefähr. Sie hatte zum Ziel, dass die Soldaten sich vorstellen konnten, ihr Gegenüber im Äther wäre eine Frau.

Die Hörerbriefe, die den Sender erreichten, spiegelten wider, wie der Stellungskrieg an der Ostfront den Soldaten zusetzte: „Liebe Ursula, wir haben schon soviel von Dir gehört und verdanken dir so viele

---

[210] "Liebeserklärung an Ursula", Völkischer Beobachter vom 28. September 1943

nette Stunden, dass es unbedingt erforderlich ist, dass Du auch einmal etwas von uns zu hören bekommst. Wir sind zwei Landser in einem einsamen Bunker in den weiten östlichen Sumpfwäldern südlich des Ladogasees. Namenlos wie alle Kameraden, der eine aus Pommern, der andere aus einem kleinen Donaustädtchen. Wir danken Dir für so viele unterhaltsame Stunden und für die Treue, die Du uns hältst. Denn Du bist das Band, das uns mit der Heimat so fest verbindet, und die Straße, auf der unsere Gedanken so oft zu unseren Lieben daheim und zu vielen frohen Stunden zurückwandern. Mit einem Wort, Du bist unentbehrlich und unsere beste Freundin geworden."[211]

Am 29. August 1943 erschien in der Zeitung „Die Front" ein Bericht unter der Überschrift „Frontspende für Bombenopfer". Hierin heißt es: „Als neues, sinnfälliges Zeichen der engen Verbundenheit zwischen Heimat und Front stellte der Soldatensender ‚Ursula' den Städten Köln, Essen und Hamburg je 100.000 RM zur Unterstützung bombengeschädigter Familien zur Verfügung. Es handelt sich um freiwillige Spenden, die in den letzten Wochen im Rahmen der Wunsch-Konzerte aus den Reihen der bei Leningrad, am Wolchow und südlich des Ilmensees in harten Kämpfen stehenden Truppen eingegangen waren und zwar zum großen Teil von Divisionen, die aus den vom anglo-amerikanischen Luftterror betroffenen Gebieten stammen. Gauleiter Reichsstatthalter Kauffmann sowie die Oberbürgermeister von Köln und Essen haben der Truppe in herzlich gehaltenen Schreiben den Dank für die symbolhafte Spende ausgesprochen. Unabhängig von diesem für Bombengeschädigte bestimmten Betrag haben Wunsch-Konzerte des Soldatensenders Ursula, der den Nordabschnitt der Ostfront betreut, in den letzten Monaten die Summe von annähernd 2 Millionen RM erbracht, die dem Deutschen Roten Kreuz, bzw. dem Kriegs-Winterhilfswerk übergeben wurden."[212]

Auch hier wird wieder deutlich, wie wichtig die Verbindung zwischen Front und Heimat war, die durch den Soldatensender geschaffen wurde. Die Landser sandten ihren Musikwunsch per Feldpost an „Ursula" und spendeten dafür einen Betrag. So hatten sie in zweifacher Hinsicht das Gefühl, ihren Beitrag für die Heimat zu leisten – zum

---

[211] "Narwa-Front" Nr. 58 vom 25. Juni 1944
[212] "Die Front", 29. August 1943

einen als Kämpfer an der Front, zum anderen als Spender für die Beseitigung der Schäden, die die Alliierten mit der Bombardierung deutscher Städte verursacht hatten. Für sie selbst war das Wunsch-Konzert eine willkommene Abwechslung und Ablenkung von den täglichen Grausamkeiten des Krieges. Das Rote Kreuz, welches für die Verteilung von Spenden zuständig war, profitierte ebenfalls wie das Kriegs-Winterhilfswerk von den beachtlichen Summen, die durch die Wunsch-Konzerte zusammen kamen. Somit hatte auch die Bevölkerung in der Heimat die Bestätigung, dass das System funktionierte – die Front stand für die Heimat ein, die die Folgen des Krieges erdulden musste.

Im Gegensatz zum „Wunschkonzert für die Wehrmacht", welches ab 1941 im Funkhaus in der Masurenallee aufgezeichnet wurde und sonntags im Deutschlandsender lief, wurden die Wunsch-Konzerte von „Ursula" montags bis freitags von 12.00-15.00 und 16.45-22.15 Uhr, samstags von 12.00-15.00 und 16.45-24.00 Uhr und sonntags von 11.00-24 Uhr ausgestrahlt.

Zum Zeitpunkt des zweijährigen Bestehens des Senders waren in 300 Wunsch-Konzerten etwa 10.000 Wünsche von der Front und auch aus der Heimat erfüllt worden, wozu es eines großen Repertoires von Schallplatten bedurfte. Der Gesamtspendenbeitrag für das Winterhilfswerk, das DRK und bombengeschädigte Städte belief sich auf 4,1 Millionen Reichsmark. Als Beispiel für einen eingegangenen Hörerwunsch war auf einem Flugblatt mit dem Titel „Lieber Soldatensender Ursula" ein Hörerwunsch abgedruckt, der die Redaktion per Feldpost erreicht hatte:[213] „Wir wünschen uns für unseren ‚Alten' im Wunschkonzert am 17. Februar 44 das Lied ‚Schier dreißig Jahre bist Du alt'. Dafür anbei RM 172. – fürs WHW... ."[214] Der Eingangsbeleg für die gespendete Summe war mit dem Stempel der Feldpost ebenfalls abgebildet.

In der Soldatenzeitung „Narwa-Front" wurde auf das Procedere beim Wunschkonzert hingewiesen: „Die Kameraden einer Einheit fragen: Anlässlich eines Kameradschaftsabends wurde für das DRK ein Betrag gespendet, der über den Soldatensender Ursula dem Hilfswerk zugewiesen werden soll. Nun kennen wir die Feldpostnummer des

---

[213] "Narwa-Front" Nr. 58 vom 25. Juni 1944
[214] Flugblatt vom Februar 1944

Senders nicht und möchten sie gerne von Euch erfahren." Die Narwa Front antwortet: „Liebe Kameraden! Für die Überweisung des Betrages genügt als Anschrift ‚Soldatensender Ursula' ohne Feldpostnummer. Ihr könnt versichert sein, das Geld kommt bestimmt an. Sollte jemand aus der Heimat an den Sender schreiben wollen, dann über die Feldpostnummer 01010."[215] Aus den „Notizen für die pressemäßige Auswertung des zweijährigen Bestehens": „Neu ins Programm aufgenommen wurde die Sonnabend-Abendsendung ‚Marschverpflegung nach Noten', deren Stil geeignet ist, den Landser ganz besonders anzusprechen. Sie bewegt sich in der Spanne zwischen Heiterkeit und Besinnlichkeit, und enthält, unter anderem, regelmäßig wiederkehrend, die Dialoge ‚Paul und Willi', Gespräche über hochaktuelle Themen im Rahmen und Dienst der wehrgeistigen Betreuung. Weiter ist hinzuweisen auf die Sendung am Sonntagnachmittag ‚Liebesgrüße gesungen, gespielt und gesprochen', die gleichfalls regelmäßig wiederkehrt, und auf eine besondere Pflege, selbstverständlich nur im Rahmen der geringen Möglichkeiten und im maßvollen Umfang, der klassischen Musik."[216]Die „Marschverpflegung nach Noten" brachte Soldatenlieder und Märsche, Melodien aus Film und Operette sowie heitere und ernste Dichtung.

Die Nachrichtendienste sendeten im Deutsch, Lettisch und Russisch auf der Welle 443 m, 677 Khz. Zweimal wöchentlich gab es die lettische Soldatenstunde.

Die Republik Lettland war durch die Rote Armee besetzt und am 5. August 1940 in die Sowjetunion eingegliedert worden. Im Sommer 1941 wurde das Gebiet wiederum von deutschen Truppen erobert. Etwa 110.000 Soldaten kämpften in den Reihen der Wehrmacht, zumeist in SS-Verbänden, und waren somit Adressaten für das Programm des Soldatensenders.

---

[215] "Narwa-Front" Nr. 58 vom 25. Juni 1944
[216] Reichsjugendführung Kriegsbetreuungsdienst, Akte M/0369, Juli 1944

18. Juni 1944 Zwei Jahre „Ursula", Blick in den Sendesaal I während der Morgenfeier-Übertragung vor geladenen Gästen

18. Juni 1944 Zwei Jahre „Ursula", Blick in den Sendesaal während der Übertragung des „Großen Bunten Abends"

Eine wichtige Aufgabe des Senders war die Antwort auf propagandistische Meldungen des sowjetischen Rundfunks. So gab die Reichsjugendführung im Juli 1944 die Warnung vor den Vorträgen eines „Oberbannführers Abel" heraus.[217] Der sowjetische Rundfunk bringe zeitweilig Vorträge eines angeblichen Oberbannführers Abel, der Abteilungsleiter in der Reichsjugendführung gewesen sein soll. Die Ausführungen brächten u.a. „Einzelheiten aus der Reichsjugendführung". Hierzu seien auch Flugblätter ähnlichen Inhalts abgeworfen worden. Man stelle fest, dass der Kamerad Abel tatsächlich seit längerem als im Osten vermisst gelte. Es sei jedoch völlig unmöglich, dass Abel sich zu solchen hetzerischen Äußerungen erpressen lassen würde. Es sei vielmehr anzunehmen, dass die Sowjets nach alter Methode seine ihnen bekanntgewordenen Personalien für ihre Zwecke ausnützten.

Nach den Feiern zum einjährigen Bestehen des Senders wurden die Bedingungen aufgrund der militärischen Lage immer schwieriger. Am 29. Januar 1944 erreichte die Propagandaabteilung Nord ein Schreiben des Oberkommandos der Heeresgruppe Nord, unterschrieben von Generalleutnant Rudolf Schrader, bezüglich des „Fahrbaren Rundfunksenders III".[218] Darin heißt es: „1) Der Fahrbare Rundfunksender K verbleibt in Turgel und bereitet die Übernahme des bisher von Sender III ausgestrahlten Programms vor. 2) Die Propagandaabteilung Nord richtet ein Behelfsstudio in Turgel für einen Betrieb von etwa 4 Wochen Dauer ein. 3) Sender III bereitet seine Verlegung nach Wolmar vor."

Am 30. Januar 1944 musste Sendeleiter Fischer einen Trupp, bestehend aus den Unteroffizieren Walter Hilpert und Hermann Stein sowie dem Obergefreiten Hubert Paule, nach Turgel schicken. Dort befand sich die Strahlungsanlage „K", von der aus ein Ausweichprogramm des Senders abgewickelt werden sollte mit der Maßgabe, dass ein wesentlicher Unterschied zur bisherigen Programmgestaltung nicht bemerkbar würde. Der Auftrag wurde erteilt auf Befehl des Oberkommandos der Heeresgruppe Nord und sollte bis zu dem Tage laufen, an dem der Programmbetrieb in Wolmar aufgenommen werden kann.

---

[217] Reichsjugendführung Kriegsbetreuungsdienst, Akte M/0369, Juli 1944
[218] Heeresgruppe Nord am 30. Januar 1944

Turgel, oder auch Türi, liegt in Mittelestland ca. 100 km nordwestlich von Pleskau; Wolmar, oder auch Valmiera, wiederum in Lettland, ca. 180 km westlich von Pleskau. In Turgel hatte bis zu seiner Sprengung 1941 durch die Rote Armee ein 196,6 m hoher Sendemast gestanden. Offenbar war die „Strahlungsanlage K" ein Überbleibsel nach dem Abzug der Sowjets. Diese sollte zur Überbrückung dienen, bis der Sender nach Wolmar umziehen und von dort das Programm weiterführen konnte.

Am 4. März 1944 reiste Unteroffizier Franz Kröger auf Anweisung der Dienststelle „Fahrbarer Sender K" nach Wolmar, wo der Sender bis zu seinem endgültigen Rückzug stationiert war.

Am 8. März hatte Kröger die Order, die dem Soldatensender Ursula zur Verfügung gestellten Zivilstrafgefangenen abzuholen.[219] Am 31. März 1944 war Kröger von Sendeleiter Fischer für die Dienststelle der Propaganda-Abteilung Nord beauftragt, Kuriermaterial beim Hauptsender in Riga abzuholen.[220] Dort traf er am 1. April ein und kehrte am 2. April wieder zurück nach Wolmar. Am 11. April 1944 wurde Kröger nach Riga geschickt, um beim dortigen Hauptsender Schallaufnahmen und Sendematerial für den Soldatensender abzuholen. Die Reise, die er per Eisenbahn bestritt, war mit einer Aufenthaltsdauer von drei Tagen bestimmt. Am 4. Juni reiste er dann für Rundfunkaufnahmen anlässlich der Eröffnung einer Frontbuchhandlung ins estnische Wenden (heute Vonnu).

Für diese Kurierdienste brauchte Kröger einen Truppenausweis, der bewies, dass er mit Wissen seines disziplinarischen Vorgesetzten von der Truppe abwesend sei. Der Ausweis hatte sich im Soldbuch zu befinden und sollte nur Dienststellen der Wehrmacht vorgezeigt werden. Die Truppenbezeichnungen und Orte waren offen einzutragen. Der dienstliche Auftrag war eindeutig anzugeben. Eintragungen wie z.B. „Abholen von Gerät" waren verboten. Art des Gerätes, Stückzahl und aufzusuchende Dienststelle mussten aufgeführt werden. Bei Beurlaubung war „Kennwort" des Urlaubs und die genehmigte Zahl der Urlaubstage einzutragen. Die Aufenthaltsdauer war genau anzugeben. Wenn der Auftrag in dieser Zeit nicht erfüllt werden konnte, war eine Genehmigung des Ortskommandanten für Aufenthaltsver-

---

[219] Bescheinigung der Beauftragung, Wolmar 8.3.1944
[220] Schreiben vom 31.3.1944

längerung einzuholen. Die Rückreise hatte ohne unnötigen Aufenthalt zu erfolgen, Zuwiderhandlungen wurden gerichtlich als „unerlaubte Entfernung von der Truppe" oder disziplinarisch geahndet.

Die Verpflegung der Mitarbeiter des Soldatensenders Ursula lief über die Großmarketenderei der Heeresverpflegungsdienststelle 742. Mit Rechnung Nr. 92 vom 26.2.44 ist belegt, dass der Einheit Folgendes in Rechnung gestellt wurde: 500 Stangen Zigaretten, 10 Stangen Zigarren No.10, 25 Stangen Zigarren No.15, 0,800 kg Edelfunke, 3 Flaschen Starka Weinbrand sowie 3 Flaschen Rotwein. Die Summe belief sich auf 63,76 RM. Starka Weinbrand war ein russisches Produkt und das einzige, welches zur Verfügung stand.[221]

Geburtstagskaffee bei Leutnant Dr. Lahne in Segewold, September 1944
von links: Major Giessler, Oberst i.G. von Brunn, Leutnant Dr. Lahne, Uffz.
Milkerat, Kriegsberichter Leutnant Abisch, Oberleutnant Roth

---

[221] Schreiben der Großmarktenderei der Heeresverpflegungsdienststelle 742, Rechnung Nr. 92 vom 26.2.1944

Das Programm

Wichtiger Bestandteil des Programms war die Reihe „Front und Heimat", die jeweils von 19.00 bis 19.30 Uhr ausgestrahlt wurde. Schon der Titel wies auf die Bedeutung des Rundfunks als Bindeglied zwischen Front und Heimat hin.

Wie sehr sich die militärische Lage und ihre Folgen für den Soldaten in den Programmbeiträgen widerspiegelte, zeigt die Auswahl der Beiträge für die Reihe „Front und Heimat". Da immer mehr Verletzte zu beklagen waren, oftmals Amputationen von Gliedmaßen in Kriegslazaretten vorgenommen werden mussten, ging es in der ersten Folge des Jahres am Mittwoch, dem 19. Januar 1944, um die „Hilfsmittel der Kriegschirurgie".

Nach dem Kaiser-Friedrich-Marsch von Carl Friedemann wurde ein Artikel zu diesem Thema aus der Soldatenzeitung „Dienst aus Deutschland (Nr. 295, S. 6)" zitiert. Es folgte der Marsch „Germanentreue" von Hermann Ludwig Blankenburg.

In der Rubrik „Das geht Dich an, Kamerad" gab es folgende Wortbeiträge: „Der Wiederaufbau der deutschen Städte" (aus „Dienst an Deutschland", Nr. 295, S. 3a), „Die Kampfschilde der deutschen Wehrmacht" (Quelle No. 46, S. 4), „Schwerarbeiterzulagen für Fronturlauber (s.o., S. 6/7) und „Sondermarken für Soldaten" (aus „Dienst aus Deutschland" vom 10.12.1943, Bl. 18). Die Sprecher der Sendung waren Bernhard Ackermann und Hermann Stein.

Hermann Stein war laut Wikipedia seit dem 1. September 1939 Mitglied der NSDAP und später Offizier der Wehrmacht. Nach dem Zweiten Weltkrieg wurde er Mitglied der FDP und deren Kreisvorsitzender in Gießen, später auch Vorsitzender der FDP-Fraktion im hessischen Landtag.

Der Thematik der Sendung „Interessante Wissenschaft" vom 20. Januar 1944 kann man entnehmen, dass der Winter, insbesondere in Russland, den Soldaten schwer zusetzte. Aus dem „Dienst aus Deutschland" stammte ein Beitrag mit dem Titel „Wie stark kann ein Mensch unterkühlt werden?"[222] „Front und Heimat" brachte am 2. Februar nach dem Alexander-Marsch von Andreas Leonhardt unter dem Motto: „Das geht Dich an, Kamerad!" Berichte über „Das Füh-

---

[222] "Front und Heimat" vom 23.2.1944

rergeschenk für Fronturlauber", „Neue Landser-Schlafwagen", den „Unteroffizier-Nachwuchs", den „Schutz gegen Kriegseinwirkungen für prozessführende Volksgenossen" und die Meldung, dass der Eilnachrichtendienst laufe. Nach dem „Kärtner Liedermarsch" von Anton Seifert gab es einen Wortbeitrag aus der „Stimme der Heimat" über „Das Recht der Ausgebombten". Zum Schluss wurde der Marsch der Elisabether nach Johann Strauß gespielt.

Das „Führergeschenk für Fronturlauber", auch „Führerpaket" genannt, war ein Lebensmittelpaket, welches Soldaten einmal jährlich zum Fronturlaub erhielten. Beim Übertritt in die Reichsgrenze wurde der Erhalt des Paketes im Soldbuch vermerkt. Die darin enthaltenen Lebensmittel sollten auch den Familien daheim zugute kommen. Sie bestanden zumeist aus Dauerwurst, Butter, Mehl, Käse, Wurst, Zucker, Konserven, Schokolade oder Kakao.

Die „Führerpaket"-Aktion gab es seit dem Oktober 1942. Sie unterstand der Leitung des Reichskommissars für die Ukraine, Erich Koch. Die Verwaltungsstelle hatte ihren Sitz im ostpreußischen Königsberg.

Die Landserschlafwagen waren für die Personenbeförderung ausgebaute Güterzüge.[223] Am Mittwoch, dem 23. Februar 1944, begann die Sendung mit dem Soldatenlied „O Deutschland hoch in Ehren" von Ludwig Bauer (Text) und Henry Hugo Pierson (Melodie). Es folgte „Fahrt zu den Trümmern" von Ernst Schulte Strathaus, einem Text aus der Soldatenzeitung „Stimme der Heimat". Schulte Strathaus war Literaturwissenschaftler und Antiquar und von 1935 bis 1941 Amtsleiter für Kunst- und Kulturfragen im Stab von Rudolf Heß. Anschließend stand der 42. Grenadier-Regimentsmarsch von Josef Wiedemann auf dem Programm.

Unter dem Motto „Das geht Dich an, Kamerad!" wurden die Themen „60 Millionen Feldpostbände", „Grundstücksteuererlass für unbebaute Grundstücke" und „Tausch- und Schätzstellen in Berlin" behandelt. Drei musikalische Stücke bildeten den Abschluss: der „Mussinan-Marsch", „Weisser Strauss, der winkt" und die „Serenade" von Riccardo Drigo. Gesprochen wurde die Sendung vom Unteroffizier Hermann Stein und dem Obergefreiten Hubert Paule.

Am 26. April 1944 begann die Sendung mit zwei Musikstücken: „In den Ostwind hebt die Fahnen" von Hans Baumann und „Zerstörte

---

[223] Soldatensender Ursula vom 15.4.1944

Städte härten unsere Herzen" von Heiner Feldmeyer. Der Komponist Hans Baumann erreichte Bekanntheit mit dem Lied „Es zittern die morschen Knochen", welches 1935 zur Erkennungsmelodie der Deutschen Arbeitsfront wurde. Nach dem Kriege veröffentlichte er teilweise unter Pseudonym zahlreiche Kinder- und Jugendbücher. Heiner Feldmeyer war vor dem Zweiten Weltkrieg Schriftleiter bei den Mindelheimer Neuesten Nachrichten und veröffentlichte sowohl in NSDAP- und Frontzeitungen als auch beim Soldatensender Ursula nationalsozialistische Pamphlete, was ihn nicht daran hinderte, nach Kriegsende die Seiten zu wechseln und für die SPD-Zeitung „Die Freiheit" in Mainz zu schreiben.

In der Rubrik „Das geht Dich an, Kamerad!" gaben Hermann Stein und Theo Mack Ratschläge für den Landser, die sich auf Eigenheime, luftschutzmäßiges Verhalten und die Reichspost bezogen.

Der Taxis-Marsch von Christian Anton Kolb und eine Aufzählung der „Brillantenträger" der deutschen Wehrmacht, also der Träger des Eichenlaubs mit Schwertern und Brillanten, bildeten den Abschluss der Sendung.[224] Die Musikstücke der Sendungen wurden in der Regel von der Schallplatte eingespielt.

Das Oberkommando der Wehrmacht griff am 25. April 1944 direkt in das Programm ein, in dem die Propaganda-Abteilung Nord zu einer „Sparaktion" aufgerufen wurde. Auf Geheiß wiederum des Reichsministeriums für Rüstung und Kriegsproduktion wurden 20 Abzüge der „Kohlenklau-Rechenaufgaben"[225] verschickt, die als Unterlage und Anregung für Durchsagen am Soldatensender zu verwenden waren. Außerdem wurden drei Kurzszenen mit dem Titel „Kurtchen", „Ganz wie der Vater" und „Vater und Sohn" übersandt.[226]

Das Referat Zeitgeschehen des Soldatensenders Ursula bestätigte mit Schreiben vom 24.5.1944 folgende Sendetermine: „Die Kurzszene ‚Ganz der Vater' wurde im Zeitspiegel vom 19.5.1944, 19.00-19.15, ‚Vater und Sohn' im Zeitspiegel vom 5.5.1944, 19.00-19.15 Uhr gesendet. Die dritte Szene ‚Kurtchen' konnte nicht eingesetzt werden,

---

[224] „Front und Heimat" vom 26.4.1944

[225] Die "Kohlenklau-Rechenaufgaben" gehörten zu einer Propaganda-Aktion zur Einsparung von Brennstoffen. Anhand der Kunstfigur "Kohlenklau" wurden zehn Aufgaben gestellt, die mathematisch zu lösen waren

[226] Schreiben des OKW an den Soldatensender Ursula vom 15.4.1944

da sie erst vor wenigen Wochen im Rahmen unterhaltender Kurzszenen eingegangen und auch gesendet worden war. Die ‚Kohlenklau-Rechenaufgaben' werden in wöchentlichen Abständen nach und nach in der Sendereihe ‚Front und Heimat', bisher am 17. und am 24.5., 19.00-19.30 Uhr gebracht. Zwei Sprecher sind eingesetzt, die sich mit den vorgeschriebenen Texten die Aufgaben vorrechnen. Den Auftakt und den Schluß bildet ein Heulton, zwischen dessen Auf- und Abklingen mit möglichst unheimlicher Stimme ‚Kohlenklau geht um' gesprochen wird. (Eigene Folienaufnahme)."[227]

Der „Kohlenklau" war eine Kunstfigur, die hohen Energieverbrauch symbolisieren sollte. Er gehörte zu einer Propaganda-Aktion, die am 7. Dezember 1942 im Deutschen Reich gestartet wurde und die Einsparung von Brennstoffen zum Ziel hatte. Da die Rüstungsproduktion einen enormen Verbrauch an Energie hatte, wurde der Bevölkerung nahegelegt, ihren Verbrauch im Haushalt einzuschränken. Wie dies zu geschehen hatte, das rechnete der „Kohlenklau" in zehn Folgen vor. Ein Beispiel: „Wenn die in Deutschland vorhandenen Bügeleisen ein einziges Mal eine einzige Minute unnötig eingeschaltet bleiben, ergibt das einen vermeidbaren Mehrverbrauch an Strom von rund 150.000 Kilowattstunden." Nun lautete die Frage, wie lange Drehbänke in der Rüstungsindustrie mit dem in den Haushalten vergeudeten Strom produzieren könnten. Die Antwort war, dass die Drehbänke 20 Tage und 20 Stunden länger betrieben werden könnten und von daher darauf zu achten sei, das Bügeleisen immer auszuschalten. Da die Kohlenklau-Figur als Karikatur eines Diebes, der Kohlen in einen Sack schaufelt, dargestellt wurde, wurde der Bevölkerung suggeriert, dass sie der Rüstungsproduktion und damit dem Erreichen der Kriegsziele schade, wenn sie unnötig Energie verbrauche.

Am Mittwoch, dem 3. Mai 1944, wurde eine weitere Folge der Reihe „Front und Heimat" ausgestrahlt. Autoren der Beiträge waren wiederum Hermann Stein und Theo Mack. Theo Mack war seit den zwanziger Jahren an diversen Theatern als Schauspieler tätig, zuletzt wohl 1936 in Berlin. Auch er hatte offenbar Aufnahme bei den Propagandatruppen gefunden.

Die Sendung begann mit dem Fliegermarsch „Sonnenwärts" von Hans Teichmann. Teichmann hatte bereits mehrere Militärmärsche

---

[227] Schreiben des Referats Zeitgeschehen an das OKW vom 24.5.1944

komponiert, so u.a. „Es hat uns der Führer gerufen, zum Kampfe traten wir an" aus dem Jahre 1941 oder „Wir flogen jenseits der Grenzen", dem Ehrenmarsch der Legion Condor aus dem Jahre 1939.

Dann referierte Hermann Stein zum Thema „Wehrmachtkurse zur Berufsförderung". In Zusammenarbeit mit dem Reichserziehungsministerium und der Deutschen Studentenschaft waren Tageskurse für Hochschulberufe ins Leben gerufen worden. Am 1. Mai des Jahres wurden für den Bereich der Heeresgruppe Nord die Kurse in Riga eröffnet. Die Teilnehmerzahl sei begrenzt auf diejenigen, die nicht im Oktober 1943 schon in Dorpat und Reval an der Ausbildung teilgenommen hätten. Studierende und studienwillige Wehrmachtsangehörige hätten also die Möglichkeit, in unmittelbare Verbindung mit Hochschullehrern zu treten und sich neben der geistigen Arbeit mit ihnen über ihre fachlichen Interessen und Berufssorgen auszusprechen. Träger dieser Hochschulwochen seien die Universität Königsberg und die Technische Hochschule Danzig.

Es folgt ein Ausschnitt aus der Eröffnungsveranstaltung im Münstersaal der Großen Gilde zu Riga, bei der der Stadtkommandant von Riga, der Vertreter des Oberbefehlshabers der Heeresgruppe Nord, der Rektor der Universität Königsberg und der Vertreter der Reichsstudentenführung das Wort an die aus allen Frontabschnitten der Heeresgruppe zusammengekommenen Studenten richteten.

Im Anschluss wurde der Marsch „Durch Kampf zum Sieg" gespielt. Es folgte wieder die Rubrik „Das geht Dich an, Kamerad!", in der Theo Mack den Plan für die Tageskurse der Fachgruppen im Rahmen der Wehrmachtkurse zur Berufsförderung in Riga vorstellte. An der Universität wurden Geisteswissenschaften, Rechtswissenschaften, Wirtschaftswissenschaften, Physik, Chemie und Landwirtschaft gelehrt.

An der Technischen Hochschule gab es Kurse in Maschinenbau, Bau-Ingenieurwesen, Elektrotechnik, Chemie, Schiffs- und Flugtechnik und Architektur.

Stein und Mack kündigen zum Ende der Sendung eine Erleichterung der Kriegstrauung sowie die Unterstützung prozessführender Soldaten an.

162

Den musikalischen Ausklang bilden der Polizeimarsch Hamburg des Militärmusikers Wilhelm Schierhorn und der König-Karl-Marsch des Komponisten Carl Ludwig Unrath.[228]

Eine weitere Rubrik war die „Filmecke". In der viertelstündigen Sendung am 26. Mai 1944 um 19 Uhr erzählen Siegfried Oswald Wagner und Bernhard Ackermann Anekdoten aus dem Buch „Die Zuflöte" von R.A. Stemmle. Titelmelodien aus bekannten Filmen, so z.B. aus dem Tonfilm „Liebespremiere", einer Komödie aus dem Jahre 1943 mit Hans Söhnker und Kirsten Heiberg (Regie: Geza von Cziffra), rundeten die Sendung ab.

Zum Film „Reifende Jugend", bereits 1933 unter der Regie von Carl Fröhlich in der Besetzung mit Heinrich George und Hertha Thiele gedreht, wurde die Anekdote erzählt, dass das Filmteam, welches auf der Veranda seines Stralsunder Hotels frühstückte, von Jungs und Mädels auf ihrem Schulweg veräppelt wurde. Eines der Schulmädel zeigte auf die bereits geschminkten Schauspielerinnen und sagte im Stralsunder Platt: Do kiekt mal, die haben sich angemolt"! Und ein kleiner Junge zeigte auf Heinrich George und sagte: „Und den, den haben sie ausgestoppt".

In einer anderen Anekdote ging es um Heinz Rühmann, der bei Käutners zu einer Abendgesellschaft eingeladen war. Auf einem Steckenpferd reitend wäre er um den Esszimmertisch getrabt, hätte gewiehert und auf der Mundharmonika das Lied „Es war einmal ein treuer Husar" gespielt.

Robert Adolf Stemmle hatte 1934 bereits die erste Verfilmung des Romans „Die Feuerzangenbowle" unter dem Titel „So ein Flegel" inszeniert. Auch hier spielte Heinz Rühmann schon die Hauptrolle.

Siegfried Oswald Wagner war laut Wikipedia von 1934 bis 1939 als Regisseur beim Reichssender Königsberg beschäftigt. Dann sei er Soldat gewesen; offenbar führte ihn sein Weg nicht an die Front, sondern zum Soldatensender Ursula. Nach dem Krieg arbeitete er als für den NWDR Hamburg, zunächst als freier Mitarbeiter, ab 1951 als Festangestellter auch für dessen Rechtsnachfolger, den Norddeutschen Rundfunk.

---

[228] "Front und Heimat" vom 3.5.1944

Eine weitere Sendereihe hieß „Die interessante Wissenschaft". Am 27. März 1944 ging es bei Hermann Stein und Bernhard Ackermann um Farbstoffe als Heilmittel.[229] Am 3. April waren die Themen der viertelstündigen Sendung die Wetterfühligkeit der Mikroorganismen, „Operationen am Herzen" (ein Beitrag aus der Revaler Zeitung) und die Frage: „Wie lange lebt der Mensch?"[230] Die Rubrik „Soldatensender Ursula hat das Wort" war die Antwort der Redaktion auf Hörerbriefe. Unteroffizier Franz Kröger erwiderte auf die Beschwerde eines Hörers. Dieser hatte in der Feldzeitung einen Aufsatz mit dem Titel „Bitte, keinen Jazz!" veröffentlicht. Kröger stellt klar, dass man sich in der Redaktion durchaus mit dem Thema beschäftigt hätte und sich nicht gegen das Anliegen als solches verwahrt, sondern vielmehr gegen die Form, die als anmaßend und unkameradschaftlich empfunden würde. Das Programm eines Soldatensenders müsse „nicht zuletzt Rücksicht nehmen auf die vielgestaltige, sowohl in die Breite als auch in die Tiefe gehende Gliederung seiner Hörerschaft". Es habe die direkte positive Erwiderung eines Kameraden auf das gespielte Musikstück gegeben, was die unterschiedlichen Geschmäcker beweisen würde, aber auch die Frage aufwerfe, an welcher Stelle der Verfasser im militärischen Einsatz stehe, der dem Soldatensender vorgeworfen hatte, er habe „atonalen, synkopisierten Jazz" gespielt. Diesen Vorwurf weist Kröger zurück mit dem Hinweis darauf, dass der gesamte Bestand an Schallplatten von berufener Stelle laufend auf seine Vertretbarkeit vor dem deutschen Hörer geprüft und überwacht wird. Das müsse der Verfasser, der offenbar selber Musiker sei, schließlich wissen. Im Übrigen könne man auch den „erlösenden Knopf drehen", wenn einem ein Musikstück nicht gefalle. Stattdessen habe er namentlich aufgeführte Künstlerinnen verächtlich gemacht und man wünsche ihm, dass diese seine Zeilen nicht gelesen hätten, sonst würden sie vermutlich ebenso humorlos reagieren wie er.

Eine Voraussetzung für die Arbeit eines Soldatensenders sei das Vorhandensein von Sendematerial, also einem Schallarchiv, welches einer natürlichen Begrenzung unterliegt. Es genüge nicht, als Hörer Forderungen aufzustellen, die schlicht nicht zu erfüllen wären, z.B. „mehr Opernmusik!" oder „mehr Volksmusik!" Ob er sich darüber im Kla-

---

[229] "Die interessante Wissenschaft" vom 3.4.1944
[230] "Die interessante Wissenschaft" vom 3.4.1944

ren sei, dass „die Meisterwerke der hohen Kunst nicht totgejagt werden dürfen" und dass „der Großteil des Programms mit musikalischer Gebrauchtware gefüllt werden muß?" Ob der Verfasser wisse, dass „Volksmusik nur maßvoll gebraucht werden kann, keineswegs, wie er leichtfertig vorschlägt, täglich eine halbe Stunde?" Man wundere sich, dass der Schreiber aus der Tatsache, dass beim Wunschkonzert einmal ein Volksliedwunsch nicht erfüllt werden konnte, weil der Sender das Lied nicht besaß, daraus eine Neigung der Verantwortlichen zur „musikalischen Prostitution mit superdämonischer Weibsgewalt" konstruiere. Kröger schloss in seiner Replik damit, dass der Schreiber sich offenbar nicht vorstellen könne, mit welchem Ernst die Redaktion an die Gestaltung der Sendung heranginge und dass man bei dem angeschlagenen Ton des Briefes sich über die vorliegende Stellungnahme hinaus nicht zu rechtfertigen gedenke.[231]

Proben für das Wunschkonzert

Die musikalische Unterhaltung war ein wichtiger Bestandteil des Sendeschemas. Auch Reihen wie der „Zeitspiegel" oder „Seifenblasen"

---

[231] Replik der Redaktion auf einen Hörerbrief durch Unteroffizier Franz Kröger, undatierter Hörerbrief durch Unteroffizier Franz Kröger

bestanden hauptsächlich aus Musikstücken. Der „Zeitspiegel" vom 31. März 1944 bot von 19.00 bis 19.15 Uhr „Rendez-vous", einen Marsch von Carl Latann, sowie den 94er Regimente-Marsch.[232]

Die „Seifenblasen" präsentierten am Donnerstag, dem 23. März, von 20.15 bis 21.30 Uhr ein von Hermann Stein, Bernhard Ackermann und Henni Henneicke moderiertes Potpourri.

Nach den Foxtrotts „Jetzt geht's los" von der Tanzkapelle Jan Hoffmann und „Das gewisse Etwas" von Franz Grothe wurden die Hörszenen „Die ideale Sekretärin" und „Das musikalische Rätsel" vorgetragen. Hierzu wurde der Foxtrott „Rosamunde" von Jaromir Vejvoda einmal vorwärts und einmal rückwärts gespielt.

Franz Grothe, Mitglied in der NSDAP seit dem 1. Mai 1933, komponierte in den vierziger Jahren sogenannte Durchhaltelieder wie „Wir werden das Kind schon schaukeln" und „Wenn unser Berlin auch verdunkelt ist". 1944 stand er in der Gottbegnadeten-Liste des Reichsministeriums für Volksaufklärung und Propaganda. Ab den 50er Jahren konnte er seine Karriere als Komponist von Filmmusiken in der Bundesrepublik fortsetzen.

Es folgten in der Rubrik „333 nackte Takte" drei Marschlieder: „Es ist so schön, Soldat zu sein", „Erika", beides Marschlieder von Herms Niel sowie das Marschlied im Volkston „"Lore, Lore, so schön sind die Mädchen".

Herms Niel, eigentlich Ferdinand Friedrich Hermann Nielebock, geboren am 17. April 1888, war der bedeutendste Komponist von Marschliedern in der Zeit des Nationalsozialismus. Er war ebenfalls seit dem 1. Mai 1933 Mitglied der NSDAP.

Es folgten eine Hörszene des Titels „Der falsche Peter" von Hermann Stein und drei Foxtrott-Stücke: „Besessenheit", „Orientalischer Foxtrott" und „Excentric".

Nach der Reportage „Traum in Sanssouci" von Hermann Stein bildete der „Finalsalat" den Abschluss der Sendung, der darin bestand, von jeder Platte etwa 45 Sekunden zu spielen und dann in die nächste überzugehen. Die Mischung bestand aus dem Rheinländer-Potpourri, „Leichtes Blut" von Johann Strauss, dem „Luna-Walzer" von Paul Lincke, „Heut' abend bin ich frei" von Ludwig Schmidtseder, „Bei

---

[232] "Zeitspiegel" vom 31.3.1944

zärtlicher Musik", einem Tango von Gerhard Mohr und „Sassa", einem kubanischen Tanzlied von Fred Raymond.[233] Raymond hatte in den zwanziger Jahren großen Erfolg mit der Titelmelodie „In einer kleinen Konditorei" und mit dem Schlager „Es geht alles vorüber, es geht alles vorbei", den er während seiner Wehrmachtszeit 1941/42 komponierte.

Die Programmgestaltung am Sonntag war ernst und feierlich. Am 20. Februar 1944 war der Titel der Sendung „Aus deutscher Dichtung und Musik", Untertitel: Gang durch die stille Heimat". Von 11.30 Uhr bis 12.00 Uhr waren die Ballettmusik zu „Rosamunde" von Franz Schubert und zwei Gedichte zu hören: „Die Heimat" von Joseph von Eichendorff und „Die stille Stadt" von Richard Dehmel.

Eine Woche später, am 27. Februar 1944, standen wieder Musik von Franz Schubert und Gedichte von Gottfried Keller, Franz von Dingelstedt und Theodor Storm auf dem Programm. Von Ringelstedt wurde das Werk „Die Weser", von Storm das Gedicht „Abseits" und von Keller „Stille der Nacht" vorgetragen.

Ab dem 1. Juli 1944 galten neue Sendezeiten bei „Ursula". Montag bis Freitag wurden um 12.30 Uhr deutsche Nachrichten ausgestrahlt. Die langsame Wiederholung des Wehrmachtberichts gab es täglich ab 15 Uhr statt wie zuvor um 18 Uhr, anschließend eine Sendepause bis 16.45 Uhr. Die Sendungen „Interessante Wissenschaft", „Front und Heimat" „Filmecke" und „Zeitspiegel" wurden auf 18.00 bis 18.15 Uhr bzw. 18.00-18.30 Uhr vorverlegt. Außer sonntags werden täglich von 19.15 bis 19.30 Uhr die Frontberichte vom Reichsprogramm übernommen, außerdem jeden Mittwoch 19.45 bis 20.00 Uhr der Vortrag von Generalleutnant Kurt Dittmar.

Dieses neue Programm zielte auf Synergieeffekte und Verringerung der Ressourcen. Es wurde immer schwieriger, Schallplatten für den Musikteil zu beschaffen. Dafür wurden die Frontnachrichten immer wichtiger. Am 22. Juni 1944 hatte die Rote Armee an der Ostfront eine Großoffensive gegen die Heeresgruppe Mitte begonnen und in kürzester Zeit große Erfolge erzielt. Somit war klar, dass auch die Stellungen in der Ukraine bedroht sein würden. Generalleutnant Kurt Dittmar sollte in seinen Vorträgen die militärische Lage abbilden und zum anderen die Kampfmoral beschwören.

---

[233] Frontnachrichten der PK-Kompanie "Eichkater" vom 15.3.1945

Am 31. August 1944 erschien der Monatsbericht der Propaganda-Abteilung Nord, Gruppe Rundfunk, Soldatensender Ursula. Darin wird deutlich, inwieweit der Sender versuchte, auf die geänderten Umstände zu antworten: „Die Arbeit des Monats August stand im Zeichen der Bemühungen, die bisherigen Richtlinien der Programmgestaltung, wie sie einmal als richtig und zweckmäßig erkannt waren, trotz der weitgehend veränderten äußeren Verhältnisse nach Möglichkeit beizubehalten. Diese Veränderungen waren in der militärischen Entwicklung innerhalb des Sendebereichs begründet und wurden im Wesentlichen dargestellt 1. durch den Ausfall der dem zivilen Sektor zugeordneten, von der Reichsrundfunkgesellschaft betriebenen technischen Verbindung zwischen Modohn und Goldingen. Für den Soldatensender Ursula ergab sich hieraus die Notwendigkeit einer weiteren und verstärkten Aufnahme von lettischen Nachrichten-, Soldatenstunden- und Zeitgeschehen-Sendungen, da er allein noch in diesem Raum über eine genügende Reichweite und Stärke verfügte. Zu den bisher schon durchgeführten Sendungen in lettischer Sprache, nämlich dem täglichen Nachrichtendienst von 16.45 bis 17.00 Uhr und der zweimal wöchentlich (montags und donnerstags) von 19.45 bis 20.00 Uhr im Programm erscheinenden lettischen Soldatenstunde, kamen aus diesem Grunde noch folgende weitere Sendungen:

06.15-06.30 Nachrichten, lett. (sonntags: 06.30-06.45)

12.15-12.30 Nachrichten, lett.

18.15-18.30 Zeitgeschehen, lett.

21.00-21.15 Nachrichten, lett.

Die Übernahme dieser Sendungen erfolgt durch Ballempfang vom Hauptsender Riga.

Um eine eigene Redaktion der bisher ebenfalls von Riga montags und donnerstags jeweils von 19.30 bis 20.00 Uhr aus bearbeiteten lettischen Soldatenstunde zu ermöglichen, versetzte die Propaganda-Abteilung Nord den lettischen Oberfeldwebel Anzahns als Propagandisten zur hiesigen Propaganda-Staffel 2. Dieser wird in Zukunft die auf die Dauer von einer halben Stunde erweiterte Soldatenstunde bearbeiten, sodaß dieselbe vom 4. September an montags und donnerstags jeweils von 19.30 bis 20.00 Uhr zur Sendung gelangen kann.

Eine zweite grundlegende Änderung in der Programmplanung ergab sich zwangsweise aus dem Wegfall sämtlicher vom OKW unmittelbar für den Soldatensender verpflichteten Künstler der KdF-Gruppen, sowie der bisher häufig eingesetzten, künstlerisch mitwirkenden Soldaten, da die militärische Lage eine Abstellung der letzteren nicht weiter erlaubte.

Aus diesen Punkten ergab sich die notwendige Einschränkung des musikalischen Programmteils, bzw. die weitere Beschränkung auf den Schallplattenbestand des Senders, doch kann bereits heute übersehen werden, dass diese Umstellung, soweit sie nur auf einen vorübergehenden Zustand hinzielt, gelungen ist und eine wesentliche und vom Hörer aus spürbare Beeinträchtigung des Programms nicht zur Folge hatte.

Innerhalb des deutschen Wortprogramms wurden den aktuellen Berichten weitere Sendezeiten eingeräumt, besonders berücksichtigt wurde dabei das Geschehen an der Nordfront durch Sendungen wie „Der Kampf ums Baltikum", „Die Verleihung des Eichenlaubs mit Schwertern zum Ritterkreuz des Eisernen Kreuzes an Generaloberst Schörner", sowie durch zahlreiche Berichte der im Sendebereich eingesetzten Kriegsberichter. Besondere Unterstützung erfuhr dieses Sachgebiet durch den Stabsoffizier für Propaganda bei der Heeresgruppe Nord.

„I b) Eine Ausweitung fanden die im Übrigen unverändert bleibenden Sendezeiten durch die Aufnahme der Frühsendungen:

05.00 - 06.15 Uhr Kameradschaftsdienst

06.15 – 06.30 Uhr Nachrichten, lett.

06.30 – 07.00 Uhr Frühkonzert

07.00 – 07.10 Nachrichten

I c) Sendeunterlagen wie Schallplatten, Folien, Programmblöcke usw. gingen infolge des Ausfalls der unmittelbaren Kurierverbindungen im Berichtsmonat nicht ein. Lediglich die Presse- und Informationsdienste lagen, wenn auch mit einiger Verspätung, vor.

Aus einem Armee-Betreuungslager konnten durch Vermittlung der NSFO (Nationalsozialistische Führungsoffiziere; d.Verf) 350 neue Schallplatten zur Verfügung des Senders gestellt werden.

I d) Infolge der militärischen Ereignisse im Sendegebiet hat naturgemäß das Hörerecho entsprechend nachgelassen, auch die Beteiligung am Wunschkonzert ging zurück. Der im Augenblick erreichte Gesamtspendenbetrag für WHW (Winterhilfswerk, Anm. d.Verf.) und

DRK (Deutsches Rotes Kreuz, Anm. d.Verf.) beträgt. RM 4.855.621.55.

II) Die technische Ausrüstung des Senders ist unverändert. Auf Befehl der Heeresgruppe Nord wurde in unmittelbarer Umgebung von Riga ein neuer Standort erkundet und so weit vorbereitet, dass er im Falle einer sich erforderlich machenden Verlegung des Senders die sofortige Aufnahme des Sendebetriebes gestattet.

III) Die Zusammenarbeit mit dem Nachrichtenführer der Heeresgruppe Nord ist unverändert positiv.

IV) Die Offenhaltung eines Kurierweges für den Nachschub des unbedingt benötigten Sendematerials ist erforderlich. Es wird daher nochmals angeregt, dieses Material in Zukunft unter Benutzung der Kuriermaschine der Heeresgruppe an den Stabsoffizier für Propaganda zur Weiterleitung an den Soldatensender Ursula zu schicken.

In personeller Hinsicht trat insofern eine Veränderung ein, als die Stabshelferinnen Erna Bräutigam und Henni Henneicke am 28.7. zur Heimatdienststelle in Marsch gesetzt wurden."[234]

Die folgenden Monate des Jahres waren geprägt von weiteren militärischen Verlusten und damit verbundenen Schwierigkeiten für den Soldatensender, sein Programm auf die Beine zu stellen. Im Januar 1944 war der Sender bereits in ein Behelfsstudio in Turgel (Türi) ausgewichen. Dort wurde das bis daher von Sender III ausgestrahlte Programm übernommen, bis der Sender vier Wochen später nach Wolmar (Valmiera) umziehen konnte. Von dort wurde gesendet, bis im September 1944 sowjetische Truppen die Stadt Wolmar einnahmen. Nach der verlorenen Schlacht um Riga zwischen dem 6. und 15. Oktober waren die deutschen Truppen gezwungen, sich aus Estland, Lettland und Litauen zurückzuziehen. Das bedeutete auch den Verlust der ursprünglichen Sendefrequenz für „Ursula". Am 10. März 1945 vermeldete die „Panzerfaust", dass der Soldatensender nunmehr auf der Mittelwelle 280 m=1070 KHz zu empfangen sei. Unter der Überschrift „Ursula spielt für dich!" wurden die Landser zur Mitarbeit aufgefordert. Anregungen zur Programmgestaltung würden dankbar entgegen genommen; auch Kritik würde nicht verübelt. Wünsche und

---

[234] Frontnachrichten der PK-Kompanie "Eichkater" vom 15.3.1945

Anregungen sollten an die Feldpost-Nummer 01010 geschrieben werden.[235]

Am 15. März 1945 erschien in den Frontnachrichten der Propaganda-Kompanie „Eichkater" eine Kleinanzeige. Unter der Überschrift „Wo ist Ursula?" wurde darüber informiert, dass Ursula auf einer neuen Frequenz sendet. Von 6.30 Uhr morgens bis 0.15 Uhr nachts sei der Sender zu empfangen, eine Sendepause gebe es von 14.15 bis 17 Uhr.[236]

Das Blatt der Oderfestung Frankfurt meldete am 18. März: „Ursula ist wieder da!"[237] Und „Der Rächer" fragte am 27. März 1945: „Was war mit Ursula, Ilona und Marianne los?" Um dann fortzufahren: „Die Sache war ganz einfach, das dachte der Eichkater gleich. Der dicke Karl klagte nämlich, die drei ließen nichts mehr von sich hören. So kommt es meist, wenn einer drei Liebschaften auf einmal hat. Was die Ursula anbetraf, so war das seine eigene Schuld. Er hatte da den richtigen Dreh nicht raus. Ursula kommt zu jedem, selbst zum weitherzigen Karl, wenn man zwischen 6.30 und 0.15 Uhr (Sendepause zwischen 14.15 und 17.00 Uhr) auf Mittelwelle (280 m = 1070 kHz) schaltet. ‚Ursula', unser Soldatensender, geht auch auf jedermanns Wünsche und Anregungen ein, wenn ‚Ihr' unter F.P.- Nummer 01010 geschrieben wird. Stellen wir's also schlauer an als der dicke Karl!"[238]

Der Soldatensender Ursula war, wie aus diesen Veröffentlichungen hervorgeht, über einen längeren Zeitraum nicht auf der gewohnten Kurzwellen-Frequenz 443 m, 677 kHz zu hören. Die militärische Lage hatte zur Folge, dass er seinen Aufenthaltsort wechseln und nur noch über Mittelwelle senden konnte. Die Ursache sollte den Landsern nicht bekannt gegeben werden; erstens hätte sie dann schlussfolgern können, dass der Krieg immer aussichtsloser wurde und zweitens hätte der Feind einen Hinweis auf den neuen Standort erhalten.

Der Sender war bereits im Januar 1944 für vier Wochen von Pleskau zur Strahlungsanlage K nach Turgel verzogen, um anschließend nach Wolmar verlegt zu werden. Welches seine letzte Station war, von der aus er sendete, geht aus den Protokollen nicht hervor. Anzunehmen

---

235 "Panzerfaust" vom 10.3.1945
236 Frontnachrichten der PK-Kompanie "Eichkater" vom 15.3.1945
237 "Oderfestung Frankfurt" vom 18.3.1945
238 "Der Rächer" vom 27.3.1945

ist, dass er sich Richtung Libau und schließlich zur Festung Kurland bewegte. Dort leistete die Wehrmacht, unterstützt von zwei Divisionen lettischer Freiwilliger, die der Waffen-SS beigetreten waren, um gegen die Sowjetunion zu kämpfen, bis zum 8. Mai 1945 erbitterten Widerstand. Bis zuletzt sendete „Ursula" auch noch in lettischer Sprache. Insbesondere in den letzten Kriegstagen war es wichtig, die Moral der kämpfenden Truppen zu stärken, indem man ihnen Normalität vorgaukelte. Daher noch im März 1945 die Aufforderung, Wünsche und Anregungen per Feldpost an den Sender zu richten.

Auf ungeklärten Wegen gelang es Sendeleiter Fischer, die fahrbare, aus sieben Wagen bestehende Sendeeinrichtung vor dem Zugriff der Sowjets zu retten und nach Aachen zu transportieren, wo sie noch Jahre danach für den NWDR im Einsatz war.

Im großen Sendesaal des Soldatensenders „Ursula" Januar 1944

Der Fall Wlassow

Die Propagandatruppe hatte sich seit Beginn des Russlandfeldzuges wesentlich vermehrt. 1942 hatten die Propagandatruppen fast die Divisionsstärke von 15.000 Mann erreicht. Ihre Aufgabengebiete hatten sich erweitert. Dazu kamen die Propaganda-Abteilungen in den besetzten Gebieten. Dies erforderte eine umfangreichere und straffere Verwaltung. Eine Konsequenz war, die Propagandatruppe nicht mehr als Nachrichtentruppe zu begreifen, sondern zu verselbständigen. So wurde durch Befehl des Oberkommandos der Wehrmacht die Stelle des „Chefs der Propagandatruppen" mit Generalmajor Hasso von Wedel geschaffen. Dieser hatte fachliches Weisungsrecht an alle Propagandatruppen.

Die neue Propagandatruppe umfasste die Propaganda-Einheiten von Heer, Marine und Luftwaffe und der Waffen-SS. Die Führung dieser Einheiten oblag den Stabsoffizieren für Propagandaeinsatz (Stoprop), die wiederum unmittelbar den Chefs der Stäbe unterstanden.

Die Einführung der Stoprops trug der Verlagerung des Schwerpunktes der Wehrmachtpropaganda von der Kriegsberichterstattung auf die Kampfpropaganda Rechnung.

Im Jahre 1943 bestand die Propagandatruppe aus: 21 Propagandakompanien des Heeres, 7 Heereskriegsberichterzügen, 8 Propagandaabteilungen für besetzte Gebiet, 8 Luftwaffenkriegsberichterabteilungen, 3 Marinekriegsberichterabteilungen, Kriegsberichtertruppen der U-Boote, der SS-Standarte „Kurt Eggers" mit ihren Unterabteilungen sowie einer nicht feststellbaren Zahl von Ostfreiwilligen-Propagandazügen.

Mit Fortschreiten des Krieges erlangte die Aktiv-Propaganda „in den Feind" immer größere Bedeutung. Dafür wurden bewegliche Druckereien benötigt; bei der PK 697 z.B. war dies ein Eisenbahndruckereizug. Hier wurden die Frontzeitungen gedruckt, die für die deutschen Truppen vor Ort gedacht waren. Weiterhin wurden im großen Stil an der Front aktuelle Flugblätter gedruckt, die für den Feind bestimmt waren. Dafür standen russische Hilfskräfte und deutsche Dolmetscher zur Verfügung. Ein Drittel der Flugblätter kam aus Berlin, zwei Drittel waren gezielt auf die örtlichen Gegebenheiten zugeschnitten.

Die Flugblätter wurden meist durch Flugzeuge abgeworfen; Millionen von Flugblättern wurden auf diesem Wege verteilt. An der Front wurden auch Propagandawerfer mit Drachen an Seilwinden und Ballons eingesetzt, um das Material zu den feindlichen Truppen zu bringen. Darüber hinaus waren Lautsprecherwagen und Mikrofone im Einsatz, an die auch russische Mädchen gestellt wurden, die die russischen Soldaten ansprechen und zum Überlaufen bewegen sollten.

In den Kesselschlachten hatten die Aktivpropaganda der Propaganda-Kompanien und der Flugblattabwurf mit Hilfe der Luftwaffe beachtliche Erfolge erzielt, insbesondere gegen eingeschlossene feindliche Verbände. Die Überläuferzahlen gingen in die Tausende.[239]

Eine besondere Stellung bei der sogenannten Kampfpropaganda hatte die SS-Standarte „Kurt Eggers". Die Führung der Waffen-SS hatte nach den Erfahrungen aus dem Polenfeldzug beschlossen, SS-Frontdivisionen mit eigenen SS-Kriegsberichtern auszustatten. Hier bildeten dann Frontoffiziere und Berufsoffiziere den Stamm, was den Vorteil hatte, dass nicht bis dahin Ungediente erst militärisch ausgebildet werden mussten. Deshalb war auch die Einrichtung eines Sonderführers nicht notwendig. Die Zentrale der SS-Kriegsberichterkompanie war in Berlin, der Einsatz erfolgte durch Zuteilung je eines Zuges zu jeder SS-Division. Ab dem Sommer 1941 waren diese Männer explizit für die Waffen-SS zuständig. Bis zum Beginn des Russland-Feldzuges war die Propaganda-Tätigkeit auf die Kriegsberichterstattung beschränkt. Ab dem Oktober 1943 wurde durch Führerbefehl aus der SS-Kriegsberichterabteilung der selbständige SS-Regimentsverband, die SS-Standarte Kurt Eggers. Diese hatte gezielt Kampfpropaganda zu betreiben. So wurde unter dem Decknamen „Wintermärchen" die Rote Armee gezielt in einem festgelegten Abschnitt angegriffen.

Der Feind hatte allerdings mittlerweile die Bedeutung der Flugblatt-Aktionen erkannt und reagierte in der Causa Wlassow mit Gegenpropaganda. General Andrei Andrejewitsch Wlassow, der „Held von Moskau", der Kiew 1941 vor der heranrückenden 6. deutschen Armee verteidigt und 1942 während der Schlacht um Moskau die Gegenoffensive befehligt hatte, war am 12. Juli 1942 von deutschen Truppen gefangen genommen worden. In der Gefangenschaft wurde er von Wehrmachtsgenerälen zur Aufstellung einer 3 Millionen starken Armee freiwilliger Sowjetsoldaten überredet, die zu einem Frie-

---

[239] Vgl. Hasso von Wedel, Propagandatruppen, Vohwinckel Verlag 1962, S. 55

densschluss mit den Deutschen beitragen und somit Stalin stürzen sollte. Dieser Plan scheiterte zunächst, weil Hitler dem misstraute. Erst im Jahre 1944 überzeugte Himmler ihn, die Gründung einer „Russischen Befreiungsarmee" zuzulassen. Am 16. April 1945 gab das Oberkommando des Heeres in einem Schreiben noch die Eidesformel für das „Komitee zur Befreiung der Völker" – so nannte sich die Wlassow-Armee – bekannt: „Als treuer Sohn meiner Heimat trete ich freiwillig in die Reihen des Komitees zur Befreiung der Völker Russlands; im Angesicht meiner Volksgenossen schwöre ich feierlich, dass ich ehrlich bis zum letzten Blutstropfen unter dem Oberbefehl des General Wlassow für das Wohl meines Volkes gegen den Bolschewismus kämpfen werde. Dieser Kampf wird von allen freiheitsliebenden Völkern im Bündnis mit Deutschland unter dem obersten Befehl Adolf Hitlers geführt. Ich schwöre, dass ich diesem Bündnis die Treue halten werde. Für die Erfüllung dieses Eides bin ich jederzeit bereit, mein Leben einzusetzen."[240]

Dies allerdings kam für die Deutschen und Wlassow zu spät – am 1. August 1946 wurde er in einem Moskauer Gefängnis gehenkt. Am 13. Juni 1943, also nach seiner Gefangennahme, war er noch Gegenstand der Propaganda sowohl von deutscher als auch sowjetrussischer Seite. Mit diesem Datum gibt es eine Vortragsnotiz der Propagandaabteilung Fremde Heere Ost mit dem Titel „Prop.-Angriffe auf Wlassow":[241] „Das im Gebiet des AOK 18 festgestellte AntiWlassow-Propaganda-Material (2 Flugblätter und eine Zeitung „Für die Sowjetheimat" – Anlagen) ist zweifellos durch die Moskauer Prop.-Zentrale in Umlauf gesetzt. Die Vorsicht, mit der die Verbreitung des Prop.Materials durch Agententrupps erfolgt – nicht durch Massenabwurf von Flugzeugen – zeugt davon, wie unangenehm den Sowjets die Wlassow-Aktion bereits geworden ist. Obwohl seit April dieses Jahres Meldungen über ein Durchsickern von WlassowNachrichten in das tiefe Sowjet-Gebiet vorliegen, ist eine Bestätigung durch objektive Stellungnahme in Sowjet-Zeitungen bisher nicht erfolgt, um eine indirekte Propaganda für Wlassow durch die Sowjetzeitungen zu vermeiden, da Wlassow gerade durch die Sowjetpresse seinerzeit als ‚Retter Moskaus' überall besonders gefeiert wurde.

---

[240] Schreiben des OKW des Heeres vom 16.4.1945, Quelle: Archiv des MfS, HA IX/11, AV 10/76, Bd. 10
[241] Quelle: Archiv des MfS, HA IX/11, AV 10/76, Bd .10

Folgerungen:

1.) Die Sowjetpropaganda ist durch die Wlassow- und Silberstreif-Aktion im Verlaufe des Feldzuges zum ersten Male in die Abwehr gedrängt; sie wird alles daran setzen, um wieder propagandistisch offensiv zu werden.

2.) Die Propaganda gegen Wlassow wird mit verstärkter Intensität in Kürze auf das gesamte besetzte Ostgebiet ausgedehnt werden

3.) Es ist in absehbarer Zeit mit Attentatsversuchen gegen Wlassow zu rechnen, wobei die Attentäter als wahre Volkshelden und russische Patrioten von der Feindpropaganda gefeiert werden.

Gegenvorschläge:

a) Die Wlassow-Propaganda muss mit gleicher, wenn nicht verstärkter Intensität in den besetzten Gebieten weiter betrieben werden. Ein Abstoppen oder Bremsen der Propaganda würde der Feindeinwirkung einen nicht wieder aufzuholenden Vorsprung geben und die heute noch unsichtbaren Elemente auf die Sowjetseite hinübertreiben.

b) Um die Sowjetpresse und Öffentlichkeit zur Stellungnahme und Diskussion der Wlassow-Frage zu zwingen, wäre der Massenabwurf von etwa 100.000.000 Wlassow- und ROA.-Kleinflugblättern über den grossen Sowjetzentren Moskau, Leningrad, Gorky, Kujbyschew, Saratow-Engels, Pensa, Woronesh, Rostow, Astrachan, Kalinin, Kaluga, Tula und Rjasan erforderlich. Besonders im Gebiet von Moskau, in dem Wlassow gut bekannt ist, wäre der Erfolg am schnellsten zu erzielen.

c) Fortführung der Aktion in stetiger, hartnäckiger Form bis zur zwangsläufigen Stellungnahme der Sowjetpresse.

Bei Zustimmung wird die Abteilung entsprechende Anregungen an Wpr. geben."[242]

Die Aktion „Silberstreif" begann im Mai 1943 und war eine groß angelegte Propaganda-Aktion an der Ostfront, die sowjetische Soldaten zum Überlaufen bewegen sollte. Überwiegend geschah das durch Abwerfen von Millionen Flugblättern in russischer Sprache. Der Erfolg war mäßig und bewegte sich, soweit bekannt, im vierstelligen Bereich. Man kann sagen, dass hier der Propaganda-Effekt in Bezug auf den betriebenen Aufwand verpufft ist und dass die Aktion „Silber-

---

[242] Quelle: Archiv des MfS, Akte HA IX Nr. 22738

streif" eigentlich ein Zugeständnis war, dass die deutsche Wehrmacht zunehmend Misserfolge hinnehmen musste. Im Rahmen der Aktion wurde auch versucht, sowjetische Kriegsgefangene zur Propaganda-Arbeit für die deutschen Ziele einzusetzen.

Als „Geheime Reichssache" wurde am 2.6.1943 ein Rundschreiben des Gaupropagandaleiters Horst Slesina an die Kreispropagandaleiter der NSDAP des Gaues Westmark versandt, welches die Bestimmungen des OKW über den Einsatz von sowjetischen Kriegsgefangenen als Propagandisten zum Inhalt hatte. Darin hieß es: „Unter den sowjetischen Kriegsgefangenen sind bisher einzelne Völkerschaften als Feinde des Bolschewismus erkannt und bevorzugt behandelt und verwendet worden. Die Erfahrung hat inzwischen gezeigt, dass nicht alle sonstigen sowjetischen Kriegsgefangenen Fanatiker oder berufsmäßige Helfer des Bolschewismus sind, besonders nachdem diese Elemente von der Masse der Kriegsgefangenen abgetrennt worden sind. Es gilt nunmehr die Gesamtheit der sowjetischen Kriegsgefangenen propagandistisch aufzuspalten, um sie leichter führen und zweckmäßig einsetzen zu können. Für die neue propagandistische Aufgabe werden neben W.Pr.-Beauftragten auch entsprechend geschulte sowjetische Kriegsgefangene eingesetzt, die nach Weisungen des OKW ihre Propagandatätigkeit unter der Verantwortung des jeweiligen Stalag-Kommandanten zu verrichten haben. Sie werden bei den einzelnen Arbeitskommandos eingesetzt und können sich frei bewegen.

Diese Propagandisten sind Angehörige der Ostpropaganda-Abteilung z.b.V. und zum Einsatz kommandiert. Sie besitzen Soldbuch und sind wie deutsche Wehrmachtsangehörige zu behandeln. Sie tragen Uniform des deutschen Heeres, jedoch ohne Hoheitsabzeichen auf der Brust. Als besondere Kennzeichen tragen sie ferner: Auf der Mütze eine ovale Kokarde mit den alten zaristischen Farben rot-blau-weiss. Auf dem Kragen Spiegel in einem gestickten Kreis, durch den ein Strich verläuft. Auf dem linken Ärmel in weissem Felde ein liegendes braunes Kreuz, darunter in braun die Buchstaben B.O.A.

Die meisten von ihnen beherrschen die deutsche Sprache nicht."[243]

Horst Slesina, seit 1933 SA-Mitglied, hatte bereits als Sendeleiter der „Saarzentrale des deutschen Rundfunks" eine propagandistische Rolle

---

[243] Archiv des MfS, HA IX, Nr. 22046

bei der Saarabstimmung gespielt. Im Nachkriegs-Deutschland machte Slesina eine Karriere als Werbefachmann. Er gründete in Frankfurt a. Main die „Horst Slesina Werbegesellschaft mbH" und konnte damit in zivilen Zeiten nahtlos an die Propaganda anknüpfen, die die Nationalsozialisten unter Goebbels zur Perfektion entwickelt hatten.

Es gab allerdings auch Fälle, in denen die Propaganda in den Feind gar nicht griff bzw. sogar kontraproduktiv war. Der Staatssekretär im Reichsministerium für Volksaufklärung und Propaganda sandte am 5.3.1943 einen Schnellbrief an den Reichsführer SS und Chef der Deutschen Polizei in Berlin betreffs der Aufklärungsbroschüre „Der Untermensch" aus dem Nordland-Verlag. Darin hieß es: „Die oben genannte Broschüre, die unter den politischen und militärischen Voraussetzungen z. Zt. ihrer Herausgabe eine günstige Wirkung versprach, beginnt jetzt die vordringlich gewordene kriegsentscheidende Aufstellung der Freiwilligen-Armee im Osten zu gefährden. In der Broschüre werden nicht die jüdisch-bolschewistischen Führer der Sowjetunion angegriffen, sondern die Ostvölker und ihre Angehörigen selbst. Bei den Freiwilligen aus den Reihen der Ostvölker und bei den Ostarbeitern und Kriegsgefangenen, aus deren Reihen sich die Freiwilligen zum Teil rekrutieren sollen, hat die Broschüre, soweit sie bekannt geworden ist, sehr stimmungsabträglich gewirkt. Ich möchte daher anregen, dass Sie auch Ihrerseits die Broschüre von diesem Gesichtspunkt aus nochmals überprüfen. Mein Vorschlag geht dahin, die Broschüre in unauffälliger Form aus Deutschland und den besetzten Ostgebieten zurückzuziehen. Auch der General der Osttruppen, General Hellmig, verspricht sich davon eine Erleichterung der Durchführung seiner Aufgabe. Die Durchführung des Vorschlags könnte in der Weise erfolgen, dass der Verlag die Auflage erhält, die in den Kiosken und Buchhandlungen liegenden Exemplare zurückzunehmen. Von einem offiziellen Verbot oder einer Beschlagnahme könnte unbedenklich Abstand genommen werden. In den westeuropäischen Ländern dagegen würde die Broschüre meines Erachtens weiter vertrieben werden können, soweit dort nicht Freiwilligen-Formationen der Ostvölker stationiert oder Ostarbeiter im Einsatz sind."[244]

Die Propaganda-Truppe hatte sich bis 1943 zu einer tatsächlichen Kampftruppe entwickelt, d.h. dass die Kriegsberichter direkt in das

---

[244] Archiv des MfS – HA IX, Nr. 22046; Unterschrift nicht entzifferbar.

militärische Geschehen eingebunden waren und entsprechende Verluste hinnehmen mussten. Bis einschließlich Oktober 1943 waren vermißt oder gefallen: 13 Führungskräfte, 133 Wortberichter, 106 Bildberichter, 62 Filmberichter, 45 Rundfunkberichter, 19 Propagandisten, sechs Dolmetscher, fünf Kriegsmaler und 157 Männer militärisches Personal, insgesamt 546 Personen. 480 Personen wurden verwundet, 32 gefangen genommen.

Eine Auswertung der Propagandatätigkeit wurde jeweils vorgenommen. So berichtete der Propagandaleiter beim Generalkommissar in Minsk, Dr. Kurtz, am 25. Februar 1942 über den Eindruck der weissruthenischen Rundfunksendungen auf die Bevölkerung. In dem Schreiben heißt es, dass die sich in 25 Orten des weissruthenischen Gebietes befindlichen Lautsprecheranlagen einen Anziehungspunkt bildeten, der selbst in den kalten Wintermonaten umlagert war, weil die Bevölkerung die Nachrichten hören wollte. Auch über die 6.000 privaten Anschlüsse für den Drahtfunk sei zu berichten, dass die Sendungen regelmäßig abgehört würden. Deren Wirksamkeit sei schwer feststellbar; Tatsache aber sei, dass in dem Gebiet, das der Zivilverwaltung untersteht und wo Drahtfunk- und Lautsprecheranlagen bereits in größerem Umfange tätig sind, die Bevölkerung in viel geringerem Maße zu den Partisanen hielte als in den östlichen Gebieten des rückwärtigen Heeresgebietes. Vereinzelt hätten Beobachtungen über die Wirksamkeit der Nachrichten gemacht werden können, so z.B. hätten Lehrer und Schulinspektoren ihre Eindrücke über die Sendungen wiedergegeben. Immer würden die Sendungen anerkennend besprochen. Die Sendungen über das Judenproblem hätten geradezu sensationell gewirkt, worauf er, Dr. Kurtz, darauf gedrungen habe, diese zu verstärken.[245]

Die sowjetische Propaganda bediente sich im Gegenzug zur deutschen Propaganda, die General Wlassow in die propagandistische Schlacht geworfen hatte, ebenfalls eines Generals: Friedrich Paulus startete am 8. Dezember 1944 einen Aufruf „An Volk und Wehrmacht". Darin heißt es, dass der Krieg angesichts der militärischen Übermacht des Gegners aussichtslos geworden sei. Generale, Offiziere und Soldaten hätten sich in der Bewegung „Freies Deutschland" zusammengeschlossen. Aus sowjetischer Kriegsgefangenschaft wür-

---

[245] Schreiben Dr. Kurz vom 25.2.1942, Archiv des MfS, HA IX/11 AV 10/76

den sie dem deutschen Volk zurufen, es solle gegen Hitler und Himmler aufstehen, um das Letzte zu retten, was noch von der deutschen Heimat geblieben sei.[246] Ein weiterer propagandistischer Schachzug waren die positiven Berichte aus sowjetischen Kriegsgefangenenlagern, in denen Soldaten die gute Behandlung in den Lazaretten lobten und als Belohnung dafür ihre Familie grüßen durften.

„Radio Annie"

Vom Monat November sind nur wenige OKW-Nachrichten und PK-Berichte erhalten. Das mag darauf zurückzuführen sein, dass vermehrt über Drahtfunk gesendet werden musste. Der Drahtfunk ersetzte die terrestrischen Rundfunksender, die bei alliierten Luftangriffen per Funkpeilung die Navigation von Bomben ermöglicht hätten.

Ein Indikator für die prekäre militärische Lage war die Tatsache, dass ab dem 18. November vermehrt Aufnahmen von Radio Luxemburg und dem Alliierten Sender 1212, auch „Radio Annie" genannt, ins Programm fanden. Diese Sendungen hatten die Aussagen von Überläufern zum Inhalt, die schilderten, wie gut sie von den Amerikanern behandelt worden wären. Ebenfalls gab es Berichte aus Kriegsgefangenenlagern. Ein Oberfeldwebel meldete sich aus einem Kriegsgefangenendurchgangslager, in dem er als Dolmetscher und Lagerführer fungierte. Die Gefangenen würden nur einen Tag dort bleiben und erhielten Mäntel und Decken sowie 300 Gramm Fleisch, Gemüse und Kartoffeln und eine weitere Dose mit Keksen. Viele Soldaten kämen verhungert dort an, weil sie drei oder vier Tage nichts gegessen hätten. Die deutschen Feldküchen waren von den Amerikanern zerschossen worden. Er ruft alle Kameraden auf, sich zu ergeben, da der Krieg doch verloren sei.[247]

Vom 30. November datiert eine Bekanntmachung der „Alliierten Militärregierung", die auf dem Gesetz No. 191 vom 24. November fußte. Dies besagte, die deutsche Bevölkerung sei fortan einer Militärregierung unterstellt und hätte deren Anweisungen zu befolgen. Das

---

[246] Aufruf General Paulus an "Volk und Wehrmacht" vom 8. Dezember 1944, Deutsche Digitale Bibliothek, https://www.deutsche-digitale-bibliothek.de/item/ECS4PQM27JJYMJ7JG3354DM76EVV6FRK
[247] DRA-Archiv vom 24.10.1944, Zwei Mädchen aus Aachen berichten über die ersten Tage bei den Amerikanern

Gesetz zielte in der Hauptsache gegen das Ministerium für Volksaufklärung und Propaganda. Ihm und seinen Zweigstellen wurde jede Tätigkeit untersagt, Presse, Funk, Film, Theater und musikalische Programme standen unter der Kontrolle der Amerikaner. Bei Zuwiderhandlung drohte die Todesstrafe. Dies hatte offenbar zur Folge, dass das Reichsministerium für Propaganda kaum mehr Möglichkeiten hatte, der Propaganda der Alliierten etwas entgegen zu halten.

Diese Propaganda der westlichen Alliierten, namentlich der Amerikaner und der Briten, nahm ab September 1944 Fahrt auf. Über den Sender „Radio Annie", auch Radio 1212 genannt, begannen die Amerikaner gezielt, Gegenpropaganda zu betreiben. Der Sender war in Luxemburg stationiert und wurde von den Amerikanern übernommen, als die Deutschen das Feld räumen mussten. So wurde z.B. am 24. Oktober 1944 ein Interview mit zwei Mädchen aus Aachen ausgestrahlt. In einem Zwiegespräch berichteten die beiden, aus einem Stollen bzw. Keller, die unter Beschuss lagen, herausgeholt worden zu sein. Dann hätten die Amerikaner sie mit Lastwagen in ein Kloster in die Nähe von Aachen verbracht. Man hätte sie gut behandelt, die Eltern seien auch dabei. Nun wünschten sie sich, doch bald nach Aachen zurückkehren zu können.[248] Dieser Beitrag wirkt gestellt. Während der Stollen unter Beschuss war, wäre es nicht möglich gewesen, gleichzeitig Menschen herauszuholen. Der Keller wäre vermutlich nicht direkt beschossen worden. Der Tonfall ist gekünstelt, das eine Mädchen fordert das andere, „Else" genannt, auf, etwas zu erzählen. Es werden keine vollständigen Namen erwähnt. Es ist davon auszugehen, dass die Geschichte zum Zwecke der Propaganda erdacht wurde, ohne dass man ausschließen kann, dass es ähnliche Fälle tatsächlich gegeben hat.

Am 25. November 1944 berichtete ein Feldwebel an seine Kameraden von der 1. Kompanie über seine Kriegsgefangenschaft. Ihm ginge es gut und er appelliere an alle, das sinnlose Kämpfen sein zu lassen. Man solle sich ergeben oder im Bunker sitzenbleiben, wenn man sich absetzen müsse. Man werde anständig behandelt, die Verpflegung sei

---

[248] DRA-Archiv vom 24.10.1944, Zwei Mädchen aus Aachen berichten über die ersten Tage bei den Amerikanern

gut. Die alliierten Truppen seien die Befreier vom Nazi-Regime. Er halte jeden Widerstand für sinn- und zwecklos.[249]

Im Jahre 1945 hatten die Sendungen des deutschsprachigen Radio Annie überwiegend Frontnachrichten zum Inhalt. Am 12. März 1945 wurde vermeldet, dass deutsche Panzerdivisionen die Brücke von Remagen durch zwei Hilfsbrücken ergänzt hätten, um Nachschub und Reserven heranzuholen. Deutsche Verbände hätten sich von Trier bis Cochem auf das rechte Moselufer abgesetzt. Von den in der Eifel eingekesselten 25.000 Mann starken Verbänden gebe es keine Nachricht mehr. Essen sei von schweren britischen Kampfverbänden bombardiert worden. Danzig, Gotenhafen und Stettin seien starkem sowjetischem Druck ausgesetzt. Es gebe einen äußerst schweren Sachschaden und hohe Verluste unter der Zivilbevölkerung.[250]

Am 12. April 1945 verkündeten die Frontnachrichten, dass die amerikanische 9. Armee bei Magdeburg die Elbe erreicht habe. Östlich Braunschweig sei der gesamte deutsche Widerstand zusammengebrochen. Die Führung schiene nur noch Süddeutschland verteidigen zu wollen, um Zeit für eine Flucht in die Berge zu gewinnen. In Coburg habe eine Gruppe entschlossener Bürger den Stadtkommandanten, der die Stadt verteidigen wollte, verhaftet und die Stadt zur Übergabe vorbereitet. Die Stadt Gotha wurde kampflos den Amerikanern übergeben. Es wurden Flugblätter über Coburg abgeworfen, die der Stadt im Falle des Widerstandes mit der völligen Zerstörung drohten.[251]

Die Briten hatten bereits 1938 anlässlich der Rede des Ministerpräsidenten Neville Chamberlain zur Sudetenkrise einen deutschsprachigen Dienst eingerichtet. Hugh Carleton Greene, der beim Aufbau des deutschen Rundfunks nach 1945 noch eine wichtige Rolle spielen sollte, betreute in den folgenden Jahren eine eigenständige deutsche Redaktion. Gesendet wurde auf verschiedenen Frequenzen der Lang-, Mittel- und Kurzwelle. Die Sendungen hatten als Erkennungsmerkmal vier Paukenschläge und begannen mit den Worten „Hier ist England". So wurde z.B. des Widerstandes der Weißen Rose anlässlich

---

[249] DRA-Archiv vom 12.3.1945, Sendung des amerikanischen Soldatensenders Annie in deutscher Sprache
[250] DRA-Archiv vom 12.3.1945, Sendung des amerikanischen Soldatensenders Annie in deutscher Sprache
[251] DRA-Archiv vom 12.4.1945, Sendung des amerikanischen Soldatensenders Annie in deutscher Sprache

der Hinrichtung von Hans Scholl am 22. Februar 1943 mit den Liedern „Es geht alles vorüber" und „Freiheit, die ich meine" gedacht.

Ein Bestandteil des Programms war eine Satire-Sendung mit dem Titel „Gefreiter Hirnschal". Die Kunstfigur des Gefreiten Hirnschal kritisierte die Zustände in der Wehrmacht in einer Mischung aus Naivität und Witz.

Die Meldung vom Tod Hitlers am 1. April 1945 sollte für Verunsicherung sorgen; einen Monat später hat sich dieser Wunsch der Alliierten erfüllt.

Wie viele Deutsche die Sendungen des Deutschen Dienstes der BBC während des Krieges verfolgten, ist nicht bekannt.

Rückzug der Propagandakompanien

Das Jahr 1944 und das erste Quartal 1945 standen im Zeichen eines Abbaus der Propagandatruppen. Dies hatte mehrere Gründe: 1. der Personalmangel der Wehrmacht, 2. der Verlust zuvor besetzter Gebiete und der veränderte Frontverlauf und 3. die angesichts bombardierter Städte geringe Empfangsbereitschaft des deutschen Volkes für Kriegspropaganda.

Alle einsatzfähigen, entbehrlichen Mitglieder der Propagandakompanien wurden den kämpfenden Truppen zugeführt. Beauftragter für die Freisetzung von Personal für die Front war Walter von Unruh, General der Infanterie und seit der Niederlage von Stalingrad damit beschäftigt, die Lücken in den Reihen der Front-tauglichen Männer zu schließen.

Die militärischen Niederlagen und der damit veränderte Kriegsschauplatz waren der Grund dafür, dass einige Propagandaabteilungen in den besetzten Gebieten aufgelöst wurden oder in andere, noch gehaltene Stellungen umziehen mussten.

Eine besondere Rolle kam weiterhin der Kampfpropaganda zu. Die SS-Standarte Kurt Eggers war nicht von der Verringerung ihres Personals betroffen, im Gegenteil, sie konnte ihre Propaganda-Einheiten verstärken.

Zum Zwecke der Zentralisierung der bis dahin dezentral wirkenden Propaganda-Einheiten wurde Ende des Jahres 1944 die Propaganda-Einsatzabteilung durch eine Wehrmacht-Kriegsberichterabteilung ersetzt. Diese fasste alle Kriegsberichterzüge der drei Wehrmachtsteile organisatorisch zusammen. Die Abteilung hatte ca. 15 Kriegsbericht-erzüge mit ca. 450 Kriegsberichtern im Offiziersrang.

Dass sich die Kampfpropaganda noch partiell lohnte, zeigte sich in Italien, wo Anfang 1945 noch eine Propaganda-Zeitung auf brasilia-nisch erschien, die brasilianische Soldaten, die für die USA im Einsatz waren, dazu brachte, überzulaufen.

Ein weiterer Faktor für die Dezimierung der Propagandatruppe waren hohe personelle Verluste. Zum 1. Februar 1945 hatten Heer, Luftwaf-fe, Marine und Waffen-SS 722 Gefallene und Vermisste, 615 Ver-wundete und 287 Gefangene zu verzeichnen. In den letzten Kriegs-monaten rückte auch für die Kriegsberichter der Einsatz mit der Waf-fe in den Vordergrund. So entwickelte sich auch die Propagandatrup-pe eher zu einer Waffengattung, die mit der Wehrmacht zusammen kämpfen musste.

Am 2. Mai 1945 übernahm der Kommandeur der SS-Standarte Kurt Eggers, Gunther d'Alquen, in Berchtesgaden die Leitung der Truppe, deren Einheiten sich nach und nach auflösten bzw. in Kriegsgefan-genschaft gerieten. D'Alquen, der schon als 16-Jähriger der NSDAP beigetreten und bereits seit 1933 Mitglied der SS war, schrieb für den Völkischen Beobachter und begleitete in seiner Funktion als Sonder-berichterstatter Hitler auf Wahlkampfreisen. Ab 1939 war er Kriegs-berichter der SS und Leiter der SS-Standarte Kurt Eggers. Im Mai 1945 geriet er in britische Kriegsgefangenschaft, aus der er 1948 ent-lassen wurde. Im Juli 1955 wurde er von einem Berliner Entnazifizie-rungsgericht zu einer Geldstrafe und zu einem dreijährigen Verlust der bürgerlichen Ehrenrechte verurteilt. Politisch soll er sich nach Angaben des britischen Geheimdienstes im Naumann-Kreis engagiert haben. Ende der 50er Jahre wurde er Gesellschafter einer Weberei in Mönchengladbach, wo er am 15. Mai 1998 verstarb.

Georg Schmidt-Scheeder beschreibt das Ende der Propagandakom-panien folgendermaßen: „Bei Kriegsende brachen die meisten PK-Einheiten auseinander, einzelne Trupps und Züge kamen in Gefan-genschaft, wo sie zuletzt eingesetzt waren. Mancher hatte Glück und war schon 1945 wieder zu Hause. Viele aber landeten in DDR-Zuchthäusern, in Gefangenenlagern am Polarkreis, in Sibirien oder wurden zu Zwangsarbeit in tschechischen Uranbergwerken verurteilt – zu 7 Jahren, 10 Jahren, 11 Jahren! Viertausend Tage! Woran lag es, dass ihre Schicksale so unterschiedlich waren? Nachträglich kann man feststellen: alles hing fast ausschließlich von Zufälligkeiten ab, von Militärs, von Richtern... ."[252]

Die Propagandakompanien als Sprungbrett für Karrieren

Wie in den vorhergehenden Kapiteln dargelegt, gab es diverse Fälle, in denen Mitglieder der Propagandakompanien im Nachkriegsdeutschland mehr oder minder nahtlos Verwendung in journalistischen Berufen fanden oder in der Politik Karriere machten. Bereits hinlänglich bekannte Beispiele sind folgende Personen, um nur einige zu nennen: Kurt Georg Kiesinger, der seit 1933 NSDAP-Mitglied war und zum stellvertretenden Leiter der Rundfunkpolitischen Abteilung des Reichsrundfunks mit direktem Draht zum Propagandaministerium aufstieg. So zeichnete er am 4. Mai 1941 für die Übertragung der „Führer-Rede" in alle Sendegebiete verantwortlich. Vor allem diese Tätigkeit wurde ihm in der Zeit seiner Kanzlerschaft, die von 1966-1969 währte, zum Vorwurf gemacht.

Henri Nannen, Kriegsberichter bei der Luftwaffe und Mitglied der SS-Standarte Kurt Eggers, hatte im Nachkriegsdeutschland keine Konsequenzen aus seiner NS-Karriere zu tragen. Er konnte sogar bei der von ihm herausgegebenen Zeitschrift „Stern" auf die Mitarbeit des ersten Chefredakteurs der nationalsozialistischen Zeitung „Der Stern", Kurt Zentner, zurückgreifen. Seine politischen Positionen in den 70er Jahren gingen eher in Richtung der SPD, sodass er sich keinem Verdacht mehr aussetzen musste, Verbindungen zu revanchistischen Kreisen zu haben.

Im Gegensatz zu diesen beiden Fällen hatte Werner Höfer die Konsequenzen aus seiner nationalsozialistischen Vergangenheit zu tragen. NSDAP-Mitglied seit dem 1. Mai 1933, war er ab 1941 als Pressereferent für die Organisation Todt und anschließend für das Reichsministerium für Bewaffnung und Munition unter Albert Speer tätig. Als Sonderberichterstatter der „Nationalsozialistischen Korrespondenz" schrieb er anlässlich einer Rüstungstagung einen Artikel über das Thema „Luftrüstung gegen Luftterror", der auch am 30. September

---

[252] Georg Schmidt-Scheeder, Reporter der Hölle, Motorbuch Verlag 1990, S. 457

1943 in den „Bremer Nachrichten" veröffentlicht wurde. Er hatte folgenden Wortlaut: „... Die Soldaten als die Träger des Kampfes und der Taktik und die Rüstungsschaffenden als Männer der Arbeit und der Technik sind aus verwandtem Holz geschnitzt: sie tun schweigend und unverdrossen mehr als nur ihre Pflicht. Wenn sie auch zu sentimentalen Erwägungen keine Zeit haben, so heißt das nicht, dass sie gefühllos sind für die Leiden, die viele unserer Volksgenossen augenblicklich erdulden müssen. Da sie mitfühlen, wollen sie auch mithelfen, das Ausmaß dieser Leiden so weit wie möglich einzudämmen. Das wird erfolgreich nur gelingen, wenn das ganze Volk, seine kämpfenden und arbeitenden Teile, in einer einzigen Kameradschaft mit Hand anlegen... ." Und weiter: „Wenn heute ein Volksgenosse an seinem Werkplatz oder im Luftschutzkeller schwach zu werden droht, so mag er bedenken, dass es nur noch eine übersehbare Spanne Zeit durchzuhalten gilt, um nach der ständig fortschreitenden Wirkung unserer Abwehr wieder zum Gegenschlag überzugehen... ."[253]

Höfer veröffentlichte zudem Artikel in der NS-Propagandazeitung „Das Reich" und im „12 Uhr-Blatt". Ihm wird zur Last gelegt, am 20. September 1943 einen Artikel über den Pianisten Karlrobert Kreiten verfasst zu haben. Der Text lautete: „Wie unnachsichtig jedoch mit einem Künstler verfahren wird, der statt Glauben Zweifel, statt Zuversicht Verleumdung und statt Haltung Verzweiflung stiftet, ging aus einer Meldung der letzten Tage hervor, die von der strengen Bestrafung eines ehrvergessenen Künstlers berichtete. Es dürfte heute niemand Verständnis dafür haben, wenn einem Künstler, der fehlte, eher verziehen würde als dem letzten gestrauchelten Volksgenossen. Das Volk fordert vielmehr, dass gerade der Künstler mit seiner verfeinerten Sensibilität und seiner weithin wirkenden Autorität so ehrlich und tapfer seine Pflicht tut wie jeder seiner unbekannten Kameraden aus anderen Gebieten der Arbeit. Denn gerade Prominenz verpflichtet."[254] Höfer bestritt, den Artikel in dieser Form verfasst zu haben, musste aber 1987 auf Geheiß des WDR von der Moderation des „Internationalen Frühschoppens" zurücktreten, die er seit 1953 innegehabt hatte.

---

[253] Vgl. Georg Schmidt-Scheeder, Reporter der Hölle, Motorbuch Verlag 1990, S. 407-408
[254] Zitiert aus Wikipedia am 8.12.20123, diese aus Friedrich Lambart, Tod eines Pianisten, Hentrich Verlag Berlin 1988

Bruno Moravetz, PK-Berichter und Angehöriger der SS-Standarte Kurt Eggers, sendete im Reichsrundfunk Durchhalteparolen und war seit den fünfziger Jahren Live-Berichterstatter des ZDF für Olympische Winter- und Sommerspiele. Sein propagandistischer Einsatz im Nationalsozialismus wurde bis zu seinem Tod 2013 nicht thematisiert.

Ein weiterer Mitarbeiter des ZDF, Horst Rippert, war Jagdflieger im Zweiten Weltkrieg und rühmte sich später, den französischen Autor Antoine de Saint-Exupéry abgeschossen zu haben. Dessen ungeachtet wurde er bei Olympischen Spielen und Fußball-Weltmeisterschaften als Sportreporter eingesetzt.

Karl Holzamer, von 1962 bis 1977 Intendant des ZDF, wurden erst posthum Ehrungen entzogen, nachdem ein Mitarbeiter des ZDF-Archivs Unterlagen zutage gefördert hatte, die nachwiesen, dass er seit 1937 NSDAP-Mitglied war. Außerdem soll er laut Wikipedia-Eintrag zeitweilig der SA angehört haben. Eine nationalsozialistische Gesinnung oder gar Aktivitäten konnten ihm zeitlebens nicht nachgewiesen werden.

Das Gros derjenigen, die im Reichsrundfunk als Nachrichtensprecher oder Sprecher in Unterhaltungssendungen auftraten, waren bekannte Schauspieler der dreißiger Jahre. Dazu gehörten Herbert Klatt, Marianne Simson, Karl John, Rudolf Platte, Käthe Haack, Kurt Seifert, Walter Gross und Hannelore Schroth.

Ilse Obrig, die 1944 die Reihe „Gruß aus Familie Fröhlichs Kinderstube" ins Programm des Reichsrundfunks brachte, setzte ihre Karriere zunächst beim Berliner Rundfunk, anschließend beim RIAS und ab 1954 beim SFB als Redakteurin für den Kinderfunk fort.

Die Schauspielerin Hilde Weissner, die im Juni 1944 ein Gastspiel beim Soldatensender Ursula absolvierte, stand im selben Jahr in der Liste der „Gottbegnadeten" des Reichsministeriums für Volksaufklärung und Propaganda. Nach dem Krieg war sie beim Deutschen Schauspielhaus im Hamburg beschäftigt. 1986 erhielt sie das Filmband in Gold für ihr langjähriges und hervorragendes Wirken im deutschen Film.

Die Werbung war ebenfalls ein geeignetes Berufsfeld für ehemalige Gaupropagandaleiter und Kriegsberichter wie Horst Slesina und Leonard Osnietzky.

Parallelen zum 21. Jahrhundert

Warum soll man sich also heutzutage mit der Geschichte der Propagandatruppen befassen? Zum einen, weil es in der gegenwärtigen geopolitischen Lage auch wieder um die Länder geht, die im II. Weltkrieg eine Rolle spielten. Litauen, Estland und Lettland waren infolge des Hitler-Stalin-Paktes zunächst von der Sowjetunion annektiert worden. Dies hatte Massendeportationen der Bevölkerung in Arbeitslager in der Sowjetunion zur Folge. Insofern wurde die Wehrmacht, die im Sommer 1941 nach der Aufkündigung des Paktes durch Hitler die drei Länder besetzte, von Teilen der Bevölkerung zunächst als Befreier betrachtet. In Lettland gab es sogar eine Freiwilligen-Legion der SS, die bis zuletzt gegen die Rote Armee kämpfte. Auch für diese Truppen sendete der Soldatensender Ursula OKW-Nachrichten in lettischer Sprache und musikalische Unterhaltung.

Aus dieser geschichtlichen Epoche ist es erklärlich, dass die baltischen Staaten nach der Unabhängigkeit von der Sowjetunion, die vom Staatsrat der UdSSR im Zuge der Perestroika 1991 anerkannt wurde, nunmehr eine erneute Bedrohung fürchten. Die Aufstellung einer deutschen Brigade in Litauen, wie sie von Verteidigungsminister Boris Pistorius angekündigt wurde, wird von daher als Sicherheitsgarantie begrüßt.

Die Ukraine, damals „Ukrainische Sozialistische Sowjetrepublik" und somit noch Bestandteil der Sowjetunion, lag beim Vormarsch der Wehrmacht auf russisches Gebiet strategisch günstig. Die besetzten Gebiete in der Ukraine, Litauen, Estland und Lettland konnten bis zum September 1944 gehalten werden und hatten von daher eine große Bedeutung für die „Aktivpropaganda in den Feind".

Die Kriegsschauplätze in der Ukraine, an denen im II. Weltkrieg Propagandakompanien stationiert waren wie Nikolajew, Kviroy-rog, Dnjepropetrowsk und Cherson finden heute auch wieder in der Berichterstattung über den Russisch-Ukrainischen Krieg Erwähnung. Cherson und Umgebung waren das erste Ziel des russischen Angriffs im Februar 2022.

Zum anderen sollte man sich mit der Thematik befassen, weil die Propaganda im Zweiten Weltkrieg vorbildlich war für alle nachfolgenden Kriege und Konfliktherde und auch aktuell in der hybriden Kriegführung eine Rolle spielt

Auf einer Veranstaltung der Deutschen Atlantischen Gesellschaft im April dieses Jahres in Mainz führte Oberst Dr. Johann Schmid vor Soldaten, Reservisten und interessierten Bürgern aus, wie das Prinzip der hybriden Kriegführung funktioniert.[255] Der Focus lag hierbei auf dem Russland-Ukraine-Krieg. Die Übernahme der Krim im Jahr 2014 durch russische Soldaten und die anfängliche Leugnung des Kreml sei ein Beispiel dafür, wie Propaganda funktioniert. Auch in Donezk und Luhansk sei ein militärisches Eingreifen durch russische Verbände abgestritten worden. Hybride Kriegführung betreffe laut Oberst Schmid nicht nur das militärische Vorgehen, sondern z.B. auch einen Informations- und Propaganda-Krieg. Seitdem 2022 indirekte und verdeckte Aktionen abgelöst wurden durch die offene militärische Auseinandersetzung zwischen russischen und ukrainischen Streitkräften, haben konventionelle Faktoren, wie sie auch den II. Weltkrieg bestimmt haben, die Oberhand gewonnen.

Zum Propaganda-Krieg gehört das, was im II. Weltkrieg als „Aktivpropaganda in den Feind" bezeichnet wurde. Das Abwerfen von Flugblättern aus der Luft sowie der Einsatz von Megaphonen an der Front, mit denen in russischer Sprache die feindlichen Soldaten zum Überlaufen gebracht werden sollten, gehörten zum Einmaleins der Propaganda. Damals schon parierte der russische Propagandaapparat mit den gleichen Mitteln. Heutzutage kann auf verschiedenen Wegen – hier kommen jetzt auch Medien wie Telegram und Instagram ins Spiel – zum einen die Moral der Truppe beeinflusst, zum anderen der „Feind" in die Irre geführt werden.

Die hybride Kriegführung ist an und für sich nichts Neues; neu ist aber, dass die rein militärische Kriegführung, wie im Falkland-Krieg und in Bergkarabach, eher selten geworden ist. Stattdessen dominiert der politisch-diplomatische Faktor, ergänzt durch Wirtschaftskrieg, Kulturkampf und Propaganda.

Politische Akteure betreiben hybride Kriegführung; in diesem Kontext ist die Rolle der Streitkräfte zu sehen. Aber auch nicht-militärische Domänen können in der hybriden Kriegführung entscheidend werden. Eine wichtige Rolle spielt hierbei der Propaganda-

---

[255] Veranstaltung der Deutschen Atlantischen Gesellschaft am 18.4.2024 in der Kurmainz-Kaserne in Mainz

krieg, der durch geheimdienstliche Aktivitäten unterstützt wird.[256] War unter dem Nationalsozialismus die flankierende Propaganda noch auf den Rundfunk, die Presse und den Film beschränkt, sind das Handwerkszeug des modernen hybriden Krieges das Internet, der Cyberraum und die sozialen Medien. Heute wird die einstige „Aktivpropaganda in den Feind" ersetzt durch Agitation im Netz, die zunehmend durch Künstliche Intelligenz geprägt wird. Das Ziel der nationalsozialistischen Propaganda im späteren Verlauf des II. Weltkrieges waren die Sowjets, in deren Nachfolge die Doktrin der aktuellen russischen Regierung zu sehen ist.

War im „Dritten Reich" der Rundfunk das wichtigste Propaganda-Mittel, gefolgt von der Presse und der Deutschen Wochenschau, so sind die Methoden im 21. Jahrhundert vielfältiger und effektiver. Den Irak-Krieg im Jahre 2003 legitimierten die Amerikaner mit gefälschten Aufnahmen von angeblichen Produktionsstätten von Massenvernichtungswaffen. Zum analogen Fernsehen kommen digitale Medien hinzu, in verschiedenen Varianten, Facebook, Twitter (nunmehr X), Instagram, Telegram usw. Im Zeitalter der Künstlichen Intelligenz ist damit der Manipulation noch mehr Tür und Tor geöffnet.

Eine wichtige Funktion hatten während der Zeit der nationalsozialistischen Herrschaft die Rundfunkarbeitsbesprechungen, in denen festgelegt wurde, worauf der Focus der Berichterstattung liegen und worüber nicht berichtet werden sollte. Redaktionen in Funk, Fernsehen und Presse verfahren heute in den Konferenzen nach einem ähnlichen Prinzip mit dem Unterschied, dass die Vorgabe nicht von einer zentralen Institution kommt. Statt zentral gesteuert, geht diese Beeinflussung ihren Weg durch verschiedene politische Kanäle und findet sich dann in den Medien wieder. Ab diesem Zeitpunkt ist es schwierig, einen Diskurs zu führen, wie jüngst das Beispiel der jüdischen Publizistin und Schriftstellerin Masha Gessen zeigte. Diese war zwar mit dem Hannah-Arendt-Preis für politisches Denken ausgezeichnet worden, die Festveranstaltung zur Verleihung wurde aber von der Heinrich Böll-Stiftung abgesagt, da ihr vorgeworfen wurde, dass sie in der Zeitschrift „The New Yorker" einen Vergleich zwischen der Lage in Gaza mit den jüdischen Ghettos im von den Deutschen besetzten Europa gezogen habe.

---

[256] Ebd.

Dennoch verbietet sich ein Vergleich der aktuellen politischen Beeinflussung durch Parteien und ihre Führungsfiguren mit der von Goebbels organisierten und durch ihn personifizierten Propagandamaschinerie. Auch wenn im rechten Lager Personen wie der Thüringische AfD-Fraktionsvorsitzende Björn Höcke mit Deutschland-Parolen versuchen, Wähler zu erreichen, so ist die politische Lage nicht zu vergleichen mit der während der Zeit des Nationalsozialismus. Die Situation im Deutschen Reich nach dem I. Weltkrieg, die mit Massenarbeitslosigkeit und den durch die im Versailler Vertrag festgesetzten Reparationen einherging, war Nährboden für das Programm und die Propaganda der Nationalsozialisten. Heute steht beim Aufkommen rechter Parteien wie der AfD die Migration im Vordergrund.

Die Parteien des rechten Lagers in Frankreich und Italien, die ebenfalls die Migration zum Hauptproblem erkoren haben, sind inzwischen sogar hoffähig geworden. Beate Klarsfeld, die „Nazijägerin", hält Marine Le Pen für wählbar. Giorgia Meloni hat es geschafft, dass ihre Idee einer Ausweisung von Asylbewerbern nach Albanien in der EU auf fruchtbaren Boden fällt und Innenministerin Nancy Faeser ebenfalls mit dem Gedanken spielt, abgewiesene Asylbewerber in Lager in Ländern zu transportieren, mit denen die Bundesrepublik ein Abkommen schließen kann.

Eine weitere Option in der hybriden Kriegführung ist die Destabilisierung demokratischer Systeme durch „Weaponized Migration", d.h. das Einschleusen von radikalisierten Elementen in Flüchtlingsströme.[257]

Ein Beispiel der Destabilisierung demokratischer Systeme könnten die derzeitigen Unruhen in Großbritannien sein. Nach einer Messerattacke bei einem Tanzkurs in Southport, bei dem sechs Kinder getötet wurden, wurde auf X von einem gewissen Andrew Tate die Botschaft verbreitet, der Täter sei als Bootsflüchtling ins Königreich gekommen. Diese Information war falsch, der Täter war vielmehr in Cardiff geboren und in Großbritannien aufgewachsen. Als Folge der Falschinformation brachen Unruhen in Manchester und Sunderland aus, die von rechtsextremen Kräften befeuert wurden. Die „Daily Mail" vermutet nun, dass eine Nachrichtenseite eines Youtube-Kanals na-

---

[257] Vgl. "Zugehört", Podcast der Bundeswehr, Interview mit Oberst Dr. Johann Schmid vom 2.4.2024

mens „Channel3 Now", die ebenfalls diese Propaganda betrieben hatte, mit Russland in Verbindung stünde. Der ehemalige Leiter des britischen Geheimdienstes MI 6, Sir Richard Dearlove, geht davon aus, dass die Verbreitung solcher Lügen Teil eines „grauen Krieges" sei, den Russland gegen den Westen führe.

Die Verwendung von Fehlinformationen der nationalsozialistischen Propaganda war im II. Weltkrieg ein probates Mittel, um den Feind in die Irre zu führen, sei es mit der Meldung über vermeintliche Überläufer oder die Beschönigung militärischer Erfolge.

Vergleichbar damit wäre ein Bestandteil der hybriden Kriegführung von heute. Internet-Domänen von Zeitungen wie der Süddeutschen, der FAZ und dem SPIEGEL (international auch Le Monde, der Guardian und die Washington Post) erscheinen mit Artikeln über den russisch-ukrainischen Krieg, die nicht von der Redaktion stammen. Dadurch wird der Eindruck erweckt, dass diese Publikationen der Ukraine kritisch gegenüberstehen. Nur bei genauerem Hinsehen wird deutlich, dass die angegebene Internetadresse nicht identisch mit der eigentlichen ist. Hier stehen russische Provider im Verdacht, diese Fälschungen vorgenommen zu haben, um Verwirrung zu stiften.

Die Rolle der Geheimdienste ist in der hybriden Kriegführung ebenfalls nicht zu unterschätzen. Die Kombination geheimdienstlicher Spionagetätigkeit mit Cyberaktivitäten ist von größtem Nutzen für die Propaganda.[258]

Auch hier gibt es eine Analogie zum II. Weltkrieg: Der erste Chef des Bundesnachrichtendienstes, Reinhard Gehlen, hatte seine Karriere als Leiter der Generalstabsabteilung Fremde Heere Ost begonnen und Beurteilungen der Feindlage geliefert. Nach dem Ende des Krieges arbeitete er zunächst für die Amerikaner. Aus dieser 1946 gegründeten „Organisation Gehlen" wurde am 1. April 1956 der Bundesnachrichtendienst, als deren Leiter Gehlen bestimmt wurde. Heute gibt es auch hier eine Abteilung, die sich mit hybriden Attacken des russischen Auslandsgeheimdienstes befasst.

Abschließend ist zu sagen, dass Propaganda in der Verbindung, wie sie unter Goebbels im II. Weltkrieg organisiert wurde, um Front und Heimat zu einer ideologischen Bastion zu verschmelzen und damit

---

[258] Ebd.

den Krieg noch fortzuführen, obwohl er längst verloren war, eine einmalige Begebenheit in der Geschichte des 20. Jahrhunderts darstellt. Welche Auswirkungen sie im 21. Jahrhundert mit den neuen Möglichkeiten wie Videos auf X, Instagram und durch die Nutzung von Künstlicher Intelligenz hat, kann und muss am Beispiel der derzeitigen geopolitischen Konflikte verfolgt werden.

Quellen und Literatur

Archiv des Ministeriums für Staatssicherheit

Deutsches Rundfunkarchiv

Joachim Fest, Der Untergang, rororo 2002

Hans-Georg Koch, Das Wunschkonzert im NS-Rundfunk, Böhlau Verlag 2003

Rochus Misch, Der letzte Zeuge, Piper Verlag 2009

Georg Schmidt-Scheeder, Reporter der Hölle, Motorbuch Verlag Stuttgart, 2. Auflage 1990

Hasso von Wedel, Propagandatruppen, Kurt Vohwinckel Verlag, Neckargemünd 1962

Carola Hartmann Miles-Verlag

Militärgeschichte

Eberhard Kliem, Kathrin Orth, *"Wir wurden wie blödsinnig vom Feind beschossen". Menschen und Schiffe in der Skagerrakschlacht 1916,* Berlin 2016.

Hans Frank, Norbert Rath, *Kommodore Rudolf Petersen. Führer der Schnellboote 1942–1945. Ein Leben in Licht und Schatten unteilbarer Verantwortung,* Berlin 2016.

Joachim Welz, *Erfolgsstory oder Trauma – die Übernahme von Armeen. Lehren aus der Übernahme des österreichischen Bundesheeres in die Wehrmacht 1938 und der Reste der NVA in die Bundeswehr 1990,* Berlin 2018.

Joachim Hoppe, Manfred Wilde (Hrsg.), *Die Unteroffizierschule des Heeres, Die militärische Meisterschule,* Berlin 2016.

Georg Neuhaus, *Am Anfang war ein Speer. Eine Chronographie der Kriegs- und Militärtechnologien,* Berlin 2018.

Hans-Werner Ahrens, *Die Transportflieger der Luftwaffe 1956 bis 1971. Konzeption – Aufbau – Einsatz, (Reihe Schriften zur Geschichte der Deutschen Luftwaffe, Band 8),* Berlin 2019.

Jobst Reller, *Die Anfänge der evangelischen Militärseelsorge,* Berlin ²2020.

Eberhard Frhr. v. Senden, Friedrich Frhr. v. Senden, *Der Erste Weltkrieg 1914–1918. Erlebnisse eines jungen Leutnants,* Berlin 2020.

Hans-Günter Behrendt, *Flugabwehr in Deutschland. Stationierungsorte und Systeme 1956-2012,* Berlin 2021.

Harald Fritz Potempa, *Balkan 1914-1945. Raum und Kleiner Krieg als militärhistorische Kategorien in der Wahrnehmung deutscher Streitkräfte,* Berlin 2021.

Stephan Horn, *Französische und wallonische Freiwilligenverbände im Zweiten Weltkrieg. Politische Implikationen militärischer Kollaboration,* Berlin 2021.

Jörg Beining, *Streng geheim! Elektronische Kampfführung im Kalten Krieg. Die EloKa der Bundeswehr und NATO aus östlicher Perspektive,* Berlin 2021.

Martin Kutz, *Die Schlacht als Männerballett oder Mythos und Militär,* Berlin 2022.

Olaf Rönnau, *Eine totale Institution als Zwischenspiel. Die Kadettenschule der NVA von ihrer Gründung 1956 bis zu ihrer Auflösung 1961,* Berlin 2022.

Stephan Maninger, *Für einige Morgen aus Eis und Schnee – Großbritanniens Kampf um Nordamerika 1754-1763*, Berlin 2022.

Frank Ganseuer, Heinrich Walle, *Die Parlamentsmarine. Geschichte(n) und Porträts zur ersten deutschen Flotte von 1848, Beiträge zur Schifffahrts- und Marinegeschichte Band 21*, Berlin 2023.

Eberhard Birk, *Die Deutschen und ihr Militär. Ein Streifzug mit Variationen und Reflexionen über ein einfach schwieriges Thema*, Berlin 2023.

Gerd Bolik, *NATO-Planungen für die Verteidigung der Bundesrepublik Deutschland im Kalten Krieg*, Berlin ²2023.

Alexander Querengässer, *Große Schlachten und Belagerungen der Weltgeschichte*, Berlin 2024.

Erinnerungen

Blue Braun, *Erinnerungen an die Marine 1956–1996*, Berlin 2012.

Klaus Grot, *So war's, damals. Dienstchronik eines Pionieroffiziers im Kalten Krieg 1954–1991*, Berlin 2014.

Gustav Lünenborg, *Bürger und Soldat. Innere Führung hautnah 1956–1993, 1993–2015*, Berlin 2015.

Adolf Brüggemann, *Als Offizier der Bundeswehr im Auswärtigen Dienst. Meine Erinnerungen als Militärattaché in Seoul (Republik Korea) 1978–83 und in Prag (Tschechoslowakei/Tschechien) 1988–1993*, Berlin 2015.

Rainer Buske, *Eine Reise ins Innere der Bundeswehr. Wundersame Geschichten aus einer anderen Welt*, Berlin 2016.

Heinz Laube, *Duell am Himmel*, Berlin 2016.

Viktor Toyka, *Dienst in Zeiten des Wandels. Erinnerungen aus 40 Jahren Dienst als Marineoffizier 1966-2000*, Berlin 2017.

Hans-Eckhard Tribess (Hrsg.), *Im Leben unterwegs – für den Frieden. Festschrift für Wolfgang Altenburg zum 90. Geburtstag am 22. Juni 2018*, Berlin 2019.

Kurt Graf v. Schweinitz, *Notizen im Transit von Krieg und Frieden*, Berlin 2020.

Karl-Otto Behrendt, *Der kurze Bericht über eine lange Zeit. Kriegsgefangenschaft 1945–1953, herausgegeben und kommentiert von Hans-Günter Behrendt*, Berlin 2021.

Hans Peter von Kirchbach, *Herz an der Angel*, Berlin 2021.

Dieter Wolf, *Erlebnisse eines MAD-Offiziers und Leistungssportlers,* Berlin 2022.

Klaus Beckmann, *Dienstweg – kein Durchgang? Als Pfarrer und Staatsbürger in der Bundeswehr,* Berlin 2022.

Bernhard R. Kroener, *Lebensscherben – Hoffnungsspuren. Eine Familie aus Schlesien in den Stürmen des 20. Jahrhundert. In zwei Bänden. Eine dokumentarische Erzählung. Mit einer Familienstammfolge von Peter Bahl,* Berlin 2023.

Schriften zur Tradition

Eberhard Birk, Winfried Heinemann, Sven Lange (Hrsg.), *Tradition für die Bundeswehr. Neue Aspekte einer alten Debatte,* Berlin 2012.

Donald Abenheim, Uwe Hartmann (Hrsg.), *Tradition in der Bundeswehr. Zum Erbe des deutschen Soldaten und zur Umsetzung des neuen Traditionserlasses,* Berlin 2018.

Joachim Welz, *Vom Kontingentsheer zum Reichsheer: Militärkonventionen als Motor der Wehrverfassung,* Berlin 2018.

Donald Abenheim, Uwe Hartmann, *Einführung in die Tradition der Bundeswehr. Das soldatische Erbe in dem besten Deutschland, das es je gab,* Berlin 2019.

Eberhard Birk, Heiner Möllers (Hrsg.), *Die Luftwaffe und ihre Traditionen (aus der Reihe Schriften zur Geschichte der Deutschen Luftwaffe, Band 10),* Berlin 2019.

Hans-Günter Behrendt (Hrsg.): *Erinnerungsorte der Bundeswehr – Personen, Ereignisse und Institutionen der soldatischen Traditionspflege,* Berlin 2020.

Dirk Drews, Stefan Gruhl (Hrsg.): *Oberst Reinhard Hauschild 1921–2005. Traditionsstifter für die Bundeswehr? Gedenkschrift zum 100. Geburtstag,* Berlin 2021.

Dieter Krüger, *Verständigung mit Frankreich. Das vergebliche Plädoyer des Oberst Dr. Hans Speidel. Paris 1940–1942,* Berlin 2021.

Martin Kutz, *Besuch im Soldatenhimmel. Ein wissenschaftlicher Reisebericht aus einer anderen Welt,* Berlin 2022.

Jahrbuch Innere Führung (seit 2009)

Uwe Hartmann, Claus von Rosen (Hrsg.), *Jahrbuch Innere Führung 2019. Bundeswehr im Aufbruch. Hindernisse von den verteidigungspolitischen Vorstellungen der AFD bis zu den sicherheitspolitischen Meinungen in der Zivilgesellschaft,* Berlin 2019.

Uwe Hartmann, Reinhold Janke, Claus von Rosen (Hrsg.), *Jahrbuch Innere Führung 2020. Zur Weiterentwicklung der Inneren Führung: Themen und Inhalte,* Berlin 2020.

Uwe Hartmann, Reinhold Janke, Claus von Rosen (Hrsg.), *Jahrbuch Innere Führung 2021/22. Ein neues Mindset Landes- und Bündnisverteidigung?,* Berlin 2022.

Uwe Hartmann, Reinhold Janke, Claus von Rosen (Hrsg.), *Jahrbuch Innere Führung 2022/23. Zeitenwende und Kriegsbilder,* Berlin 2023.

Uwe Hartmann, Reinhold Janke, Claus von Rosen (Hrsg.), *Jahrbuch Innere Führung 2023/24. Der Krieg in der Ukraine,* Berlin 2024.

Sicherheitspolitik

Wolf Graf v. Baudissin, *Grundwert: Frieden in Politik – Strategie – Führung von Streitkräften, herausgegeben von Claus von Rosen,* Berlin 2014.

Oliver Schmidt, *Deutsche Außenpolitik und die Zukunft der nuklearen Teilhabe in der NATO,* Berlin 2017.

Dirk Freudenberg, *Theorie des Irregulären – Erscheinungen und Abgrenzungen von Partisanen, Guerillas und Terroristen im Modernen Kleinkrieg sowie Entwicklungstendenzen der Reaktion, (3 Bände),* Berlin 2017.

Markus Reisner, *Robotic Wars – Legitimatorische Grundlagen und Grenzen des Einsatzes von Military Unmanned Systems in modernen Konfliktszenarien,* Berlin 2018.

Helmut Fiedler, *Military Assistance – eine moderne Einsatzart zwischen Anspruch und Wirklichkeit,* Berlin 2019.

Pascal Riemer, *Von der russischen Kriegskunst. Eine Untersuchung der dialektischen Zusammenhänge von Staatsidee und Militärwesen am Beispiel der Sowjetunion und der Russischen Föderation,* Berlin 2021.

Georg Kunovjanek, *Cyber – Die Domäne der vernetzten Unsicherheit. Eine kritische interdisziplinäre Analyse des Krieges der Zukunft und seiner normativen Grundlagen,* Berlin 2021.

Joachim Weber (Hrsg.), *Konfliktraum Arktis. Die Großmächte und der Hohe Norden*, Berlin 2021.

Thomas Jäger, Ralph Thiele (Hrsg.), *Der Politische Islamismus als hybrider Akteur globaler Reichweite. Die liberale demokratische Ordnung muss ihre Resilienz stärken*, Berlin 2021.

Uwe Hartmann, *Die Nato. Mächte und Menschen in der transatlantischen Allianz*, Berlin 2021.

Dirk Freudenberg, *Wehrhaftigkeit der Medienordnung – Rechtliche und rechts-politische Probleme vor dem Hintergrund der Konzeption Zivile Verteidigung (KZV)*, Berlin 2022.

Carsten Rechtien, *Trumps Amerika – Eine geopolitische Revolution? Tradition und Neuausrichtung der US-Außenpolitik in der beginnenden Ära Trump*, Berlin 2022.

Hans-Peter Weinheimer, *Bevölkerungsschutz 2030 –Anleitung zur Überwindung eines "bewährten" Systems*, Berlin 2022.

Militär und Gesellschaft

Hans-Christian Beck, Christian Singer (Hrsg.), *Entscheiden – Führen – Verantworten. Soldatsein im 21. Jahrhundert*, Berlin 2011.

Marcel Bohnert, Lukas J. Reitstetter (Hrsg.), *Armee im Aufbruch. Zur Gedankenwelt junger Offiziere in den Kampftruppen der Bundeswehr*, Berlin 2014.

Eberhard Birk, Peter Andreas Popp (Hrsg.), *Luftwaffenoffizier 21. Das Selbstverständnis des Luftwaffenoffiziers zu Beginn des 21. Jahrhunderts, (aus der Reihe Schriften zur Geschichte der Deutschen Luftwaffe, Band 5)*, Berlin 2016.

Alois Bach, Walter Sauer (Hrsg.), *Schützen.Retten.Kämpfen. Dienen für Deutschland*, Berlin 2016.

Marcel Bohnert, Björn Schreiber (Hrsg.), *Die unsichtbaren Veteranen. Kriegsheimkehrer in der deutschen Gesellschaft*, Berlin 2016.

Angelika Dörfler-Dierken (Hrsg.), *Hinschauen! Geschlecht, Rechtspopulismus, Rituale: Systemische Probleme oder individuelles Fehlverhalten?*, Berlin 2019.

Standpunkte und Orientierungen

Uwe Hartmann, *Hybrider Krieg als neue Bedrohung von Freiheit und Frieden. Zur Relevanz der Inneren Führung in Politik, Gesellschaft und Streitkräften,* Berlin 2015.

Martin Sebaldt, *Nicht abwehrbereit. Die Kardinalprobleme der deutschen Streitkräfte, der Offenbarungseid des Weißbuchs und die Wege aus der Gefahr,* Berlin 2017.

Uwe Hartmann, *Der gute Soldat. Politische Kultur und soldatisches Selbstverständnis heute,* Berlin 2018.

Helmut Jermer, *Innere Führung kompakt. Eine Zusammenschau als Lehr- und Lernhilfe,* Berlin 2019.

Martin Sebaldt, *Das Elend der Strategen. Warum die deutsche Militärpolitik versagt,* Berlin 2020.

Einsatzerfahrungen

Artur Schwitalla, *Afghanistan, jetzt weiß ich erst...,* Berlin 2010.

Sascha Brinkmann, Joachim Hoppe (Hg.), *Generation Einsatz. Fallschirmjäger berichten ihre Erfahrungen aus Afghanistan,* Berlin 2010.

Rainer Buske, *KUNDUZ. Ein Erlebnisbericht über einen militärischen Einsatz der Bundeswehr in Afghanistan im Jahre 2008,* Berlin 2015.

Marcel Bohnert, Andy Neumann, *German Mechanized Infantry on Combat Operations in Afghanistan,* Berlin 2016.

Alois Bach, Carola Hartmann (Hrsg.), *Unbekannte Helden des Alltags. Soldaten und Ehefrauen berichten über Verantwortung, Humanität und Belastung im Auslandseinsatz,* Berlin 2020.

Kurt Helmut Schiebold, *99 Tage in Afghanistan. Wie der deutsche Einsatz 2003 im Nordosten Afghanistans begann. Aus meinem Tagebuch,* Berlin 2022.

Christian Gerstner, *Unter dem Schwert. 15 Jahre im Kommando Spezialkräfte,* Berlin 2023.

Hagen Vockerodt, *1638 Tage im Krieg. Die Kehrseite der Einsatzmedaille,* Berlin 2024.

www.miles-verlag.jimdo.com